人力资源

法律、合规、风险、内控

管理实务

李亚峰　石岩——著

电子工业出版社·

Publishing House of Electronics Industry

北京·BEIJING

内容简介

本书从员工的入职到离职，全流程地梳理了人力资源、用工风险，便于读者快速掌握"法律、合规、风险、内控"的相关内容。本书共分为13章，主要介绍了人力资源法律、合规、风险、内控管理中的操作规范，梳理了103个风险点、116个问题、14个制度、29个流程、18个模板，有助于人力资源管理工作者规避因不当操作带来的用工风险，降低用工成本，规避劳动争议的发生，实现用人单位用工的合法化、合规化、合理化。

本书适合企业高层管理人员、人力资源管理人员、企业法务人员、企业培训师、咨询师以及高等院校相关专业人员阅读和使用。

图书在版编目（CIP）数据

人力资源法律、合规、风险、内控管理实务 / 李亚峰，石岩著. — 北京：电子工业出版社，2023.4

（弗布克人力资源法务系列）

ISBN 978-7-121-45228-4

Ⅰ. ①人… Ⅱ. ①李… ②石… Ⅲ. ①企业管理－人力资源管理－研究－中国 Ⅳ. ①F279.23

中国国家版本馆CIP数据核字（2023）第046075号

责任编辑：张　毅

印　　刷：三河市兴达印务有限公司
装　　订：三河市兴达印务有限公司
出版发行：电子工业出版社
　　　　　北京市海淀区万寿路173信箱　　邮编：100036
开　　本：787×1092　1/16　印张：19.75　字数：350.8千字
版　　次：2023 年 4 月第 1 版
印　　次：2023 年 4 月第 1 次印刷
定　　价：89.00元

凡所购买电子工业出版社图书有缺损问题，请向购买书店调换。若书店售缺，请与本社发行部联系，联系及邮购电话：（010）88254888，88258888。

质量投诉请发邮件至zlts@phei.com.cn，盗版侵权举报请发邮件至dbqq@phei.com.cn。

本书咨询联系方式：（010）57565890，meidipub@phei.com.cn。

前　言

2015年12月，国资委印发的《关于全面推进法治央企建设的意见》提出："探索建立法律、合规、风险、内控一体化管理平台。"

2019年10月，国资委印发的《关于做好2020年中央企业内部控制体系建设与监督工作有关事项的通知》指出：要以"强内控、防风险、促合规"为目标，建立以内控体系建设与监督制度为统领，各项具体操作规范为支撑的"1+N"内控制度体系。

2020年6月，国资委印发的《关于开展对标世界一流管理提升行动的通知》明确提出："构建全面、全员、全过程、全体系的风险防控机制。"

2021年11月，国资委印发的《关于进一步深化法治央企建设的意见》提出："探索构建法律、合规、内控、风险管理协同运作机制，加强统筹协调，提高管理效能。"

综上，深化全面风险管理、内部控制、合规管理，已成为新时代企业管理的重要工作内容之一。而企业管理中最核心的内容是对人的管理。伴随组织变革下员工权益的变化，企业用人的成本和风险也在增加，建立人力资源"法律、合规、风险、内控"四位一体的管理体系迫在眉睫，基于此，我们编写了本书。

本书从员工的入职到离职，全流程地梳理了人力资源用工风险，便于读者快速掌握"法律、合规、风险、内控"的相关内容，规避、化解企业用工风险，节约用工成本。

本书实战实用，拿来即用，具有以下3个特点。

1. 针对性

本书所有的风险点和问题清单均以人力资源管理中经常出现的疑点、难点为出发点，并针对疑点、难点涉及的不利后果进行"风险提示"，同时还提供了"操作指引"，为企业降低用工风险提供可参考的实战经验，读者可以直接查找、一一对应，拿来即用。

2. 全面性

本书立足于人力资源管理全流程：招、选、录、用、育、留、辞，全面、细致、系统地分析了员工从入职到离职全过程中可能存在的绝大部分用工风险，读者可以根据具体情况对应使用。

3. 参照性

本书从合规和内控两个维度提供了解决用工风险和问题的制度、职责、流程、表单、协议等工具，并批注了在实际操作时须注意的风控点，读者可以根据自身企业的业务情况和管理情况，进行参考、参照、借鉴。

李亚峰

目　　录

02 第 2 章
招聘与录用管理

03　第 3 章
试用期管理

04　第 4 章
劳动合同管理

05　第 5 章
薪酬管理

06　第 6 章
社会保险管理

07　第7章
工时与休假管理

10 第 10 章
离职管理

第 11 章
灵活用工管理

12

第 12 章
特殊员工管理

13

第 13 章
劳动争议管理

01

规章制度管理

>>>

1.1　风险识别

1.1.1　风险点1：制定主体不合法

风险指数★★★★☆

【风险提示】《中华人民共和国劳动法》第四条规定，规章制度制定的主体必须是用人单位，用人单位的其他管理部门不具有规章制度制定的主体资格，只能参与规章制度的制定活动，如果用人单位以部门的名义发布规章制度，则存在不发生法律效力的风险。

【操作指引】用人单位应当以自身名义发布规章制度，确保各项规章制度的制定主体与劳动合同主体保持一致。

1.1.2　风险点2：内容不合法

风险指数★★★★★

【风险提示】用人单位制定的规章制度的内容不合法，则对员工不具有约束力，不发生法律效力。如果被举报或被发现，劳动行政部门可以责令用人单位改正，并予以警告，责令改正而拒不改正的，可处以2000元以上2万元以下的罚款。若是给员工造成损害的，用人单位还须承担赔偿责任。同时，员工还可以此解除劳动合同，用人单位应支付经济补偿金。

【操作指引】为确保用人单位制定的规章制度的内容具有合法性，用人单位在制定规章制度的内容时，特别是与员工利益相关的规章制度，可参照以下要求拟定相关条款。

（1）符合法律法规的要求及国家的相关强制性标准。

（2）符合用人单位所在行业的管理规范要求。

（3）符合用人单位自身运营规则的要求。

（4）符合公序良俗的要求。

1.1.3　风险点3：内容不合理

风险指数★★★☆☆

【风险提示】在司法实践中，内容明显违背常理或者过分苛刻的规章制度通常得不到行政裁决机关的认可，有可能被认定为无效。如果不合理内容被举报或被发现，劳动行政部门可以责令用人单位改正，并予以警告，责令改正而拒不改正的，可处以2000元以上2万元以下的罚款。若是给员工造成损害的，用人单位还须承担赔偿责任。同时，员工还可以此解除劳动合同，用人单位应支付经济补偿金。

【操作指引】用人单位应当根据自身特点、单位文化及管理模式，制定符合人之常情的、不脱离用人单位实际情况的规章制度。制定过程通常需要考量的因素包括：员工工作管理的范畴、员工利益受损程度、员工主观过错程度、是否符合公序良俗和行业特点、员工的岗位职责存在的争议等。

1.1.4　风险点4：未经过民主程序

风险指数★★★★★

【风险提示】《中华人民共和国劳动合同法》第四条规定，用人单位的规章制度的制定须经过民主程序，因此未经过民主程序制定的规章制度，对员工不具有约束力，不发生法律效力。员工违反规章制度时，无法依据相关规章制度对其进行处理，最终会导致用人单位在发生劳动争议时因缺少制度依据而陷入被动的局面。

【操作指引】依照法定的程序履行民主程序，同时要留存证据，如召开职工代表大会并留存录音录像、书面的意见反馈、会议纪要等。

1.1.5　风险点5：未向员工公示、告知

风险指数★★★★★

【风险提示】用人单位未向员工公示、告知规章制度，可能导致规章制度对员工不具有约束力，不产生法律效力。若发生劳动争议，则不能作为案件的依据，最终可能导致案件败诉。

【操作指引】用人单位应将经过民主程序制定的规章制度通过公告栏、网站、培训、考试、邮件、会议等方式对单位所有员工进行公示、告知，并通过签收确认单、会议签到表等形式保留或固定相关证据。

1.2　合规管理

1.2.1　要求：规章制度编制要"三符合、三规范"

一套体系完整、内容合理、行之有效的规章制度在设计时须遵循一定的编制要求，即做到"三符合、三规范"，具体如表1-1所示。

表1-1　规章制度内容编制要求

设计规范		具体说明
三符合		符合管理者最初设想的状态
		符合用人单位科学管理原则
		符合客观事物发展规律
三规范	规范制度的制定者	1. 品行好，能做到公正、客观，有较好的文字表达能力和分析能力 2. 了解法律、社会公共秩序和员工风俗习惯 3. 制度所依资料全面、准确，能反映用人单位生产经营活动的真实面貌
	规范制度的内容	1. 合法合规，制度内容不违反法律法规和公序良俗，确保制度有效 2. 形式美观，制度框架格式统一，制度内容易操作、简洁、无缺漏 3. 语言简练，表述简洁，条理清晰，前后一致，有逻辑 4. 制度的可操作性要强，注意与其他规章制度的衔接 5. 明确制度涉及的各种文本的效力，并以书面或电子文件的形式向员工公示，或向员工提供接触标准文本的机会
	规范制度的实施过程	1. 明确规范制度及实施过程、公示及管理、定期修订等内容 2. 营造规范的执行环境，减少制度执行中可能遇到的阻力 3. 规范全体员工的职责、工作行为及工作程序 4. 制度的制定、执行与监督应由不同人员负责 5. 记录制度执行的情况并保留相关资料

1.2.2　步骤：规章制度设计7个步骤

用人单位设计规章制度时主要有7个步骤，具体如图1-1所示。

明确问题	制定各规章制度的主要目的在于预警性地规避问题的出现，或将已发生的问题及其危害控制在一定范围内，以避免或减少不必要的损失，保证用人单位生产经营活动正常、有序地进行
角度定位	规章制度设计人员在设计或修订规章制度时要站对、站稳规章制度设计的角度，如战略角度、单位管理角度、部门管理角度、业务管理角度、人员角度等
调研访谈	规章制度设计人员应进行调研访谈，了解用人单位实际存在的、业务运作过程中出现的、需要解决的问题等，从而设计出真正能满足用人单位需求的、适合用人单位的规章制度
统一规范	一套体系完整、内容合理、行之有效的规章制度应做到"三符合、三规范"
起草	规章制度起草工作内容包括：明确规章制度类别和目的，在调研的基础上规划规章制度内容并形成纲要，拟定条文形成草案
定稿	规章制度草案制定完成后须通过意见征询、试行等方式获得相关建议，以发现其中存在的不足和问题，并在此基础上对其进行修改完善，直到最终定稿且审批通过
制度公示	规章制度应以适当方式向全体员工公示，以示制度自公示之日起生效，便于员工遵守执行

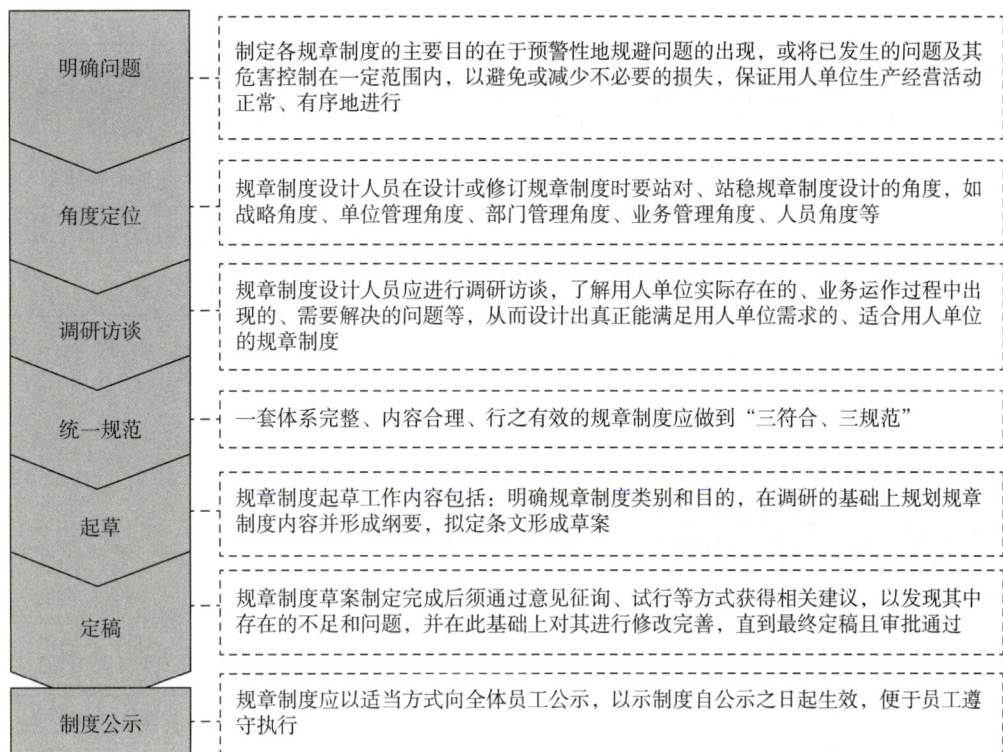

图1-1　规章制度设计7个步骤

1.2.3　举证：9大公示方式

规章制度的常用公示方式有9种，用人单位可根据实际情况选择并运用，具体如表1-2所示。

表1-2　9大公示方式

序号	公示方式	优点	缺点	有效举证
1	OA系统或电子邮件	快捷	举证难度较大	申请公证+学习确认书
2	公告栏或网站公示	快捷、成本低、易操作	举证难度较大	拍照或者录像+已公示和已阅读确认表
3	员工手册	易举证	印刷成本高	员工手册签收表
4	内部培训	易举证	人力成本高	拍照或者录像+培训签到表
5	劳动合同附件	快捷、易举证	成本高	劳动合同签收表

续表

序号	公示方式	优点	缺点	有效举证
6	规章制度传阅	快捷、成本低、易举证	用时长	规章制度传阅表
7	微信、QQ送达告知	快捷、成本低	举证难度较大	规章制度告知确认书
8	规章制度考试	易举证	成本高	考试签到表+试卷
9	会议	易举证	用时长	会议签到表

1.3　内部控制

1.3.1　流程：规章制度制定流程

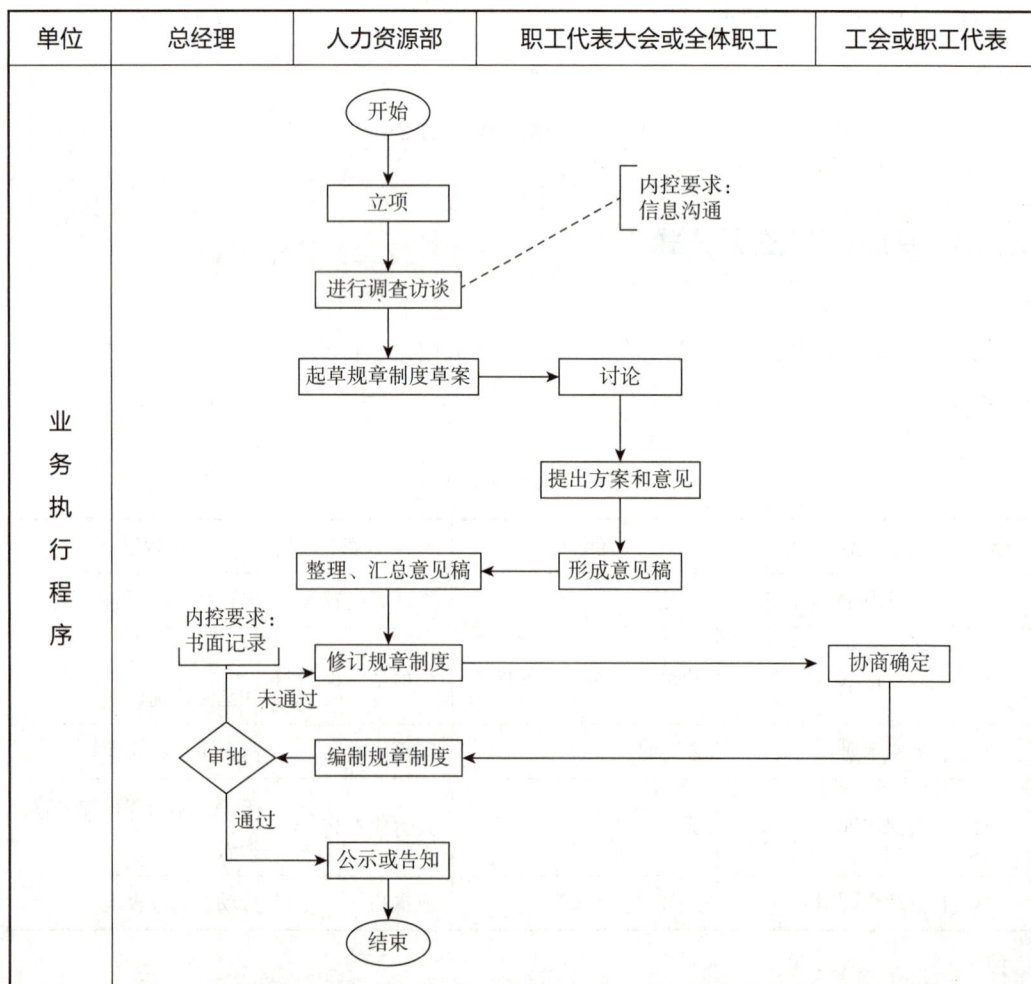

单位	总经理	人力资源部	职工代表大会或全体职工	工会或职工代表

业务执行程序

开始

立项

内控要求：
信息沟通

进行调查访谈

起草规章制度草案　→　讨论

提出方案和意见

整理、汇总意见稿　←　形成意见稿

内控要求：
书面记录

修订规章制度　→　协商确定

未通过

审批　←　编制规章制度

通过

公示或告知

结束

1.3.2　职责1：人力资源岗岗位职责

人力资源经理是为统筹管理与监督落实人力资源管理的各项事务而设置的岗位，主要职责是通过进行人力资源的规划、招聘、培训、绩效管理、薪酬及劳动关系管理等工作，顺利实现用人单位人力资源管理目标，为用人单位日常生产经营活动提供稳定的人力保障，其具体职责如表1-3所示。

表1-3　人力资源经理岗位职责

岗位信息	岗位名称	人力资源经理	所属部门	人力资源部
	上　级	总经理	下　级	部门各主管
职责细分及职权说明	**职责一：人力资源管理制度制定**			**职权说明**
	子职责1：组织编制人力资源管理的各项制度规定，并报上级领导审批 子职责2：贯彻执行人力资源管理制度，并根据实际需求对制度进行修订与完善			1. 参与公司日常经营管理，具有人力资源规划和管理的建议权 2. 对员工薪资调整、职位变动和任免具有建议权 3. 对人员招聘决策具有建议权 4. 对人事档案具有管理权 5. 对部门内部员工具有领导权
	职责二：人力资源事务管理			
	子职责1：负责人力资源规划，并组织制订、实施人员招聘计划 子职责2：组织编制人力资源培训计划和方案，并落实计划与方案的实施 子职责3：建立、维护并严格组织执行合理的薪酬管理体系 子职责4：负责劳动关系管理工作，妥善处理劳动争议 子职责5：负责公司员工的晋升、调职、档案管理等人事管理工作 子职责6：核算公司人力成本，并采取相关措施优化和控制成本支出 子职责7：组织执行公司文化的建设和维护工作，展现良好的公司形象			
	职责三：部门内部管理			
	子职责1：负责部门内部工作计划、管理制度、岗位职责的编制和修订工作 子职责2：负责部门内部员工的招聘、培训和绩效考核工作 子职责3：负责核算、审批、控制部门费用的支出			

1.3.3　职责2：法务岗岗位职责

1. 法务经理

法务经理全面负责公司法律事务管理工作，具体负责公司法务管理制度的建立与维护、法律文件与劳动合同的管理、法律纠纷的处理、法律培训工作等，管控公司法律风险，保证公司经营安全，其具体职责如表1-4所示。

表1-4　法务经理岗位职责

岗位信息	岗位名称	法务经理	所属部门	法务部
	上　级	总经理	下　级	法务主管
职责细分及职权说明	职责一：法务管理制度的建立与维护			职权说明
	子职责1：建立并完善公司法务工作的管理制度 子职责2：对法务管理制度的执行情况进行监督			1．具有法务管理制度的制定权 2．具有合同文件的审核权 3．具有重大经营决策的参与权 4．具有法律纠纷的处理权 5．具有法务人员的管理权
	职责二：法律事务日常管理			
	子职责1：对新颁布的法律法规进行分析与研究，预防和管控公司经营风险 子职责2：审核各类合同、函件等法律文书，对相应法律文件进行风险提示 子职责3：参与公司经营决策，对公司经营决策提出法律意见和建议 子职责4：参与公司并购项目及重大经济项目的谈判，提出法律意见和建议			
	职责三：法律纠纷处理			
	子职责1：负责组织处理公司诉讼、仲裁等法律纠纷案件 子职责2：对诉讼或仲裁案件进展情况进行监督，并及时反馈给总经理			
	职责四：法务人员管理			
	子职责1：指导、监督、考核下属员工的工作，不断提高其工作效率 子职责2：协助人力资源部对员工进行聘任与培训，确保其满足工作需求			

2. 法务主管

法务主管主要协助法务经理处理日常法务工作，具体负责公司法律文书和合同的起草、审核，法律事务处理，法律咨询服务，公司内部普法教育和下属员工管理工作，维护公司的法律权益，防范公司生产经营中的法律风险，其具体职责如表1-5所示。

表1–5 法务主管岗位职责

岗位信息	岗位名称	法务主管	所属部门	法务部
	上　级	法务经理	下　级	法务专员
职责细分	职责一：起草、审核法律文书和合同			
	子职责1：参与起草、审核公司重要的章程、制度等，保证其合法性			
	子职责2：参加重大合同的起草、谈判工作，监督、检查合同履行情况			
	职责二：法律事务处理			
	子职责1：参与公司的兼并、分立、破产、投资、资产转让等重大经济活动，提出法律意见，保护公司合法权益			
	子职责2：处理公司内部的劳动纠纷、合同纠纷等法律纠纷			
	子职责3：代表公司处理外部各类诉讼与非诉讼法律事务			
	子职责4：负责公司知识产权的管理和商业秘密的保护工作			
	子职责5：整理、汇编公司开展业务需要的各种法律、法规等相关文件			
	职责三：法律咨询服务			
	子职责1：为公司各职能部门提供法律咨询服务			
	子职责2：将各职能部门提出的不能及时解答的法律问题及时汇总上报			
	职责四：内部普法教育			
	子职责1：对公司高层人员进行最新法律条文、相关政策的解读			
	子职责2：定期检查、督促公司内部法律宣传工作，提高员工法制观念			
	职责五：下属人员管理			
	子职责1：协助公司人力资源部做好下属的选拔、培训工作			
	子职责2：对直接下属进行绩效考核，监督与指导直接下属的日常工作			

3. 法务专员

法务专员主要协助法务主管处理公司日常法律管理相关的工作，具体负责公司的法律信息收集、日常法律事务管理、法律咨询服务、法律事务外联等工作，保证公司法律相关工作的顺利进行，维护公司的合法权益，其具体职责如表1-6所示。

表1-6　法务专员岗位职责

岗位信息	岗位名称	法务专员	所属部门	法务部
	上　级	法务主管	下　级	—
职责细分	职责一：法律信息收集			
	子职责1：收集、汇总公司所需法律资料			
	子职责2：负责法律事务处理的调查、取证工作			
	子职责3：收集、汇总公司商业秘密和知识产权方面的资料			
	职责二：日常法律事务管理			
	子职责1：起草相关合同、法律文件等，并报上级领导审批			
	子职责2：协助法务主管处理公司劳动纠纷、合同纠纷等法律纠纷			
	子职责3：负责公司各种证照的具体申办工作，并进行年检			
	子职责4：准备法律知识培训的资料，选择培训场地			
	子职责5：根据公司法律工作的现状，提出改进法务工作的合理化建议			
	子职责6：根据法律动态，对公司内部相关法律文件资料及时更新			
	职责三：法律咨询服务			
	子职责1：为公司提供法律咨询，对基本的法律问题进行解答			
	子职责2：对各职能部门提出的不能及时解答的法律问题及时汇总上报			
	职责四：法律事务外联			
	子职责1：当发生重大安全事故且相关法务人员无法处理时，负责联系相关领域内更专业的律师进行事故处理			
	子职责2：加强与司法部门、仲裁部门、律师界的联络沟通，了解与公司相关的各类案件的进展动态			

1.4　法律保障

1. 《中华人民共和国劳动法》

第四条　用人单位应当依法建立和完善规章制度，保障劳动者享有劳动权利和履行劳动义务。

2. 《中华人民共和国劳动合同法》

第四条 用人单位应当依法建立和完善劳动规章制度，保障劳动者享有劳动权利、履行劳动义务。

用人单位在制定、修改或者决定有关劳动报酬、工作时间、休息休假、劳动安全卫生、保险福利、职工培训、劳动纪律以及劳动定额管理等直接涉及劳动者切身利益的规章制度或者重大事项时，应当经职工代表大会或者全体职工讨论，提出方案和意见，与工会或者职工代表平等协商确定。

在规章制度和重大事项决定实施过程中，工会或者职工认为不适当的，有权向用人单位提出，通过协商予以修改完善。

用人单位应当将直接涉及劳动者切身利益的规章制度和重大事项决定公示，或者告知劳动者。

第三十八条 用人单位有下列情形之一的，劳动者可以解除劳动合同：

（四）用人单位的规章制度违反法律、法规的规定，损害劳动者权益的。

第三十九条 劳动者有下列情形之一的，用人单位可以解除劳动合同：

（二）严重违反用人单位的规章制度的。

第四十六条 有下列情形之一的，用人单位应当向劳动者支付经济补偿：

（一）劳动者依照本法第三十八条规定解除劳动合同的。

3. 《最高人民法院关于审理劳动争议案件适用法律问题的解释（一）》

第五十条 用人单位根据劳动合同法第四条规定，通过民主程序制定的规章制度，不违反国家法律、行政法规及政策规定，并已向劳动者公示的，可以作为确定双方权利义务的依据。

用人单位制定的内部规章制度与集体合同或者劳动合同约定的内容不一致，劳动者请求优先适用合同约定的，人民法院应予支持。

1.5　问题清零

1.5.1　问题1：用人单位制定的所有规章制度都需要经过民主程序吗？

《中华人民共和国劳动合同法》第四条第二款规定："用人单位在制定、修改或者决定有关劳动报酬、工作时间、休息休假、劳动安全卫生、保险福利、职工培训、劳动纪律以及劳动定额管理等直接涉及劳动者切身利益的规章制度或者重大事项时，应当经职工代表大会或者全体职工讨论，提出方案和意见，与工会或者职工代表平等协商确定。"由此可见，凡是涉及员工切身利益的规章制度的制定都需要经过民主程序，其他未涉及员工切身利益的规章制度的制定，则可以不经过民主程序。

1.5.2　问题2：员工不同意用人单位的规章制度，规章制度可以生效吗？

《中华人民共和国劳动合同法》第四条第三款规定："在规章制度和重大事项决定实施过程中，工会或者职工认为不适当的，有权向用人单位提出，通过协商予以修改完善。"由此可见，员工对用人单位的规章制度只有建议权，无决定权，最终的决定权在用人单位。但如果员工认为用人单位的规章制度有损自己的切身利益时，可以采取法律的途径进行维权。

1.5.3　问题3：当规章制度与劳动合同发生冲突时，该如何处理？

《最高人民法院关于审理劳动争议案件适用法律问题的解释（一）》第五十条规定："用人单位根据劳动合同法第四条规定，通过民主程序制定的规章制度，不违反国家法律、行政法规及政策规定，并已向劳动者公示的，可以作为确定双方权利义务的依据。用人单位制定的内部规章制度与集体合同或者劳动合同约定的内容不一致，劳动者请求优先适用合同约定的，人民法院应予支持。"所以，当用人单位的规章制度与劳动合同发生冲突时，员工有优先选择权。

1.5.4　问题4：修订规章制度也需要经过民主程序吗？

规章制度的修订包括以下三种情形。

（1）在原有规章制度条文的基础上增加新的内容。

（2）对原有规章制度的条文进行修改。

（3）删减原有条文。

然而，不管是以上哪种情形，只要规章制度修订的内容涉及员工的切身利益，就必须履行经民主程序修订的义务。

02

第 2 章

招聘与录用管理

>>>

2.1 风险识别

2.1.1 风险点1：发布虚假的招聘广告

风险指数★★★★☆

【风险提示】用人单位在招聘过程中发布虚假的招聘广告需要承担如下风险。

（1）如果员工因用人单位发布的虚假招聘广告而签订了劳动合同，员工可以此为由解除劳动合同并要求用人单位支付经济补偿金。

（2）用人单位在招用人员时提供虚假招聘信息，发布虚假招聘广告，劳动行政部门有权责令其改正，并可处以一千元以下的罚款；对员工造成损害的，还应当承担赔偿责任。

【操作指引】用人单位发布的招聘广告应当客观、真实，若存在不确定事项，可注明需面谈。另外，发布招聘广告前可委托专业律师审核，审核通过后再发布。

2.1.2 风险点2：发布带有就业歧视的招聘信息

风险指数★★★★☆

【风险提示】就业歧视是指用人单位因求职者的非经济个人特征（如性别、年龄、身高、相貌、躯体功能障碍、家庭背景、信仰、种族等），而排斥某类别求职者或给予某类别求职者优惠的一系列侵害求职者平等就业权的行为，属于违反平等就业权并侵害员工权利的违法行为。根据《人力资源市场暂行条例》第四十三条和《中华人民共和国就业促进法》第六十八条，用人单位发布带有就业歧视的招聘信息有可能受到行政处罚，给员工造成财产损失或者其他损害的，还将依法承担民事责任，赔偿员工损失。

【操作指引】根据我国法律法规，用人单位不得实施以下五种就业歧视行为。

（1）性别歧视。《中华人民共和国劳动法》第十三条规定："妇女享有与男子平等的就业权利。在录用职工时，除国家规定的不适合妇女的工种或者岗位外，不得以性别为由拒绝录用妇女或者提高对妇女的录用标准。"《中华人民共和国就业促进法》第二十七条规定："国家保障妇女享有与男子平等的劳动权利。用人单位招用人员，除国家规定的不适合妇女的工种或者岗位外，不得以性别为由拒绝录用妇女或者提高对妇女的录用标准。用人单位录用女职工，不得在劳动合同中规定限制女职工结婚、生育的内容。"

（2）残疾人歧视。残疾人歧视是指除确实不适合残疾人任职的岗位外，用人单位在招聘过程中因求职者为残疾人而拒绝录用求职者或提高残疾人录用标准的行为。针对残疾人就业歧视这一问题，《中华人民共和国就业促进法》和《中华人民共和国残疾人保障法》分别作出了规定。其中《中华人民共和国就业促进法》第二十九条第三款规定："用人单位招用人员，不得歧视残疾人。"《中华人民共和国残疾人保障法》第三十八条第二款规定："在职工的招用、转正、晋级、职称评定、劳动报酬、生活福利、休息休假、社会保险等方面，不得歧视残疾人。"

（3）病原携带者歧视。病原携带者歧视是指用人单位因求职者是病原携带者而直接拒绝录用求职者或提高求职者录用标准的行为。针对病原携带者的就业歧视问题，相关法律法规有以下规定。

《中华人民共和国传染病防治法》第十六条规定："任何单位和个人不得歧视传染病病人、病原携带者和疑似传染病病人。传染病病人、病原携带者和疑似传染病病人，在治愈前或者在排除传染病嫌疑前，不得从事法律、行政法规和国务院卫生行政部门规定禁止从事的易使该传染病扩散的工作。"

《中华人民共和国就业促进法》第三十条规定："用人单位招用人员，不得以是传染病病原携带者为由拒绝录用。但是，经医学鉴定传染病病原携带者在治愈前或者排除传染嫌疑前，不得从事法律、行政法规和国务院卫生行政部门规定禁止从事的易使传染病扩散的工作。"

（4）农村户籍歧视。《中华人民共和国就业促进法》第三十一条规定："农村劳动者进城就业享有与城镇劳动者平等的劳动权利，不得对农村劳动者进城就业设置歧视性限制。"

（5）民族歧视。《中华人民共和国就业促进法》第二十八条第一款规定："各民族劳动者享有平等的劳动权利。"

用人单位在招聘信息中应当杜绝以上五种就业歧视的内容。

2.1.3　风险点3：扣押应聘人员证件

风险指数★★★★☆

【风险提示】用人单位扣押应聘人员证件的行为主要指用人单位在确定录用相关应聘人员后，扣押被录用人员的身份证、学历证书或相关技能证书原件的行为。用人单位在扣押应聘人员的证件时，往往会以确保员工的稳定性为理由，此理由看似合理，却不合法。扣押证件属于违法行为，我国多部法律法规对此予以了明确规定，具体如表2-1所示。

表2-1　法律法规对扣押证件属于违法行为的规定

法律法规名称	条款规定内容
《中华人民共和国居民身份证法》	第十五条第三款规定：任何组织或者个人不得扣押居民身份证。但是，公安机关依照《中华人民共和国刑事诉讼法》执行监视居住强制措施的情形除外
《中华人民共和国劳动合同法》	第九条规定：用人单位招用劳动者，不得扣押劳动者的居民身份证和其他证件
《就业服务与就业管理规定》	第十四条规定：用人单位招用人员不得有下列行为：……（二）扣押被录用人员的居民身份证和其他证件

同时，针对此类违法行为，《中华人民共和国劳动合同法》第八十四条第一款规定："用人单位违反本法规定，扣押劳动者居民身份证等证件的，由劳动行政部门责令限期退还劳动者本人，并依照有关法律规定给予处罚。"

【操作指引】用人单位在招聘时不得以任何理由扣押应聘人员的身份证、学历证书及相关技能证书原件。若有其他合理的事务需要，要求应聘人员暂时交付相关证件的，可向应聘人员出具通知等书面文件，载明交付原因，并要求其本人签字确认。

2.1.4　风险点4：泄露个人信息

风险指数★★★☆☆

【风险提示】用人单位在未经应聘人员同意，甚至是在应聘人员毫不知情的情况下，将载有应聘人员个人信息的简历进行了不当处理，导致应聘人员个人信息泄露，并对应聘人员造成了损失的行为，属于违法行为，用人单位应承担民事责任。

【操作指引】用人单位在招聘管理中，须加强对应聘人员个人信息的保管、保密工作，确保应聘人员个人信息安全、无泄露。具体来说，用人单位未经应聘人员同意，不得泄露应聘人员的个人信息。应聘人员的个人信息如图2-1所示。

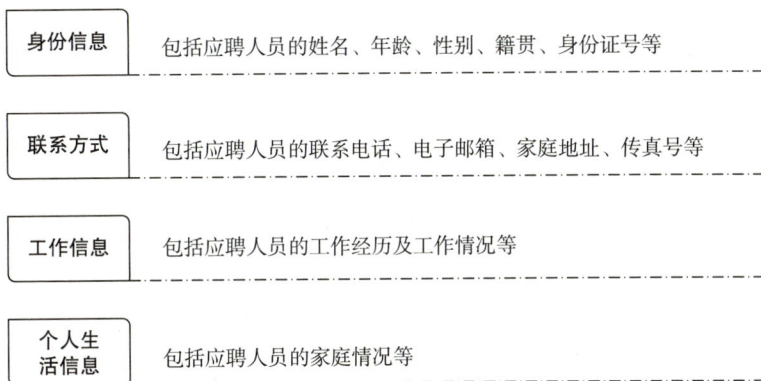

身份信息	包括应聘人员的姓名、年龄、性别、籍贯、身份证号等
联系方式	包括应聘人员的联系电话、电子邮箱、家庭地址、传真号等
工作信息	包括应聘人员的工作经历及工作情况等
个人生活信息	包括应聘人员的家庭情况等

图2-1　应聘人员个人信息

2.1.5　风险点5：员工入职前未进行入职审查

风险指数★★★★★

【风险提示】在实践中，大多数用人单位在员工入职之前未对其进行审查或者审查不严，导致出现以下风险。

（1）招用未成年员工。《禁止使用童工规定》第六条规定："用人单位使用童工的，由劳动保障行政部门按照每使用一名童工每月处5000元罚款的标准给予处罚。"同时，"劳动保障行政部门并应当责令用人单位限期将童工送回原居住地交其父母或者其他监护人，所需交通和食宿费用全部由用人单位承担。用人单位经劳动保障行政部门依照前款规定责令限期改正，逾期仍不将童工送交其父母或者其他监护人的，从责令限期改正之日起，由劳动保障行政部门按照每使用一名童工每月处1万元罚款的标准处罚，并由工商行政管理部门吊销其营业执照或者由民政部门撤销民办非企业单位登记；用人单位是国家机关、事业单位的，由有关单位依法对直接负责的主管人员和其他直接责任人员给予降级或者撤职的行政处分或者纪律处分。"

（2）招用与原用人单位尚未解除或者终止劳动合同的员工。用人单位招用与原用人单位尚未解除或者终止劳动合同的员工，对原用人单位造成损失的，应承担连带赔偿责任，其连带赔偿责任的份额不低于对原用人单位造成经济损失总额的70%。

（3）招用超过法定退休年龄人员。现在多数超龄人员存在无法参加工伤保险的情况，此时若因工作原因发生意外事故，用人单位将面临承担工伤赔偿等责任。

（4）招用无证外籍人员。《中华人民共和国出境入境管理法》第八十条第三款规定："非法聘用外国人的，处每非法聘用一人一万元，总额不超过十万元的罚款；有违法所得的，没收违法所得。"

（5）招用无合法身份证件人员。依据《就业服务与就业管理规定》第十四条及第六十七条的规定，用人单位不得招用无合法身份证件的人员，否则，由劳动保障行政部门责令改正，并可处以一千元以下的罚款；对当事人造成损害的，应当承担赔偿责任。

（6）招用与原用人单位存在竞业限制或保密义务的员工。《中华人民共和国反不正当竞争法》第九条第一款第三项规定，经营者不得违反保密义务或者违反权利人有关保守商业秘密的要求，披露、使用或者允许他人使用其所掌握的商业秘密。

同时，该法第十七条规定，经营者违反本法规定，给被侵害的经营者造成损害的，应当依法承担民事责任；被侵害的经营者的损失难以计算的，赔偿额按照侵权人在侵权期间因侵权所获得的利益确定，并应当承担被侵害的经营者为制止侵权行为所支付的合理费用。被侵害的经营者的合法权益受到不正当竞争行为损害的，可以向人民法院提起诉讼。

此处需特别指出的是，对于用人单位招用处于竞业限制期员工的行为，如存在故意招聘的情形（即明知应聘人员处于竞业限制期却依然录用应聘人员或恶意招聘处于竞业限制期的人员），用人单位除承担连带赔偿责任外，还可能会受到监督检查部门的处罚，具体法律依据可参照《中华人民共和国反不正当竞争法》第二十一条规定："经营者以及其他自然人、法人和非法人组织违反本法第九条规定侵犯商业秘密的，由监督检查部门责令停止违法行为，没收违法所得，处十万元以上一百万元以下的罚款；情节严重的，处五十万元以上五百万元以下的罚款。"

【操作指引】用人单位在员工入职前务必进行入职审查，且审查的范围应尽可能全面，审查常见关注点包括：是否存在竞业限制或保密义务，是否已与原用人单位解除或终止劳动合同，是否成年等。另外，员工提供的体检报告或健康证明、解除或终止劳动合同证明等相关资料的复印件均须由员工本人签字确认。

2.1.6　风险点6：员工入职提交的资质证件未签字确认

风险指数★★★☆☆

【风险提示】当用人单位与员工发生劳动纠纷时，若员工否认用人单位提供的资质证件的复印件是其本人提交，用人单位往往无法举证其真实性，最终可能导致案件败诉。当用人单位发现员工提供虚假资料时，用人单位会因无法证实该复印件为员工本人提供而不能以此主张劳动合同无效或单方无偿解除劳动合同。

【操作指引】用人单位应当要求员工在相关复印件的正文内容上签字确认。

2.1.7　风险点7：随意发、撤录用通知书

风险指数★★★★★

【风险提示】

（1）一般情况下，若在候选人回复前撤销录用通知书，用人单位无须承担法律责任。

（2）若候选人已接受录用通知书，用人单位撤销录用通知书且给候选人带来损失的，用人单位须对候选人进行相应的赔偿。

【操作指引】

（1）用人单位须在明确决定录用员工后，方可发放录用通知书，并在录用通知书中注明不录用情形及承诺期限。

（2）用人单位如若撤回或撤销录用通知书，须按相关法律法规要求发放录用通知书撤回或撤销通知，不得随意撤回或撤销录用通知书。

2.1.8　风险点8：录用条件不明确

风险指数★★★★★

【风险提示】用人单位未制定明确的录用条件或未将录用条件明确告知被录用人员，将不得以被录用人员不符合录用条件为由与被录用人员解除劳动合同，即不可根据《中华人民共和国劳动法》第二十五条第一项和《中华人民共和国劳动合同法》第三十九条第一项，与在试用期间被证明不符合录用条件的员工解除劳动合同，否则将构成违法解除劳动合同，须承担相应的经济赔偿责任。

【**操作指引**】用人单位在录用员工的过程中应当制定明确、具体的录用条件和岗位职责，以文件形式告知员工，并让员工本人签字确认。

2.2　合规管理

2.2.1　制度：招聘与录用管理制度

招聘与录用管理制度是劳动合同的重要组成部分，能起到补充、完善劳动合同的作用，它能保障用人单位的招聘工作有序执行，并能最大限度地降低劳动纠纷发生的概率，在发生劳动纠纷时作为证据使用。以下是招聘与录用管理制度，用人单位可根据实际情况做修改使用，仅供参考。

制度名称	招聘与录用管理制度	编　号	
		版　本	

第1章　总　则

第1条　为加强人员招聘与录用管理，保障合理的人才结构和人才储备，为公司的生产经营提供充足、合格的人才资源，特制定本制度。

第2条　管理职责。

1．人力资源部是公司人员招聘与录用的归口管理部门，负责制订及实施人员招聘计划，建立人才引进渠道，确定人才测评机制等工作。

2．各部门负责本部门人员需求计划的拟订和试用人员的使用、管理及考核工作。

第3条　招聘原则。

1．招聘应由总经理批准，公司统一组织进行，且必须坚持"面向社会，公开招聘，择优录用，宁缺毋滥"的原则。

2．严格按照岗位聘用条件，在有利于公司工作的前提下，适当考虑应聘者个人的意愿和业务专长，确定是否聘用应聘者及应聘者与聘用岗位是否适配。

3．根据定编定员的要求，坚持任人唯贤，择优录用。

4．贯彻公平竞争原则，优胜劣汰。

第2章　招聘计划

第4条　人员需求规划主要是从年度规划和季度规划两方面制定的。

1．年度规划。各部门应于每年年底制订下一年度人员需求计划并将其报送人力资源部。人力资源部汇总各部门的人员需求计划，根据公司下一年度的经营目标及人员现状拟定下一年度公司人员需求规划，报总经理审批通过后下一年度参照执行。

2．季度规划。因公司工作安排和经营需要无法制订年度人员需求计划的部门，经人力资源部批准后，可按季度报送人员需求计划，即每个季度末报送下一季度人员需求计划。人力资源部汇总各部门人员需求计划后，拟定季度人员需求规划，报总经理审批通过后参照执行。

第5条　临时需求计划。各部门因工作需要或员工临时变动须补充人员时，应填写临时人员需求表，报总经理审批通过后交人力资源部执行。

第6条　人员招聘计划。人力资源部根据各部门年度人员规划的阶段性计划，或季度人员规划以及各部门的临时人员需求计划拟订人员招聘计划。

第7条　人员招聘计划的内容。

1．需求的岗位和人数。

2．岗位说明，包括岗位职责和要求、到岗日期、岗位级别、薪资水平等。

3．招聘渠道和时间。

4．招聘费用预算。

第3章　招聘渠道

第8条　招聘渠道的选择。

1．招聘会招聘：本地人才招聘会、外地人才招聘会和公司专场人才招聘会。

2．校园招聘：委托学校选拔、学校现场招聘。

3．委托中介招聘：猎头公司、人才市场、人才中介等。

4．媒体招聘：报纸、网络、电视、杂志等。

5．内部招聘：内部员工推荐、内部员工自荐、内部员工提拔等。

第9条　员工举荐。公司欢迎各部门员工举贤荐能，有亲戚关系的应先向人力资源部说明，报总经理办公室讨论决定。凡是引荐亲戚而不报者，一律予以辞退，并追究相关人员的责任。

第10条　招聘渠道的开发及维护。人力资源部负责开发及维护招聘渠道，在招聘过程中应尽量节约成本，并注重建立和维护公司形象，增强招聘的效果。

第4章　人员选拔

第11条　不同类别或级别的职位采用不同的招聘程序。以下是普通员工的招聘程序。

1．人员资料的收集。由人力资源部组织，通过招聘渠道收集应聘人员资料，应聘人员资料包括个人简历、各种证书复印件和近期相片等。

2．资格初审。由人力资源部负责，审查应聘人员的工作经历和各种证件、居住地点等是否符合应聘岗位的要求。

3．人力资源部面试。由人力资源部组织和安排，要求应聘人员填写"应聘者信息登记表"，同时全面了解应聘人员的工作经历、学习经历、家庭情况、性格倾向、个人职业意愿等信息，并做好详细的面试记录，填写"人员面试记录表"。

提示："应聘者信息登记表"填写完成后，首先须核实身份证号是否与应聘者身份证上的身份证号一致；其次核实应聘者年龄及劳动关系，避免出现招用童工、与其他单位尚未解除劳动关系的员工、与其他单位订立竞业限制协议的员工的风险。

4．综合素质测试。

（1）笔试：由人力资源部和用人部门共同设计，内容涉及逻辑推理、性格测试、专业理论知识等。应聘者应在一定时限内单独完成。

（2）实际操作：主要针对专业技术人员。由人力资源部和用人部门共同组织，根据岗位不同安排不同的实操题，进行现场实际操作测试和评估。

5．用人部门复试。通过面试和综合素质测试的应聘人员，由用人部门进行复试，全面考察应聘人员专业技能，以确定是否录用。

6．背景调查。根据用人部门的复试意见，人力资源部对已决定录用的应聘人员进行背景调查。

（1）查验应聘人员所提供的学历、资历等证件的真实性。

（2）对存有疑点的事项，必要时须进行背景调查。

注意：该条是为了降低招聘信用风险，用人单位在调查前需要事先与被调查人员签署"背景调查授权书"，调查应多渠道、多角度地进行，切忌轻信片面之词。

7．体检。对决定录用且背景调查合格的人员，由人力资源部安排在指定的医院进行招工体检，特殊岗位须办理健康证。

第12条　作为管理层人员，其招聘程序与普通员工有所区别，并且要求更高。

1．人员资料收集。由人力资源部组织，通过招聘渠道收集应聘人员资料，包括个人简历、各种证书复印件和近期相片等资料。

2．资格初审。由人力资源部负责，审查应聘人员的工作经历和各种证件、居住地点等是否符合应聘岗位的要求。

3．人力资源部面试。由人力资源部组织和安排，全面了解应聘人员的工作经历、学习经历、家庭情况、性格倾向、个人职业意愿等信息，并做好详细的面试记录，填写"人员面试记录表"。

4．用人部门分管领导面试。一般采用面谈形式，考核内容由分管领导把握，可安排人力资源部相关人员做好面试记录。

5．综合素质测试。

（1）情境模拟：由人力资源部组织，邀请公司领导和其他中层干部参加，利用模拟工作环境的方式，测试应聘者的工作技巧。

（2）现场答辩：由人力资源部组织，邀请公司领导参加，利用提问的方式，测试应聘者的应变能力和口头表达能力等。

（3）心理测试：由人力资源部组织，利用专业的心理特质测量表测量应聘者的心理素质和性格特征等。

6．总经理复试。一般采用面谈形式，考核内容由总经理把握，可安排人力资源部相关人员做好复试记录。

7．背景调查。根据总经理的复试意见，人力资源部对已决定录用的应聘人员进行背景调查。

（1）查验应聘人员所提供的学历、资历等证件的真实性。

（2）对存有疑点的事项，进行背景调查。

8．体检。对决定录用且背景调查合格的人员，由人力资源部安排在指定的医院进行招工体检，特殊岗位须办理健康证。

第13条　选拔要求。

1．以上所有选拔，相关部门和人员都应做好记录并签署意见。

2．以上选拔程序不适用于后勤保障部门招用清洁工、驾驶员、修理工、食堂工作人员等职位。

第5章　人员录用

第14条　通知入职。

1．背景调查与体检合格后，由人力资源部向拟录用人员发放"录用通知书"。

2．人力资源部定期跟踪拟录用人员是否在规定时间内到公司人力资源部办理报到手续。

注意："录用通知书"是用人单位向拟录用人员发出的通知，告知其已被录用的情况，是用人单位与拟录用人员签订正式劳动合同的"要约"，用于用人单位录用新员工时使用，帮助用人单位规避因未告知拟录用人员录用结果以及不按时报到的后果所产生的风险。

第15条　办理入职手续。

1．从社会正式聘用的新员工，须凭"录用通知书"在规定期限内到公司人力资源部报到。报到当日应提供离职证明（或失业证），并与公司签订劳动合同与保密协议。离职证明和失业证均不能提供者，经公司领导同意，可给予一个月的宽限期，一个月内未提供证明且未与公司签订劳动合同与保密协议者，不予正式录用。

2．从校园引进的应届毕业生，应提前到公司实习，实习期间享受一定待遇，并与公司签订实习协议，实习期内表现优秀的可与公司签订就业协议。学生毕业且正式报到后可与公司签订劳动合同与保密协议。

3．其他兼职员工签订兼职聘用协议。

第6章　附　则

第16条　本制度由人力资源部负责编制、解释、补充。

第17条　本制度交总经理办公室讨论通过后颁布执行。

编制日期		审核日期		批准日期	
修改标记		修改处数		修改日期	

2.2.2　职责：招聘岗岗位职责

1. 招聘主管

招聘主管主要是在人力资源经理的领导下，完成人员招聘计划的制订及组织实施、招聘渠道拓展和维护以及人才储备库的管理等工作，为公司引进和选拔各种优秀人才的岗位，其具体职责如表2-2所示。

表2-2　招聘主管岗位职责

岗位信息	岗位名称	招聘主管	所属部门	人力资源部
	上　级	人力资源经理	下　级	招聘专员
职责细分	职责一：招聘计划编制			
	子职责1：组织分析和判断公司人力资源未来的需求，统计并确认各部门的人才需求计划			
	子职责2：根据人才需求计划，综合考虑当地招聘政策、人才供应情况和招聘预算等影响因素，组织编制招聘计划			
	职责二：招聘工作实施管理			
	子职责1：根据招聘人员特点，选择合适的招聘渠道，如网络、校园、中介等，组织实施招聘工作			
	子职责2：组织实施应聘人员的信息统计、筛选及初试安排工作，并确认参加复试的人员			
	子职责3：组织安排应聘人员的复试工作，确定拟录用人员			
	子职责4：组织进行招聘工作总结，编写招聘工作评估报告			
	职责三：招聘渠道管理			
	子职责1：有效维护现有招聘渠道，与人才市场、猎头公司及相关渠道合作伙伴保持良好关系			
	子职责2：组织进行招聘渠道的拓展工作，以扩展人才来源			
	职责四：人才储备库管理			
	子职责1：建立公司人才储备库，负责人才储备库的维护及信息更新工作			
	子职责2：按照招聘要求，负责对储备库人才进行评估、筛选，并组织面试			
	职责五：其他管理职责			
	子职责1：协助人力资源经理编制人员招聘的相关制度、流程和方案等			
	子职责2：编制、执行招聘预算，并对招聘预算进行有效控制			
	子职责3：负责对下属员工进行相关培训			

2. 招聘专员

招聘专员主要负责协助招聘主管完善员工招聘管理体系，并负责员工招聘各项工作的实施，为公司招到高能力、高技术、高效率的优秀人才，其具体职责如表2-3所示。

表2-3　招聘专员岗位职责

岗位信息	岗位名称	招聘专员	所属部门	人力资源部
	上　级	招聘主管	下　级	—
职责细分	职责一：编制招聘计划			
	子职责1：在招聘主管的领导下，开展人才需求和供给调查工作，统计各部门的人才需求及市场人才供给情况，上报招聘主管			
	子职责2：综合考虑各方面因素，编制招聘计划，并报招聘主管审核			
	职责二：实施招聘工作			
	子职责1：负责起草招聘信息，并选择适当的招聘渠道进行发布			
	子职责2：参加招聘会，招聘优秀人才，树立良好的公司形象			
	子职责3：负责开展应聘简历的统计、甄别工作，并安排招聘初试的相关工作			
	子职责4：负责向应聘人员通知招聘结果			
	子职责5：收集、统计、分析招聘资料，并进行招聘工作总结			
	职责三：拓展招聘渠道			
	子职责1：加强与现有招聘渠道合作伙伴的联系，巩固合作关系			
	子职责2：负责寻求与其他招聘渠道的合作，并根据人才需求特点，对渠道进行选择与开发			
	职责四：人才储备库管理			
	子职责1：协助招聘主管建立公司人才储备库，负责人才储备库的维护及信息更新工作			
	子职责2：按照招聘要求，负责对储备库人才进行评估、筛选，并组织面试			
	职责五：其他工作职责			
	子职责1：负责收集、存档应聘人员简历，协助招聘主管建立人才信息库，实施人才储备管理			
	子职责2：核算人才招聘成本，并积极提出成本控制建议			
	子职责3：按时完成上级领导交办的其他事项			

2.2.3　模板：录用通知书

　　录用通知书是用人单位向拟录用人员发出的通知，告知其已被录用的情况，是用人单位与拟录用人员签订正式劳动合同的"要约"，用于用人单位录用新员工时使用，它能帮助用人单位规避因未告知拟录用人员录用结果以及不按时报到的后果所产生的风险。以下是录用通知书模板，用人单位可根据实际情况做修改使用，仅供参考。

录用通知书

_____先生/女士：

　　您好！您已顺利通过面试，被我公司录用，我们热切地期待与您共事。

　　您将在_____部任职_____，目前向_____汇报工作。请于_____年____月____日携带以下材料到公司人力资源部报到。

- ●学历证书、相关职业资格证书等证件原件及复印件。
- ●身份证复印件一份。
- ●本人近期一寸彩色免冠照片三张。
- ●与原单位解除劳动关系的离职证明。

　　工作地点：_____。

　　工作时间：公司实行固定工时制，每周5天，每天8小时，每周共40小时工作时间，周一到周五上班。具体工作时间为8：30—12：00和13：00—17：30。

　　如本通知与双方签订的劳动合同有不一致的，以双方签订的劳动合同为准。若有疑问，请与本公司人力资源部联系，联系电话：_____。

　　本录用通知书有效期为_____个工作日，如在规定的期限内未收到您的书面回复予以确认，本录用通知书到期失效。

××公司人力资源部

_____年____月____日

使用说明如下。

（1）录用通知书并非招聘与录用的必要环节，用人单位可直接电话通知拟录用人员入职，并做好录用的准备工作。

（2）用人单位应在做完拟录用人员背景调查及确认其体检合格后，再发放录用通知书。

2.3　内部控制

2.3.1　流程1：招聘与录用管理流程

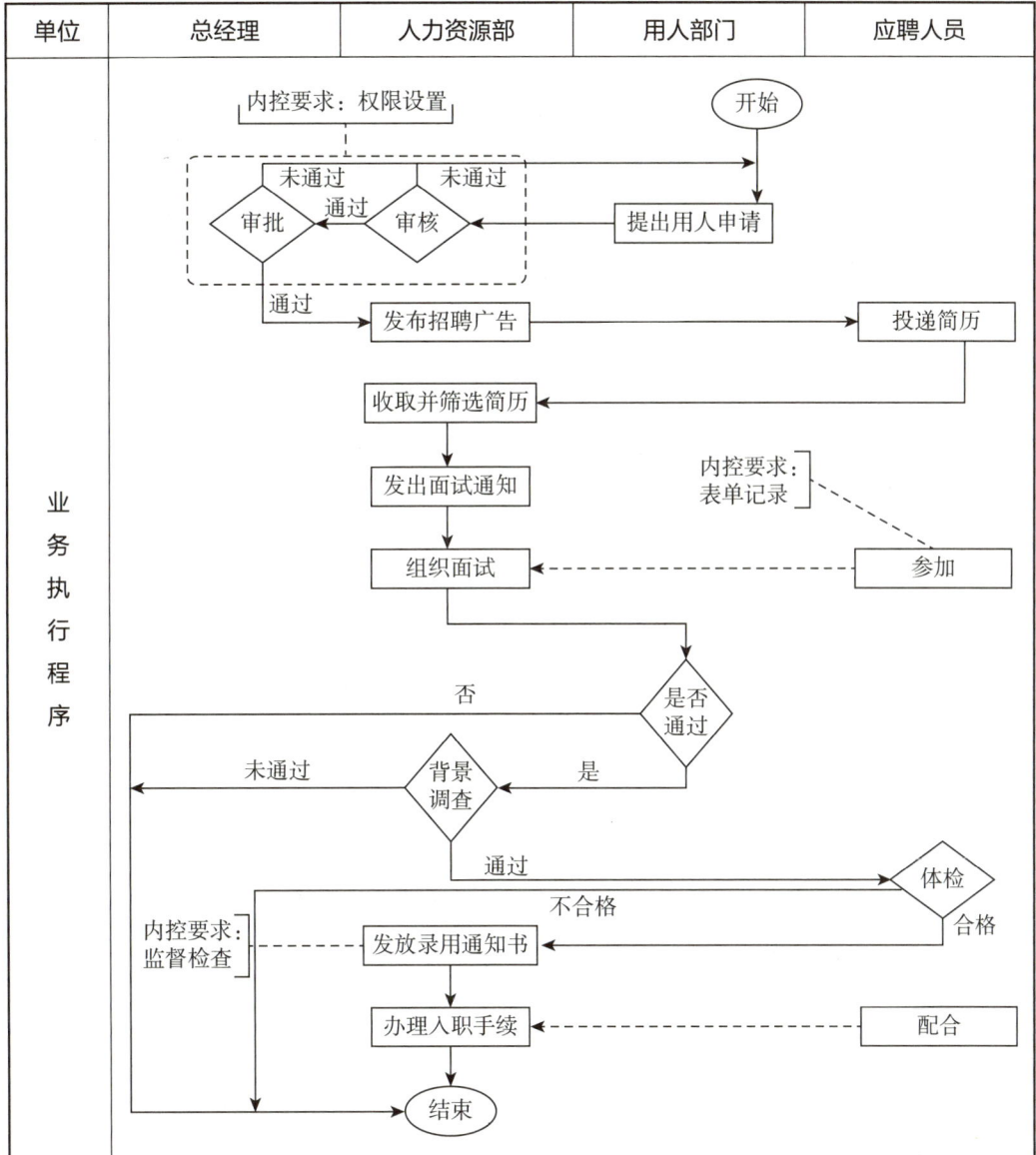

单位	总经理	人力资源部	用人部门	应聘人员
业务执行程序				

内控要求：权限设置

开始

提出用人申请

审批　未通过　通过　审核　未通过

通过　发布招聘广告　投递简历

收取并筛选简历

发出面试通知

内控要求：表单记录

组织面试　参加

是否通过

否　是

背景调查　未通过

通过　体检　合格　不合格

内控要求：监督检查　发放录用通知书

办理入职手续　配合

结束

2.3.2 流程2：背景调查工作流程

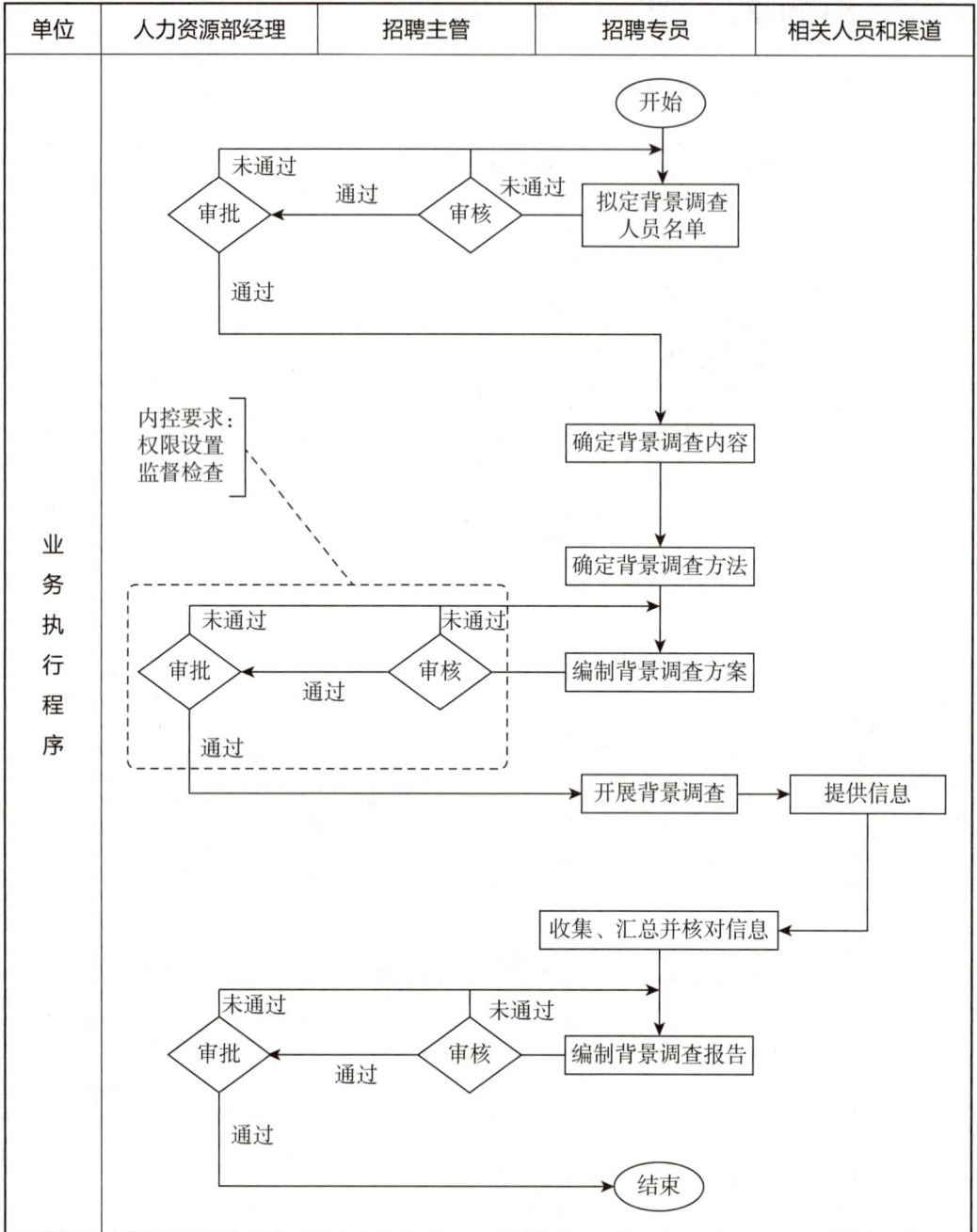

单位	人力资源部经理	招聘主管	招聘专员	相关人员和渠道

业务执行程序

开始

拟定背景调查人员名单

审核 —未通过→
审核 —通过→ 审批
审批 —未通过
审批 —通过

内控要求：
权限设置
监督检查

确定背景调查内容

确定背景调查方法

编制背景调查方案

审核 —未通过
审核 —通过→ 审批
审批 —未通过
审批 —通过

开展背景调查 → 提供信息

收集、汇总并核对信息

编制背景调查报告

审核 —未通过
审核 —通过→ 审批
审批 —未通过
审批 —通过

结束

2.4　法律保障

1. 《中华人民共和国民法典》

第一百一十一条　自然人的个人信息受法律保护。任何组织或者个人需要获取他人个人信息的，应当依法取得并确保信息安全，不得非法收集、使用、加工、传输他人个人信息，不得非法买卖、提供或者公开他人个人信息。

第四百七十二条　要约是希望与他人订立合同的意思表示，该意思表示应当符合下列条件：

（一）内容具体确定；

（二）表明经受要约人承诺，要约人即受该意思表示约束。

第四百七十三条　要约邀请是希望他人向自己发出要约的表示。拍卖公告、招标公告、招股说明书、债券募集办法、基金招募说明书、商业广告和宣传、寄送的价目表等为要约邀请。

商业广告和宣传的内容符合要约条件的，构成要约。

第四百七十四条　要约生效的时间适用本法第一百三十七条的规定。

第四百七十五条　要约可以撤回。要约的撤回适用本法第一百四十一条的规定。

第四百七十六条　要约可以撤销，但是有下列情形之一的除外：

（一）要约人以确定承诺期限或者其他形式明示要约不可撤销；

（二）受要约人有理由认为要约是不可撤销的，并已经为履行合同做了合理准备工作。

第四百七十七条　撤销要约的意思表示以对话方式作出的，该意思表示的内容应当在受要约人作出承诺之前为受要约人所知道；撤销要约的意思表示以非对话方式作出的，应当在受要约人作出承诺之前到达受要约人。

第四百七十八条　有下列情形之一的，要约失效：

（一）要约被拒绝；

（二）要约被依法撤销；

（三）承诺期限届满，受要约人未作出承诺；

（四）受要约人对要约的内容作出实质性变更。

第一千零三十四条   自然人的个人信息受法律保护。

个人信息是以电子或者其他方式记录的能够单独或者与其他信息结合识别特定自然人的各种信息，包括自然人的姓名、出生日期、身份证件号码、生物识别信息、住址、电话号码、电子邮箱、健康信息、行踪信息等。

个人信息中的私密信息，适用有关隐私权的规定；没有规定的，适用有关个人信息保护的规定。

第一千零三十五条   处理个人信息的，应当遵循合法、正当、必要原则，不得过度处理，并符合下列条件：

（一）征得该自然人或者其监护人同意，但是法律、行政法规另有规定的除外；

（二）公开处理信息的规则；

（三）明示处理信息的目的、方式和范围；

（四）不违反法律、行政法规的规定和双方的约定。

个人信息的处理包括个人信息的收集、存储、使用、加工、传输、提供、公开等。

第一千零三十六条   处理个人信息，有下列情形之一的，行为人不承担民事责任：

（一）在该自然人或者其监护人同意的范围内合理实施的行为；

（二）合理处理该自然人自行公开的或者其他已经合法公开的信息，但是该自然人明确拒绝或者处理该信息侵害其重大利益的除外；

（三）为维护公共利益或者该自然人合法权益，合理实施的其他行为。

第一千零三十八条   信息处理者不得泄露或者篡改其收集、存储的个人信息；未经自然人同意，不得向他人非法提供其个人信息，但是经过加工无法识别特定个人且不能复原的除外。

信息处理者应当采取技术措施和其他必要措施，确保其收集、存储的个人信息安全，防止信息泄露、篡改、丢失；发生或者可能发生个人信息泄露、篡改、丢失的，应当及时采取补救措施，按照规定告知自然人并向有关主管部门报告。

2. 《中华人民共和国劳动合同法》

第四条第四款   用人单位应当将直接涉及劳动者切身利益的规章制度和重大事项决定公示，或者告知劳动者。

　　第八条　用人单位招用劳动者时，应当如实告知劳动者工作内容、工作条件、工作地点、职业危害、安全生产状况、劳动报酬，以及劳动者要求了解的其他情况；用人单位有权了解劳动者与劳动合同直接相关的基本情况，劳动者应当如实说明。

　　第九条　用人单位招用劳动者，不得扣押劳动者的居民身份证和其他证件，不得要求劳动者提供担保或者以其他名义向劳动者收取财物。

　　第二十八条　劳动合同被确认无效，劳动者已付出劳动的，用人单位应当向劳动者支付劳动报酬。劳动报酬的数额，参照本单位相同或者相近岗位劳动者的劳动报酬确定。

　　第八十四条第一款和第二款　用人单位违反本法规定，扣押劳动者居民身份证等证件的，由劳动行政部门责令限期退还劳动者本人，并依照有关法律规定给予处罚。

　　用人单位违反本法规定，以担保或者其他名义向劳动者收取财物的，由劳动行政部门责令限期退还劳动者本人，并以每人五百元以上二千元以下的标准处以罚款；给劳动者造成损害的，应当承担赔偿责任。

　　第八十六条　劳动合同依照本法第二十六条规定被确认无效，给对方造成损害的，有过错的一方应当承担赔偿责任。

　　第九十一条　用人单位招用与其他用人单位尚未解除或者终止劳动合同的劳动者，给其他用人单位造成损失的，应当承担连带赔偿责任。

3.　《中华人民共和国劳动法》

　　第十三条　妇女享有与男子平等的就业权利。在录用职工时，除国家规定的不适合妇女的工种或者岗位外，不得以性别为由拒绝录用妇女或者提高对妇女的录用标准。

　　第十五条　禁止用人单位招用未满十六周岁的未成年人。

　　文艺、体育和特种工艺单位招用未满十六周岁的未成年人，必须遵守国家有关规定，并保障其接受义务教育的权利。

　　第十八条　下列劳动合同无效：

　　（一）违反法律、行政法规的劳动合同；

　　（二）采取欺诈、威胁等手段订立的劳动合同。

　　无效的劳动合同，从订立的时候起，就没有法律约束力。确认劳动合同部分无效的，如果不影响其余部分的效力，其余部分仍然有效。

劳动合同的无效，由劳动争议仲裁委员会或者人民法院确认。

4.《中华人民共和国就业促进法》

第三条　劳动者依法享有平等就业和自主择业的权利。

劳动者就业，不因民族、种族、性别、宗教信仰等不同而受歧视。

第二十六条　用人单位招用人员、职业中介机构从事职业中介活动，应当向劳动者提供平等的就业机会和公平的就业条件，不得实施就业歧视。

第二十七条　国家保障妇女享有与男子平等的劳动权利。

用人单位招用人员，除国家规定的不适合妇女的工种或者岗位外，不得以性别为由拒绝录用妇女或者提高对妇女的录用标准。

用人单位录用女职工，不得在劳动合同中规定限制女职工结婚、生育的内容。

第二十八条　各民族劳动者享有平等的劳动权利。

用人单位招用人员，应当依法对少数民族劳动者给予适当照顾。

第二十九条　国家保障残疾人的劳动权利。

各级人民政府应当对残疾人就业统筹规划，为残疾人创造就业条件。

用人单位招用人员，不得歧视残疾人。

第三十条　用人单位招用人员，不得以是传染病病原携带者为由拒绝录用。但是，经医学鉴定传染病病原携带者在治愈前或者排除传染嫌疑前，不得从事法律、行政法规和国务院卫生行政部门规定禁止从事的易使传染病扩散的工作。

第三十一条　农村劳动者进城就业享有与城镇劳动者平等的劳动权利，不得对农村劳动者进城就业设置歧视性限制。

5.《就业服务与就业管理规定》

第四条　劳动者依法享有平等就业的权利。劳动者就业，不因民族、种族、性别、宗教信仰等不同而受歧视。

第五条　农村劳动者进城就业享有与城镇劳动者平等的就业权利，不得对农村劳动者进城就业设置歧视性限制。

第六条　劳动者依法享有自主择业的权利。劳动者年满16周岁，有劳动能力且有就业愿望的，可凭本人身份证件，通过公共就业服务机构、职业中介机构介绍或直接联系用人单位等渠道求职。

第七条　劳动者求职时，应当如实向公共就业服务机构或职业中介机构、用人单位提供个人基本情况以及与应聘岗位直接相关的知识技能、工作经历、就业现状等情况，并出示相关证明。

6. 《北京市实施〈中华人民共和国妇女权益保障法〉办法》

第十八条　用人单位在招用职工时，除国家规定的不适合妇女的工种或者岗位外，不得以性别为由拒绝招用妇女或者提高对妇女的招用标准。

用人单位的招聘广告、规章制度中不得含有歧视妇女的内容。

用人单位在招用女职工时，应当依法与其签订劳动合同或者聘用合同。合同中应当约定女职工的岗位、劳动报酬、劳动安全卫生、社会保险等事项，不得含有限制女职工结婚、生育等歧视性内容。

第十九条　本市实行男女同工同酬。妇女在享受福利待遇方面享有与男子平等的权利。

用人单位和有关部门在晋职、晋级、评定专业技术职务等方面，应当坚持男女平等的原则，不得歧视妇女。

7. 《上海市实施〈中华人民共和国妇女权益保障法〉办法》

第十九条　各级人民政府应当通过多种途径创造条件，促进妇女就业。

各单位在招工、招聘时，除国家规定不适合妇女从事的工种或者岗位外，不得以性别为由拒绝录用妇女或者提高妇女的录用标准。

报刊、电视、广播以及其他新闻媒介不得违反国家有关规定，传播限制妇女就业的招工、招聘启事。

第二十条　各单位应当保障女职工享有与男子平等的劳动权益，实行男女同工同酬。

用人单位与职工方经平等协商，可以对女职工的特殊保护签订专项集体合同。

各单位在录用女职工与其签订劳动（聘用）合同或者服务协议时，应当依法约定女职工的岗位、劳动报酬、劳动安全卫生等事项，并不得以任何形式规定限制女职工结婚、生育的内容。

8. 《江西省实施〈中华人民共和国妇女权益保障法〉办法》

第十八条第一款　用人单位录用职工，除不适合妇女的工种或者岗位外，不得以性别为由拒绝录用妇女或者提高妇女的录用标准。

9. 《天津市妇女权益保障条例》

第二十四条　用人单位在招用聘用人员时，应当向妇女提供平等的就业机会和职业待遇，除国家规定的不适合妇女的工种或者岗位外，不得提高对妇女的招用聘用标准或者设置排斥妇女平等就业的条件，不得以性别或者变相以性别为由拒绝、限制招用聘用妇女。

10. 《广州市妇女权益保障规定》

第十三条第一款　用人单位的招聘简章、启事等招聘信息不得有歧视妇女的内容。

11. 《深圳市中级人民法院关于审理劳动争议案件的裁判指引》

一百〇四、用人单位违法收取劳动者定金、保证金、抵押金等，劳动者除要求退回定金、保证金、抵押金外，还要求用人单位按人民银行同期贷款利率支付占用定金、保证金或抵押金期间利息的，应予支持。

用人单位在2008年1月1日之前就已违法收取劳动者定金、保证金、抵押金等财物，劳动者要求支付相应利息的，利息应从2008年1月1日开始起计。

12. 《山西省劳动合同条例》

第六条　用人单位招用劳动者时，应当公示招聘简章，如实告知劳动者工作内容、工作条件、工作地点、职业危害、安全生产状况、劳动报酬、社会保险以及劳动者要求了解的其他情况。

用人单位招用劳动者，不得扣押劳动者的居民身份证和其他证件，不得要求劳动者提供担保、押金或者其他财物。

第七条　用人单位有权了解劳动者与劳动合同直接相关的健康状况、工作经历、知识技能等基本情况，核对劳动者的居民身份证或者其他有效证件，劳动者应当如实说明或者提供。

用人单位应当对劳动者的个人信息予以保密，除依法公开的内容外，未经劳动者本人同意，不得公开其个人信息。

2.5　问题清零

2.5.1　问题1：如何正确、合法地撤销录用通知？

《中华人民共和国民法典》第四百七十七条规定，撤销要约的通知应当在受要约人作出承诺之前到达受要约人。也就是说用人单位要想撤销录用通知，就需要在被录用人员给予答复或是到用人单位报到之前发出撤销录用的通知，并确保撤销录用的通知在被录用人员答复之前到达。

2.5.2　问题2：员工入职材料虚假是否构成欺诈？

《中华人民共和国劳动合同法》第八条规定："用人单位招用劳动者时，应当如实告知劳动者工作内容、工作条件、工作地点、职业危害、安全生产状况、劳动报酬，以及劳动者要求了解的其他情况；用人单位有权了解劳动者与劳动合同直接相关的基本情况，劳动者应当如实说明。"该条文说明员工没有主动说明情况的义务，只有当用人单位提出了解相关情况时，员工才需如实说明，此时员工若提供虚假的入职材料，有可能构成欺诈。

2.5.3　问题3：拒绝录用有犯罪记录人员是否构成就业歧视？

就业歧视是指用人单位因求职者的非经济个人特征（如性别、年龄、身高、相貌、躯体功能障碍、家庭背景、信仰、种族等），而排斥某类别求职者或给予某类别求职者优惠的一系列侵害求职者平等就业权的行为。

在我国，除了法律规定的公民在某些特别行业或者特殊岗位的就业限制，若用人单位在无特殊规定的岗位以"无犯罪记录"作为录用条件之一，有涉嫌就业歧视的风险，可能面临侵权诉讼，并将承担相应的法律责任。

2.5.4   问题4：发出录用通知书后能否以疫情原因取消对应聘人员的录用？

《中华人民共和国民法典》第五百条规定："当事人在订立合同过程中有下列情形之一，造成对方损失的，应当承担赔偿责任……（三）有其他违背诚信原则的行为。"用人单位向应聘人员发出录用通知书属于要约行为，对用人单位具有法律约束力，不可以随意取消。即使受疫情影响，如因延迟复工、区域封锁、居家隔离等疫情防控措施导致应聘者不能按时办理入职手续，应聘人员仍然享有平等就业不受歧视的权利。用人单位若因此直接取消对应聘人员的录用，可能被认定为违背诚实信用原则，需要承担缔约过失的赔偿责任。因此，不建议用人单位以疫情原因取消对应聘人员的录用，可与应聘人员协商延迟办理入职手续。

2.5.5   问题5：是否可以拒绝录用已治愈的曾感染新冠病毒肺炎的应聘人员？

《中华人民共和国就业促进法》第三条、第二十六条、第三十条、第六十二条，《传染病防治法》第十六条规定，劳动者依法享有平等就业不受歧视的权利。若用人单位拒绝录用已治愈的曾感染新冠病毒肺炎的应聘人员，有涉嫌就业歧视的风险，可能面临侵权诉讼，并将承担相应的法律责任。

2.5.6   问题6：招聘应届毕业生签订三方协议时能否约定违约金？

三方协议属于民事合同而非劳动合同，在不违反法律行政法规强制性规定的情形下就有关事项作出的约定，都是有效的。在司法实践中，用人单位招聘应届毕业生签订三方协议时，约定违约金，且违约金不过分高于造成的实际损失的，人民法院通常都会予以支持。

03

第 3 章

试用期管理

>>>

3.1　风险识别

3.1.1　风险点1：未约定录用条件

风险指数★★★☆☆

【风险提示】试用期若是没有约定录用条件，用人单位将无法以"员工试用期不符合录用条件"为由同被录用人员解除劳动合同，即不可根据《中华人民共和国劳动法》第二十五条第一项和《中华人民共和国劳动合同法》第三十九条第一项解除劳动合同，否则将构成违法解除劳动合同，须承担相应的经济赔偿责任。

【操作指引】用人单位在录用员工的过程中应当制定明确、具体的录用条件和岗位职责，以文件形式告知员工，并让员工本人签字确认，同时还须定期（如每周、每月）对试用期员工进行试用期考核，考核结果由员工本人签字确认，固定证据。

3.1.2　风险点2：单独签订试用期合同

风险指数★★★★☆

【风险提示】《中华人民共和国劳动合同法》第十九条第四款规定："试用期包含在劳动合同期限内。劳动合同仅约定试用期的，试用期不成立，该期限为劳动合同期限。"用人单位与员工单独签订试用期合同，相当于签订了一份固定期限的劳动合同，因此用人单位将可能面临以下风险。

（1）用人单位不能以"在试用期间被证明不符合录用条件"为由与员工解除劳动合同。

（2）用人单位若以试用期工资支付的，解除劳动合同时应以转正工资为标准，补足差额部分工资。若员工以拖欠工资为由解除劳动关系，用人单位还须支付相应的经济补偿金。

（3）员工试用期期满签订劳动合同，相当于签订了两次固定期限劳动合同，后续再续订劳动合同时，则用人单位必须与员工订立无固定期限劳动合同。

【操作指引】用人单位应严格按照法律规定与新员工直接签订劳动合同而非单独签订试用期合同。若该员工需要试用的，可在与其签订的劳动合同中约定试用期。

3.1.3　风险点3：随意约定试用期期限

风险指数★★★★☆

【风险提示】随意约定试用期期限，用人单位可能面临以下风险。

（1）违法约定的试用期已经履行的，解除劳动合同时由用人单位以员工试用期满月工资为标准，补足差额部分工资，并按已经履行的超过法定试用期的期间向员工支付赔偿金。

（2）超过法定试用期期限后，用人单位将无权以在试用期间被证明不符合录用条件为由与员工解除劳动合同，否则将构成违法解除劳动合同。

（3）用人单位与员工违法约定试用期期限的，劳动行政部门有权对其尚未履行的情况责令改正。

【操作指引】用人单位应根据劳动合同的期限来确定试用期的长短，劳动合同期限三个月以上不满一年的，试用期不得超过一个月；劳动合同期限一年以上不满三年的，试用期不得超过二个月；三年以上固定期限和无固定期限的劳动合同，试用期不得超过六个月。

3.1.4　风险点4：试用期内不缴纳社会保险费

风险指数★★★★☆

【风险提示】试用期内不缴纳社会保险费，用人单位会面临以下三种风险。

（1）试用期不缴纳社会保险费，属于《中华人民共和国劳动合同法》第三十八条规定的用人单位违法行为，员工可以此为由单方解除劳动合同，同时用人单位还需要向员工支付经济补偿。

（2）员工在试用期内发生了工伤，用人单位若没有为其缴纳社会保险费，将承担该员工所有的工伤保险待遇和赔偿。

（3）根据《中华人民共和国社会保险法》第八十六条，用人单位未按时足额缴纳社会保险费的，社会保险费征收机构有权责令其限期缴纳或者补足，并自欠缴之日起，按日加收万分之五的滞纳金；逾期仍不缴纳的，由有关行政部门处欠缴数额一倍以上三倍以下的罚款。

【操作指引】用人单位应结合当地法律法规在规定的时间内为员工缴纳社会保险

费，对现有试用期内未缴纳社会保险费的员工，应当及时补缴。

3.1.5　风险点5：转岗/升职再次约定试用期

风险指数★★★★☆

【风险提示】《中华人民共和国劳动合同法》第十九条第二款规定："同一用人单位与同一劳动者只能约定一次试用期。"故用人单位在员工转岗/升职后再次与其约定试用期是违法的。《中华人民共和国劳动合同法》第八十三条规定："用人单位违反本法规定与劳动者约定试用期的，由劳动行政部门责令改正；违法约定的试用期已经履行的，由用人单位以劳动者试用期满月工资为标准，按已经履行的超过法定试用期的期间向劳动者支付赔偿金。"由此可知，若用人单位违法约定试用期，则劳动行政部门有权责令改正，并且，若员工已实际履行了试用期的，用人单位还应根据相关法律对其进行经济赔偿。

【操作指引】针对转岗/升职后的试用期约定，用人单位可以与员工约定考察期等类似的期限。

3.1.6　风险点6：离职员工再入职再次约定试用期

风险指数★★★★☆

【风险提示】对于离职员工再入职能否再次约定试用期，目前有三种不同的理解。

第一种理解，为了防止用人单位滥用试用期，《中华人民共和国劳动合同法》第十九条第二款规定："同一用人单位与同一劳动者只能约定一次试用期。"根据该规定，如果员工还是原来的员工，用人单位也还是原来的用人单位，则同一员工和同一用人单位不能够约定第二次试用期，即员工离职后再次入职也同样要遵守此规定。

第二种理解，对于"同一用人单位与同一劳动者只能约定一次试用期"这一规定，不能"机械"地理解，"只能约定一次试用期"，实际上有一个前提条件，那就是在"同一段劳动关系"中。也就是说，只能约定一次试用期是指同一员工与同一用人单位在劳动关系延续期间，不能再次约定试用期。离职后再次应聘的不在此限，可以重新约定试用期。这样的理解，实际上也符合设立试用期制度的初衷。因为试用期就是用人单位通过一定时间的试用，来检验劳动者是否符合本单位特定岗位工作要求的制度。离职后再次入职的员工，其身体状况、精神状态、工作能力以及再次入职的岗位要求等都有可能发生变化，因此其能否胜任工作需要重新考察。

第三种理解，《劳动部关于实行劳动合同制度若干问题的通知》（劳部发〔1996〕354号）第4条规定："用人单位对工作岗位没有发生变化的同一劳动者只能试用一次。"员工岗位没有发生变化时，同一用人单位不可以再次约定试用期。劳动者岗位发生变化时，同一用人单位可以再次约定试用期。

【操作指引】为了规避可能存在的风险，用人单位最好还是参照《中华人民共和国劳动合同法》第十九条的规定，即劳动合同解除后，员工离开用人单位一段时间后，用人单位又再次招用该员工的，不得再约定试用期。

3.1.7　风险点7：未留存不符合录用条件的证据

风险指数★★★★☆

【风险提示】《中华人民共和国劳动争议调解仲裁法》第六条规定："发生劳动争议，当事人对自己提出的主张，有责任提供证据。与争议事项有关的证据属于用人单位掌握管理的，用人单位应当提供；用人单位不提供的，应当承担不利后果。"因此，用人单位若根据《中华人民共和国劳动法》第二十五条第一项和《中华人民共和国劳动合同法》第三十九条第一项，运用"在试用期间被证明不符合录用条件的，用人单位可以解除劳动合同"的规定，解除试用期员工的劳动合同，须提供能证明员工在试用期不符合录用条件的证据，否则，用人单位将可能面临因证据缺失导致违法解除劳动合同的风险。

【操作指引】用人单位应当结合录用条件定期（如每周、每月）对试用期员工进行试用期考核，考核结果由员工本人签字确认，固定证据。

3.1.8　风险点8：试用期满后作出不符合录用条件的决定

风险指数★★★★☆

【风险提示】用人单位在员工试用期满后，以员工不符合录用条件为由解除劳动合同的，很有可能被认定为违法解除劳动合同，须向员工支付经济赔偿金。

【操作指引】用人单位应注意"试用期内"这个时间节点，对不符合录用条件的员工，应在试用期内以书面形式提出解除劳动合同。

3.2　合规管理

3.2.1　细则：试用期管理细则

试用期管理细则能帮助用人单位规避因权责不明、试用期约定不合法、随意延长或缩短试用期、试用期工资低于法律规定的最低标准、违法解聘试用期员工等带来的风险，是用人单位必备的管理细则。以下是试用期管理细则，用人单位可根据实际情况做修改使用，仅供参考。

细则名称	试用期管理细则	编　号	
		版　本	

第1条　目　的

为保证录用工作顺利进行，规范员工试用期内的工作及行为，特制定本细则。

第2条　适用范围

本细则适用于本公司处于试用期间的所有员工。

第3条　职责划分

1．人力资源部

（1）根据实际情况修订新员工试用期管理办法并组织实施。

（2）根据新员工录用岗位不同，负责设计新员工入职培训课程，并组织安排新员工参加。

（3）负责协助用人部门完成新员工入职引导工作。

（4）负责公司新员工转正手续的办理及审批。

（5）负责新员工离职或辞退的各项手续的办理及审批。

（6）负责所有新员工劳动合同的签订工作。

2．用人部门

（1）负责新员工上岗试用阶段的工作安排及入职引导工作。

（2）负责新员工上岗试用阶段的绩效考核工作。

（3）负责新员工转正考核，提出转正建议及转正后薪资等管理工作。

（4）对于不符合岗位要求的新员工，用人部门负责向人力资源部提出辞退申请。

第4条　试用期期限及薪酬待遇

（1）员工试用期期限应根据劳动合同的期限确定。劳动合同期限三个月以上不满一年的，试用期不得超过一个月；劳动合同期限一年以上不满三年的，试用期不得超过二个月；三年以上固定期限和无固定期限的劳动合同，试用期不得超过六个月。

（2）与同一员工只能约定一次试用期。

（3）以完成一定工作任务为期限的劳动合同或者劳动合同期限不满三个月的，不得约定试用期。

（4）非全日制用工不得约定试用期。

（5）员工试用期间薪酬由公司与应聘人员共同协商确定，原则上试用期薪酬不得低于本公司相同岗位员工工资的80%，补贴另计。

提示：该条是为了避免出现试用期工资低于法律规定的标准的风险。

（6）试用期间，新员工享有同正式员工同等的法定带薪休假待遇以及与正式员工中同级别员工的餐补和交通补助。

（7）试用期员工的过节补贴及福利按照职级确定，等同正式员工。

第5条　新员工培训

1．培训时间

（1）人力资源部在新员工正式报到后的第＿＿个工作日开展培训。

（2）业务培训在新员工正式报到后的第＿＿个工作日开展。

2．培训内容

（1）人力资源部负责组织公司概况及岗位职能概况培训。

（2）用人部门负责进行部门业务流程及其他方面的相关培训，同时根据部门工作目标制订新员工工作计划，合理安排新员工的日常工作和阶段性工作。

第6条　试用期考核与转正

1．考核内容

（1）考勤情况。

（2）工作态度。

（3）工作任务完成情况，主要包括工作任务完成的质量和效率。

（4）责任感。

（5）团队合作精神和学习能力。

（6）工作能力（考核的核心内容）。

2．考核方式

（1）笔试。笔试主要是针对工作的基本常识和专业知识水平的测试。

（2）面试。面试一般由部门经理及以上级别的领导负责，除了考察试用人员对专业知识的掌握程度，还要考察其综合素质。

（3）实操演练。实操演练主要是针对技术性较强的岗位。

3．转正

（1）试用人员应在转正日的前＿＿天完成述职报告。部门负责人要和新员工进行转正面谈，并向公司人力资源部提交该员工的述职报告、试用人员转正审批表和试用人员情况报告，由人力资源部提出具体的人事建议（包括转正待遇等），并签署转正意见。

（2）人力资源部审核试用人员的述职报告、试用人员转正审批表和试用人员情况报告，然后转报公司用人部门的高层领导审批。

（3）对于公司用人部门的高层领导批准转正的员工，由人力资源部向转正员工发出转正通知，并抄送员工部门负责人。

（4）对于公司用人部门的高层领导没有批准转正的员工，由人力资源部安排调职或办理辞退手续。

（5）员工对试用评价或转正结论有异议的，应在收到人力资源部通知的＿＿个工作日内，按公司投诉程序进行投诉或申请复议。人力资源部负责处理，并将最终结果在＿＿个工作日内通知员工和员工部门负责人。

提示：该条是为了避免出现因转正手续办理操作不当而造成的风险。

第7条　试用期辞职或辞退

（1）试用期员工因个人原因提出辞职的，须提前三日填写"离职申请书"，并告知所属部门的负责人，经公司人力资源部批准后方可办理离职手续。

（2）当试用期员工被发现有以下情况时，公司应立即终止其试用期。

①被证明不符合录用条件。

②严重违反公司规章制度。

③无法胜任本岗位的工作，经过培训或调岗后仍不能胜任相关工作。

（3）试用期员工具有下列情形之一的，视为在试用期内不符合录用条件，公司可以依法与其解除劳动合同，且不支付任何经济补偿金。

①无法提供公司办理录用、社会保险等所需的证明材料的。

②与原公司未解除、终止劳动合同或劳动关系的。

③与原公司存在竞业限制约定且在限制范围之内的。

④入职后不同意购买社会保险并拒绝签订劳动合同的。

⑤通缉在案或者被取保候审、监视居住的。

⑥隐瞒曾经受过刑事处罚或纪律处分事实的。

⑦公司规定的其他具体岗位不予录用条件的情形。

建议：该条主要是为了避免出现无法辞退不符合录用条件的员工的风险，因此用人单位应根据自身实际情况增加相应的不予录用条件，尽量做到可操作、可量化。

第8条　附则

1．本细则由人力资源部负责制定、解释与修订。

2．本细则自发布之日起生效实施。

编制日期		审核日期		批准日期	
修改标记		修改处数		修改日期	

3.2.2　表单：员工试用期考核表

姓　名		工　号			部　　门	
岗　位		入职时间			试用到期时间	
出勤状况	病假		事假	旷工	迟到	早退
（天、次）						
员工自评						

评价考核表						
考核项目	考核内容	说明		分值	部门主管评审结果	人力资源部评审结果
工作业绩（30分）	工作目标	能完成每日的工作，达成目标				
	工作效率	能及时按计划完成各项工作任务				
	工作质量	能保证工作质量				
工作态度（40分）	积极性	积极完成上级安排的工作				
	纪律性	遵守公司各项规章制度及上级指示				
	团队意识	团队内部沟通的能力及意识				
	责任感	自觉承担自己在工作中的角色，对自己的工作负责				
工作能力（30分）	基本知识、技能	掌握试用期内所在岗位应具备的知识、技能，达到认定的基准				
	执行能力	能理解工作要求，动手、实操能力强，工作任务处理灵活，能独立承担本职工作范围内的工作				
	学习能力	勤奋好学，努力学习各项与工作相关的工作技能，以更好地完成工作任务				
	沟通能力	与人友好相处，善于口头和书面沟通				
部门主管评价		签字： 日期：				
人力资源部鉴定		签字： 日期：				
总经理鉴定		签字： 日期：				

使用说明有如下几点。

（1）本表格适用于新员工试用期转正评估、考核工作。

（2）综合评分小于等于60分，即为试用期不符合岗位要求，对不符合岗位要求的新员工，进行试用期转岗或辞退。

3.3　内部控制

3.3.1　流程1：试用期考核管理流程

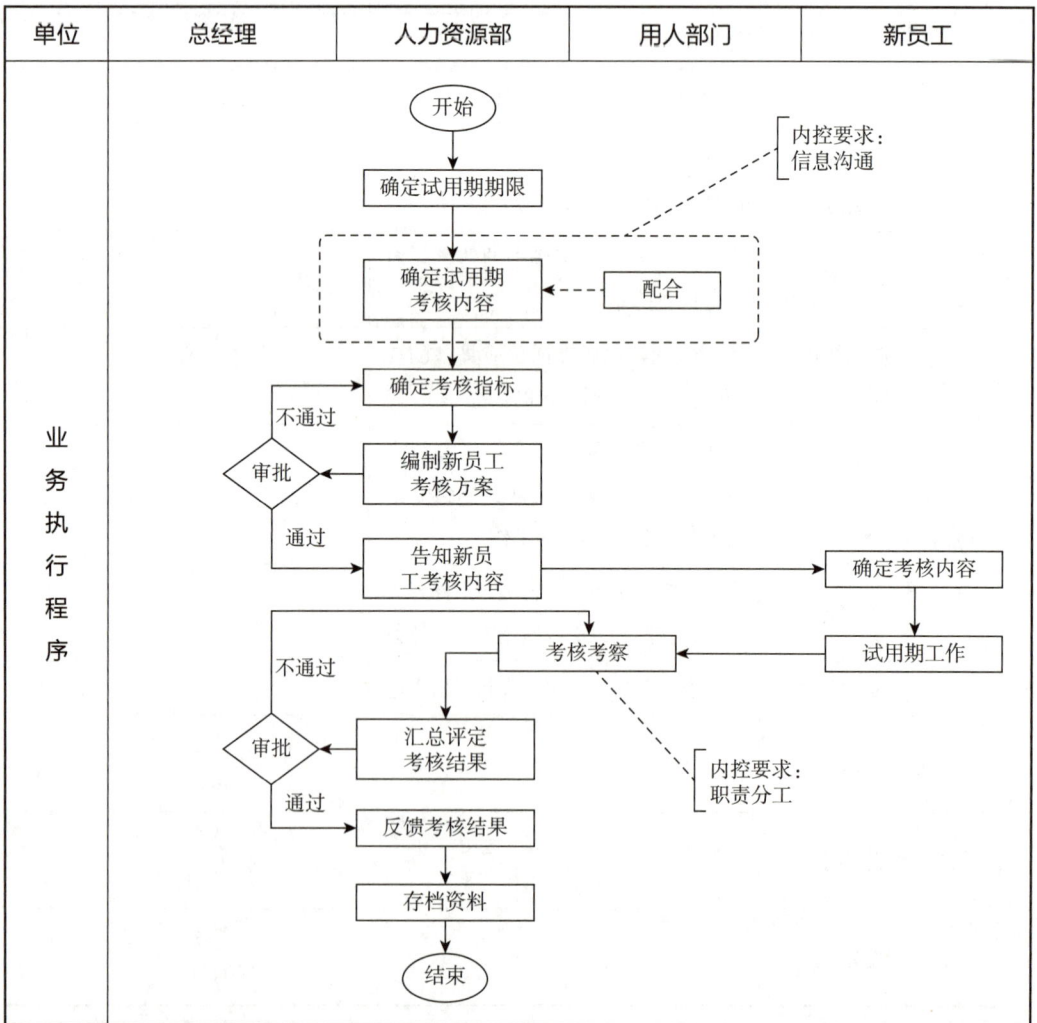

3.3.2　流程2：新员工转正管理流程

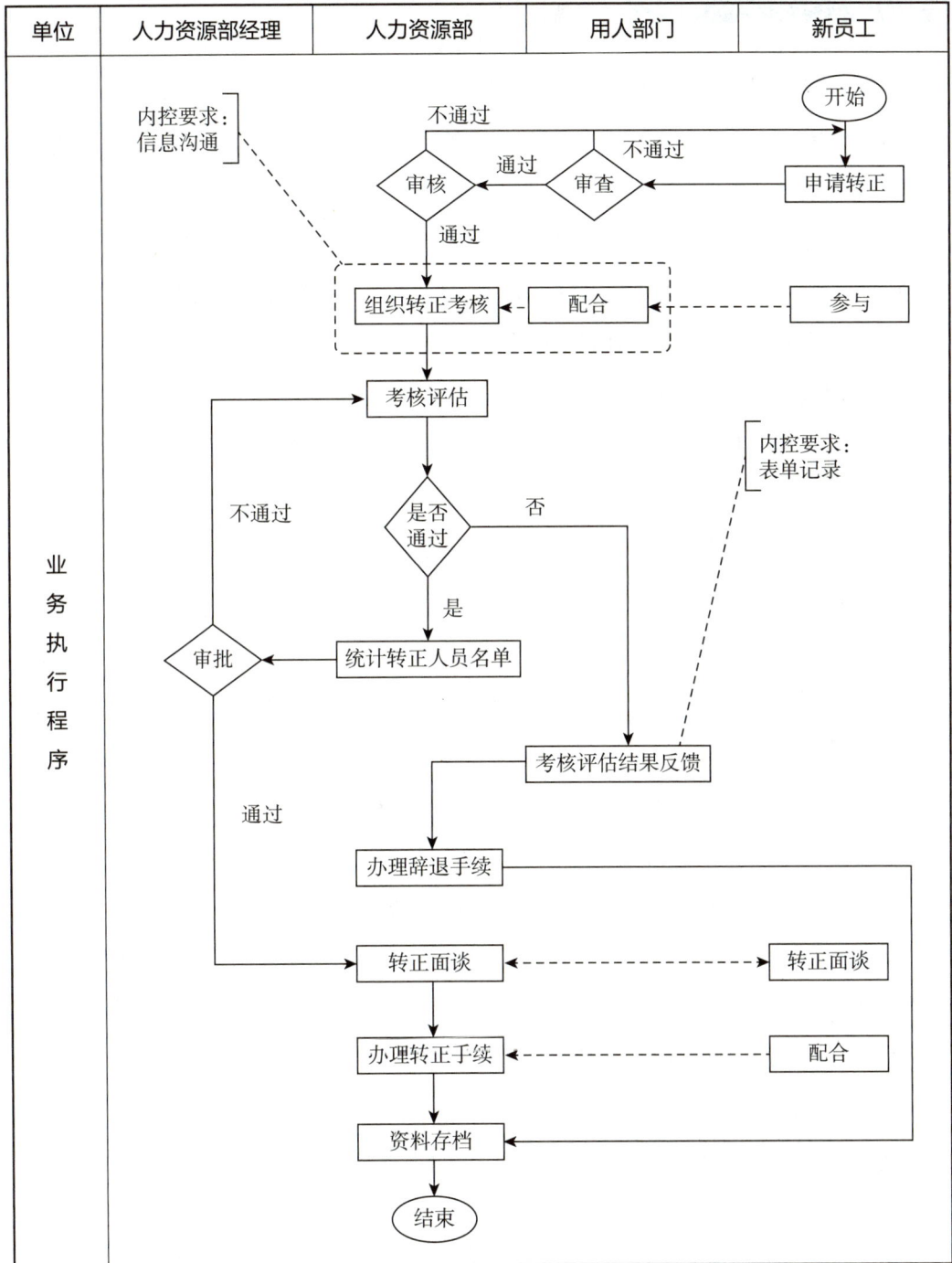

单位	人力资源部经理	人力资源部	用人部门	新员工

业务执行程序

```
                                                              开始
                         不通过                                 │
       内控要求：      ┌──────────────────────┐                ↓
       信息沟通       │        不通过          ↓          申请转正
          ┆          审核 ◄──通过── 审查 ◄───────────
          ┆           │
          ┆          通过
          ┆           ↓
       ┌─ 组织转正考核 ◄── 配合 ◄┄┄┄┄┄┄┄┄┄ 参与
       └───────────────────────────┘

          考核评估 ◄──┐
             │        │
             ↓        │
          是否通过 ──否──┐       内控要求：
             │           │       表单记录
    不通过   是          │
      │      ↓           │
    审批 ◄ 统计转正人员名单  │
      │                   │
    通过             考核评估结果反馈 ◄┄┄┄┄
      │                   │
      │              办理辞退手续 ────────┐
      │                                   │
      └─► 转正面谈 ◄┄┄┄┄┄┄┄┄┄┄ 转正面谈 │
             │                            │
             ↓                            │
          办理转正手续 ◄┄┄┄┄┄┄┄┄┄ 配合   │
             │                            │
             ↓                            │
          资料存档 ◄──────────────────────┘
             │
             ↓
           结束
```

3.4　法律保障

1.《中华人民共和国劳动合同法》

第十七条第二款　劳动合同除前款规定的必备条款外，用人单位与劳动者可以约定试用期、培训、保守秘密、补充保险和福利待遇等其他事项。

第十九条　劳动合同期限三个月以上不满一年的，试用期不得超过一个月；劳动合同期限一年以上不满三年的，试用期不得超过二个月；三年以上固定期限和无固定期限的劳动合同，试用期不得超过六个月。

同一用人单位与同一劳动者只能约定一次试用期。

以完成一定工作任务为期限的劳动合同或者劳动合同期限不满三个月的，不得约定试用期。

试用期包含在劳动合同期限内。劳动合同仅约定试用期的，试用期不成立，该期限为劳动合同期限。

第二十一条　在试用期中，除劳动者有本法第三十九条和第四十条第一项、第二项规定的情形外，用人单位不得解除劳动合同。用人单位在试用期解除劳动合同的，应当向劳动者说明理由。

第三十七条　劳动者提前三十日以书面形式通知用人单位，可以解除劳动合同。劳动者在试用期内提前三日通知用人单位，可以解除劳动合同。

第七十条　非全日制用工双方当事人不得约定试用期。

第八十三条　用人单位违反本法规定与劳动者约定试用期的，由劳动行政部门责令改正；违法约定的试用期已经履行的，由用人单位以劳动者试用期满月工资为标准，按已经履行的超过法定试用期的期间向劳动者支付赔偿金。

2.《中华人民共和国劳动法》

第二十五条　劳动者有下列情形之一的，用人单位可以解除劳动合同：

（一）在试用期间被证明不符合录用条件的。

3.《关于贯彻执行〈中华人民共和国劳动法〉若干问题的意见》

（二）劳动合同的内容

18．劳动者被用人单位录用后，双方可以在劳动合同中约定试用期，试用期应包括在劳动合同期限内。

3.5　问题清零

3.5.1　问题1：哪些劳动合同不得约定试用期？

《中华人民共和国劳动合同法》第十九条第三款和第七十条规定，以下三类劳动合同不得约定试用期。

（1）以完成一定工作任务为期限的劳动合同。

（2）期限不满三个月的劳动合同。

（3）非全日制用工的劳动合同。

3.5.2　问题2：员工在试用期内的工资标准应当如何确定？

员工在试用期的工资不得低于本单位相同岗位最低档工资的80%或劳动合同约定工资的80%，且不得低于用人单位所在地的最低工资标准。

3.5.3　问题3：员工在试用期内出现伤病、工伤，能否中止约定试用期？

对于员工在试用期内发生伤病、工伤，能否中止约定试用期这一问题，目前法律并未进行统一的规定，用人单位须结合地方性法律法规进行处理，尽量避免出现违法约定试用期的情形。

3.5.4　问题4：如何以"员工试用期不符合录用条件"为由解除劳动合同？

（1）用人单位根据招聘岗位的要求，制定合法、具体、明确、可操作的录用条件。

（2）用人单位通过在录用通知书、劳动合同或者员工手册中约定录用条件，告知员工，并要求员工签字确认。

（3）用人单位根据录用条件定期对试用期员工进行考核，同时对考核结果进行记录，并要求员工签字确认。当员工考核不合格时，用人单位即可以"员工试用期不符合录用条件"为由解除劳动合同。

注意：用人单位以"员工试用期不符合录用条件"为由解除劳动合同的，须在试用期内进行。超过试用期的，将会被认定为无效或违法解除劳动合同。

3.5.5　问题5：试用期工伤停工期间工资怎么算？

员工工伤的工资待遇与是否处于试用期无直接关联，仍然可以依据我国《工伤保险条例》的相关规定，按月正常领取工资，享受受伤之前的工资福利待遇。

3.5.6　问题6：兼职工作可以约定试用期吗？

兼职工作属于非全日制用工，《中华人民共和国劳动合同法》第七十条规定："非全日制用工双方当事人不得约定试用期。"因此兼职工作不可以约定试用期。

3.5.7　问题7：疫情期间用人单位能否与员工约定顺延试用期？

受疫情影响，员工在试用期内无法提供正常劳动的，经用人单位与劳动者协商一致，试用期可以顺延，但顺延时间不应超过劳动者无法提供正常劳动的时间。但如果是用人单位单方面决定顺延，有可能被认定为违规延长试用期。

04

第 4 章

劳动合同管理

>>>

4.1　风险识别

4.1.1　风险点1：未在法定时间内签订劳动合同

风险指数★★★☆☆

【风险提示】根据《中华人民共和国劳动合同法》《中华人民共和国劳动合同法实施条例》的有关规定，用人单位应与劳动者在有效的时间内签订劳动合同。若未在法定时间内签订劳动合同，用人单位将面临的风险分为以下2种情况。

（1）自用工之日起超过一个月不满一年未签订书面劳动合同。《中华人民共和国劳动合同法》第八十二条第一款规定："用人单位自用工之日起超过一个月不满一年未与劳动者订立书面劳动合同的，应当向劳动者每月支付二倍的工资。"

并且《中华人民共和国劳动合同法实施条例》第六条对用人单位自用工之日起超过一个月不满一年未与劳动者签订书面劳动合同的处理进行了更详细的规定，具体规定为："用人单位自用工之日起超过一个月不满一年未与劳动者订立书面劳动合同的，应当依照劳动合同法第八十二条的规定向劳动者每月支付两倍的工资，并与劳动者补订书面劳动合同；劳动者不与用人单位订立书面劳动合同的，用人单位应当书面通知劳动者终止劳动关系，并依照劳动合同法第四十七条的规定支付经济补偿。前款规定的用人单位向劳动者每月支付两倍工资的起算时间为用工之日起满一个月的次日，截止时间为补订书面劳动合同的前一日。"

（2）自用工之日起满一年未签订书面劳动合同。《中华人民共和国劳动合同法》第八十二条第二款规定："用人单位违反本法规定不与劳动者订立无固定期限劳动合同的，自应当订立无固定期限劳动合同之日起向劳动者每月支付二倍的工资。"《中华人民共和国劳动合同法》第十四条规定第三款规定："用人单位自用工之日起满一年不与劳动者订立书面劳动合同的，视为用人单位与劳动者已订立无固定期限劳动合同。"由上述两条法律条款可知，用人单位自用工之日起满一年不与员工订立书面劳动合同的，视为双方已建立无固定期限劳动合同的法律关系，须自订立无固定期限劳动合同之日起向员工每月支付二倍的工资。

并且《中华人民共和国劳动合同法实施条例》第七条对用人单位自用工之日起满一年未与劳动者订立书面劳动合同的处理进行了更详细的规定，具体规定为："用人单位自用工之日起满一年未与劳动者订立书面劳动合同的，自用工之日起满一个月的次日至满一年的前一日应当依照劳动合同法第八十二条的规定向劳动者每月支付两倍的工资，并视为自用工之日起满一年的当日已经与劳动者订立无固定期限劳动合同，应当立即与劳动者补订书面劳动合同。"即用人单位自用工之日起满一年仍然未与员工订立书面劳动合同的，除在不足一年的违法期间向员工每月支付两倍的工资外，还应当视为用人单位与员工已订立无固定期限劳动合同。

【操作指引】建议用人单位与员工正式签订劳动合同后，再让员工上岗，严格按照法律规定执行，订立劳动合同最迟不得超过一个月。

4.1.2　风险点2：劳动合同约定禁止性条款

风险指数★★★★☆

【风险提示】《中华人民共和国劳动合同法》第二十六条第一款规定："下列劳动合同无效或者部分无效：（一）以欺诈、胁迫的手段或者乘人之危，使对方在违背真实意思的情况下订立或者变更劳动合同的；（二）用人单位免除自己的法定责任、排除劳动者权利的；（三）违反法律、行政法规强制性规定的。"符合上述规定的条款为禁止性条款，用人单位在劳动合同里一旦约定了禁止性条款，将导致劳动合同无效或者部分无效。

无效劳动合同给用人单位带来的风险主要包括支付员工工资及进行赔偿，具体内容如下。

（1）支付员工工资。《中华人民共和国劳动合同法》第二十八条规定："劳动合同被确认无效，劳动者已付出劳动的，用人单位应当向劳动者支付劳动报酬。劳动报酬的数额，参照本单位相同或者相近岗位劳动者的劳动报酬确定。"由此可见，在劳动合同被确认无效的情况下，员工付出劳动后，用人单位应参照本单位相同或者相近岗位员工的劳动报酬向员工支付劳动报酬，即不能以劳动合同无效而拒付劳动报酬，也不能再按照原来的约定支付劳动报酬。

（2）进行赔偿。如果是用人单位自身原因造成劳动合同无效，即用人单位有《中华人民共和国劳动合同法》第二十六条、第四十六条规定的情形，以欺诈、胁迫的手段或者乘人之危造成劳动合同无效，员工按规定解除劳动合同的，用人单位应向员工支付经济补偿；给员工造成损失的，员工可以根据《中华人民共和国劳动合同法》第八十六条，要求用人单位承担赔偿责任。

如果是员工原因造成劳动合同无效，且给用人单位造成损害的，用人单位同样可以根据《中华人民共和国劳动合同法》第八十六条，要求员工承担赔偿责任。

【操作指引】用人单位应当依据法律法规的要求，结合本单位的实际情况制定劳动合同文本，或直接选用由人力资源和社会保障部门发布的劳动合同范本，或在人力资源和社会保障部门发布的劳动合同范本的基础上进行修订和完善后使用，但不得出现上述禁止性条款。

4.1.3　风险点3：劳动合同缺乏必备条款

风险指数★★★★☆

【风险提示】《中华人民共和国劳动合同法》第十七条第一款规定："劳动合同应当具备以下条款：（一）用人单位的名称、住所和法定代表人或者主要负责人；（二）劳动者的姓名、住址和居民身份证或者其他有效身份证件号码；（三）劳动合同期限；（四）工作内容和工作地点；（五）工作时间和休息休假；（六）劳动报酬；（七）社会保险；（八）劳动保护、劳动条件和职业危害防护；（九）法律、法规规定应当纳入劳动合同的其他事项。"

上述条款为劳动合同的必备条款，如果用人单位的劳动合同缺乏这些条款，虽然不一定会被认定为未签订劳动合同，但根据《中华人民共和国劳动合同法》第八十一条："用人单位提供的劳动合同文本未载明本法规定的劳动合同必备条款或者用人单位未将劳动合同文本交付劳动者的，由劳动行政部门责令改正；给劳动者造成损害的，应当承担赔偿责任。"

【操作指引】用人单位应当依据法律法规的要求，结合本单位的实际情况制定劳动合同文本，或直接选用由人力资源和社会保障部门发布的劳动合同范本，或在人力资源和社会保障部门发布的劳动合同范本的基础上进行修订和完善后使用。

4.1.4　风险点4：补签或倒签劳动合同

风险指数★★★☆☆

【风险提示】根据最高人民法院民事审判第一庭《代签劳动合同的纠纷及其处

理》的阐述，"补签劳动合同"与"倒签劳动合同"均是指用人单位超过法定期限后与员工补签劳动合同，两者主要区别在于签订劳动合同的落款日期是否与实际签订日期一致。"倒签劳动合同"的签订日期是劳动关系建立的当天或者法定期限内的日期；"补签劳动合同"的签订日期是签订劳动合同的当前日期。在司法实践中，不管是"补签"或是"倒签"，均有支持或不支持未签订书面劳动合同二倍工资的判决。

【操作指引】用人单位应当严格把控劳动合同签订的时限，尽量避免"补签"或"倒签"劳动合同现象的发生。若错过法律规定的签署时间，用人单位仍应当及时止损。在"补签"或是"倒签"劳动合同的过程中，用人单位应当注意用语规范，不能存在欺诈、胁迫、强行要求员工签署劳动合同的用语表达。在签署书面劳动合同时，必须是员工本人签署，不得由他人代签，并且劳动合同文本不得有涂改痕迹。

4.1.5　风险点5：他人代签劳动合同

风险指数★★☆☆☆

【风险提示】在司法实践中，他人代签劳动合同很容易引起劳动争议，争议的焦点是代签者是否经过员工本人同意或授权，以及后期举证是否有利。如果用人单位没有充分证据证明他人代签是经员工本人同意或事后追认或以实际行动表明接受的，则该劳动合同会被视为无效劳动合同，用人单位将要承担支付二倍工资的风险。

【操作指引】原则上用人单位应与员工本人签订书面劳动合同，尽量避免出现代签的情况，确因客观因素须代签的，用人单位应当留存相关的事实证据，如拍照、录像、录音、员工授权书等。

4.1.6　风险点6：签订空白劳动合同

风险指数★★★☆☆

【风险提示】空白劳动合同指劳动合同约定条款均未填写或者只部分填写。首先，签订空白劳动合同本身属于违法行为；其次，若签订空白劳动合同，用人单位还将面临劳动合同被视为无效合同的风险。如果劳动合同被认定无效，那么员工可以根据《中华人民共和国劳动合同法》第三十八条、第四十六条、第八十六条的相关规定，解除劳动合同或者视为未签订劳动合同，用人单位须向员工支付经济补偿；给员工造成损失的，还须承担赔偿责任。

【操作指引】用人单位应当尽量避免和员工签订空白劳动合同。

4.1.7　风险点7：劳动合同到期不续签、不终止

风险指数★★★☆☆

【风险提示】劳动合同到期不续签、不终止是指员工劳动合同到期，用人单位既未与其续签劳动合同，也未通知其终止劳动合同，而员工仍在继续工作的情形。

《最高人民法院关于审理劳动争议案件适用法律问题的解释（一）》第三十四条第一款规定："劳动合同期满后，劳动者仍在原用人单位工作，原用人单位未表示异议的，视为双方同意以原条件继续履行劳动合同。一方提出终止劳动关系的，人民法院应当支持。"

上述规定的含义是劳动合同到期员工继续在用人单位工作，用人单位未表示异议，但也未续签或终止劳动合同的，视同双方同意以原条件继续履行劳动合同。对于用人单位与员工超过一个月未续签劳动合同的情况，根据《中华人民共和国劳动合同法》第八十二条和《中华人民共和国劳动合同法实施条例》第六条、第七条的相关规定，用人单位将面临向员工每月支付二倍工资的风险。

【操作指引】员工劳动合同到期后，用人单位必须及时作出续签或者终止劳动合同的决定。用人单位若不想续签，应在劳动合同到期前通过电子邮件、微信、电话等一种或多种方式与员工进行沟通，如果员工也无意续签，则用人单位无须支付经济补偿金。用人单位若想续签，应在法定期限内与员工续签劳动合同。

4.1.8　风险点8：扣押劳动合同文本，不交付员工

风险指数★★★☆☆

【风险提示】扣押劳动合同文本，不交付员工这一行为是违法的，《中华人民共和国劳动合同法》第八十一条规定，用人单位提供的劳动合同文本未载明本法规定的劳动合同必备条款或者用人单位未将劳动合同文本交付员工的，由劳动行政部门责令改正；给员工造成损害的，应当承担赔偿责任。

【操作指引】用人单位与员工签订劳动合同后，应当交付员工本人一份，不得扣留。在交付时应由员工本人签字确认以留存证据。

4.2　合规管理

4.2.1　制度：劳动合同管理制度

劳动合同管理制度是直接涉及员工切身利益的规章制度之一，是整个人力资源劳动关系体系中的重点工作。在司法实践中，部分用人单位逾期未与员工续订或本来应当在劳动合同期满时终止劳动合同而未及时终止，导致后期用人单位处理员工工作有较大的法律风险。为了避免发生因劳动合同管理不当引发的劳动争议，用人单位可以通过设计严密的劳动合同管理制度进行统一管理。以下是劳动合同管理制度，用人单位可根据实际情况做修改使用，仅供参考。

制度名称	劳动合同管理制度	编　号	
		版　本	
第1章　总　则			
第1条　目的。为了明确公司与员工的权利与义务，维护双方的共同利益，根据《中华人民共和国劳动法》《中华人民共和国劳动合同法》及其他相关法律、法规，结合公司的实际情况，特制定本制度。			
第2条　适用范围。本制度适用于公司全体员工。			
第3条　原则。公司和全体员工在平等自愿、协商一致、不违反国家有关法律和行政法规的原则下，由公司的法定代表人或者书面委托的代理人代表公司与员工签订劳动合同。劳动合同依法订立，具有法律效力，公司和员工双方必须认真履行劳动合同中的规定。			
第4条　管理职责。公司人力资源部负责本公司的劳动合同管理工作，主要职责包括以下两点。			
1．依据制度办理劳动合同的订立、续订、变更、解除、终止等手续。			
2．加强劳动合同的基础管理工作，实行动态管理，促进劳动合同管理的规范化、标准化。			
第2章　劳动合同的订立			
第5条　劳动合同应以书面形式订立，并具备以下条款。			
1．公司的名称、住所和法定代表人或者主要负责人。			
2．员工的姓名、住址和居民身份证或者其他有效身份证件号码。			
3．劳动合同期限。			
4．工作内容和工作地点。			
5．工作时间和休息休假。			
6．劳动报酬。			
7．社会保险。			
8．劳动保护、劳动条件和职业危害防护。			

9. 法律、法规规定应当纳入劳动合同的其他事项。

劳动合同除前款规定的必备条款外，当事人和公司可以协商、约定其他事项。

注意：上述条款为劳动合同的必备条款，不得缺失。

第6条　公司与员工签订的劳动合同一式两份，公司和员工各执一份。

提示：用人单位扣押劳动合同文本，属于违法行为。

第7条　在签订劳动合同的过程中，员工可以了解公司的规章制度、劳动条件、劳动报酬等与自身提供劳动有关的情况；公司在招聘员工时，可以了解员工的健康状况、学历、专业知识水平和工作技能等与应聘岗位有关的情况。

提示：公司和员工都负有告知义务。

第8条　本公司劳动合同期限为1～5年，具体期限根据不同岗位和任职资格协商确定。劳动合同期满经双方协商一致可以续签。

第3章　劳动合同的履行和变更

第9条　公司每月____日之前以货币的形式支付员工工资，员工工资不低于____市最低工资标准。

第10条　公司按国家和____市有关规定为员工缴纳养老、医疗、失业、工伤等社会保险。

第11条　公司因经营需要须续订劳动合同的，应提前30日以书面形式通知员工，经双方协商一致，办理续订手续。

第12条　公司与员工协商一致，可以变更劳动合同约定的内容。在变更劳动合同时，应当采用书面形式进行确认。

提示：劳动合同变更采用书面形式进行确认，是为了保留变更的书面证据，规避因劳动合同变更引发的诉讼风险。

第4章　劳动合同的解除与终止

第13条　经公司与员工协商一致，可以解除劳动合同。

第14条　员工解除劳动合同时，应当提前30日以书面形式通知公司，在试用期内的应提前3日通知公司。当公司确有违规或未履行约定条件的行为时，员工可随时解除劳动合同。

第15条　公司可以因员工过失（严重违规违纪、严重失职等情况）、员工非过失原因及国家相关法律规定的可以解除劳动合同的情形，与员工解除劳动合同。

第16条　员工被提前解除劳动合同时，符合相关规定应支付经济补偿金的，公司应按国家及____市有关规定进行经济补偿。

第17条　对于劳动合同到期后公司不再聘任的员工，人力资源部应在合同到期日及时与其结清工资，办理离职交接手续。

第18条　劳动合同期满、劳动合同双方资格丧失或在客观上无法继续履行劳动合同的情况下，劳动合同可以终止。

第5章　经济补偿与违约赔偿

第19条　有下列情形之一的，由公司根据员工在公司的工作年限，每满一年发给员工相当于一个月工资的经济补偿，但最多不应超过12个月的工资总额。

1. 公司提出并与当事人协商一致解除劳动合同的。

2. 员工不能胜任工作，经培训或调整工作岗位仍不能胜任，由公司解除劳动合同的。

第20条 凡参加本公司组织的培训的员工，如欲辞职应按所接受的培训价值交清赔偿金。

第21条 违反服务期劳动合同约定和泄露商业秘密的员工，应当承担违约责任。公司将以违约金的形式追究违约责任。违反服务期劳动合同约定的，违约金根据公司所提供特殊待遇的价值，按已工作期限的比例递减；违反保密约定的，违约金按事先约定金额承担，但约定违约金低于实际损失的，按实际损失赔偿。

第6章 附 则

第22条 劳动合同双方发生劳动争议时，当事人可以协商解决，也可以到____市劳动仲裁委员会申请仲裁。对仲裁结果不服的，可以到____市人民法院起诉。

第23条 本制度与有关法律、法规和规范性文件相抵触的，以法律、法规和规范性文件为准。

第24条 本制度自颁布之日起执行。

编制日期		审核日期		批准日期	
修改标记		修改处数		修改日期	

4.2.2 模板1：调岗调薪通知书

调岗调薪通知书主要用于变更员工工作岗位时书面通知员工，它既能避免用人单位因未依法定程序通知员工变更岗位而造成违法调整工作岗位的风险，还能作为员工未按照规定的时间到岗而进行相应处理的证据。以下是调岗调薪通知书模板，用人单位可根据实际情况做修改使用，仅供参考。

调岗调薪通知书

_____先生/女士（身份证号：_____）：

因□不能胜任工作岗位 □医疗期满无法从事原工作 □违规、违纪行为 □本人申请 □其他：_____，依照相关劳动法律法规、单位规章制度，本单位决定，向您发出调整工作岗位通知，具体事宜如下：

1. 调整前：岗位：_____ 工资待遇：

2. 调整后：岗位：_____ 工资待遇：

3. 调整生效时间：_____年___月___日

请您在调整生效时间之前到新岗位报到，如届时未到岗，本单位将按照相关规定予以处理。如对上述内容或处理结果有异议，请在___年___月___日前以书面形式向人力资源部提出，否则视为无异议。

单位盖章：

_____年___月___日

（此通知书一式两份，双方各执一份）

```
┌─────────────────────────────────────────────────────────────────┐
: 　　　　　　　　　　　　　　　签收回执单
: 　　本人_____（身份证号：_____）已收到单位于_____年____月____日
  送达的《调岗调薪通知书》，同意上述各项安排。
  　　　　　　　　　　　　　　　　　　　　　　　　　　　员工签名：
  　　　　　　　　　　　　　　　　　　　　　　　　　　　_____年____月____日
└─────────────────────────────────────────────────────────────────┘
```

使用说明有如下几点。

(1) 该通知书仅限于在法定变更劳动合同的情形下使用。

(2) 该通知书若是邮寄送达，务必要保留邮寄送达相关的单据。

(3) 对调岗调薪的理由，用人单位需要有相关的依据，不得随意选择。

(4) 员工签字须由员工本人填写，不得由他人代签。

4.2.3　模板2：书面劳动合同签订通知书

书面劳动合同签订通知书用来证明用人单位已完成签订劳动合同中提供劳动合同文本，要求签订、明确合同条款等应当承担的"通知"责任，避免因履行程序不当构成违法终止劳动关系而承担赔偿责任的风险。以下是书面劳动合同签订通知书模板，用人单位可根据实际情况做修改使用，仅供参考。

```
┌─────────────────────────────────────────────────────────────────┐
| 　　　　　　　　　　　　书面劳动合同签订通知书
|─────────────────────────────────────────────────────────────────
| _____先生/女士（身份证号：_____）：
| 　　本单位决定与您订立劳动合同，请您确认收到本公司于_____年____月____日发出的《劳
| 动合同》两份及《劳动合同签订通知书》两份，并在收到本通知书后于_____年____月____日
| 前到人力资源部签订书面劳动合同。
| 　　若逾期不签订，本单位将依照法律规定与您终止劳动关系。
| 　　　　　　　　　　　　　　　　　　　　　　　　　　　单位盖章：
| 　　　　　　　　　　　　　　　　　　　　　　　　　　　_____年____月____日
| 　　（此通知书一式两份，甲、乙双方各执一份）
:─────────────────────────────────────────────────────────────────
| 　　　　　　　　　　　　　　　签收回执单
| 　　本人_____（身份证号：_____）已收到单位于_____年____月____日
| 发出的已填写完整并加盖公章的《劳动合同》两份及《劳动合同签订通知书》两份。
| 　　　　　　　　　　　　　　　　　　　　　　　　　　　员工签名：
| 　　　　　　　　　　　　　　　　　　　　　　　　　　　_____年____月____日
└─────────────────────────────────────────────────────────────────┘
```

使用说明有如下几点。

（1）该通知书仅限于因员工原因而未与用人单位签订书面劳动合同时使用。

（2）该通知书应于员工入职前30日内签发。

（3）员工签字须由员工本人填写，签字日期为劳动合同签收日期。

4.2.4　模板3：终止劳动合同通知书

终止劳动合同通知书是用人单位启动劳动关系终结程序的文件，用以证明用人单位已履行书面通知员工终止劳动关系的"通知"责任，既可以避免造成违法终止劳动关系的风险，也可以避免因劳动合同到期未通知员工而造成的劳动关系续延的风险。以下是终止劳动合同通知书模板，用人单位可根据实际情况做修改使用，仅供参考。

终止劳动合同通知书

_____先生/女士（身份证号：_____）：

　　本单位与您于_____年____月____日签订的劳动合同将于_____年____月____日期限届满，本单位决定不再续订劳动合同，现根据《中华人民共和国劳动法》第____条的规定，决定与您终止劳动合同，请您于_____年____月____日前到_____部门（给予）办理终止劳动合同关系的相关手续。

　　特此通知！

单位盖章：

_____年____月____日

（此通知书一式两份，甲、乙双方各执一份）

- -

签收回执单

　　本人_____（身份证号：_____）已收到单位于_____年____月____日送达的《终止劳动合同通知书》，并将在规定的时间内办理离职手续。

员工签名：

_____年____月____日

使用说明有如下几点。

（1）该通知书主要在用人单位与员工劳动合同到期不再续订劳动合同时使用。

（2）该通知书应于劳动合同到期前30日内签发。

（3）员工签字须由员工本人填写。

4.3　内部控制

4.3.1　流程1：劳动合同签订流程

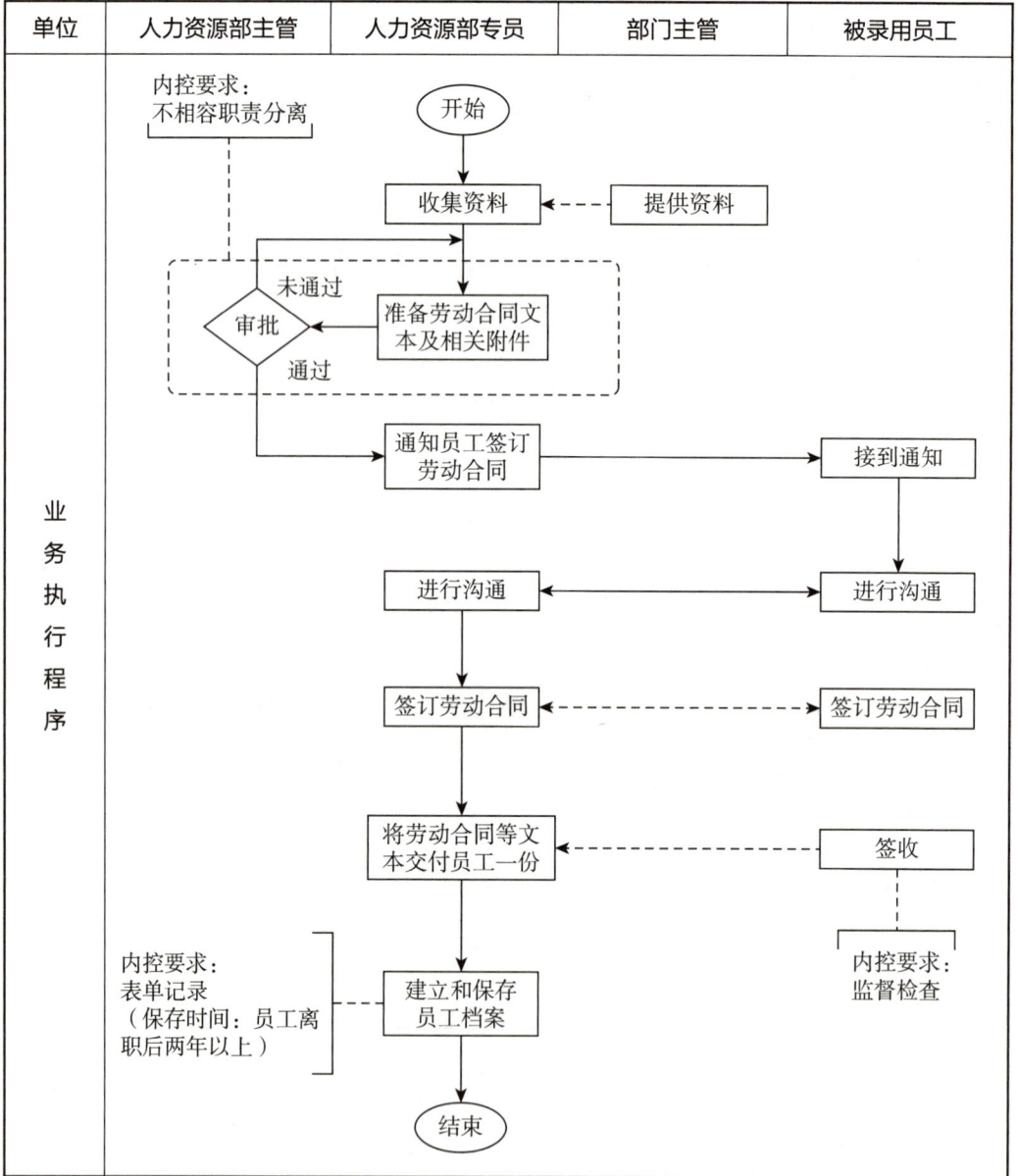

单位	人力资源部主管	人力资源部专员	部门主管	被录用员工

业务执行程序

内控要求：
不相容职责分离

开始

收集资料 ← 提供资料

审批　未通过 ← 准备劳动合同文本及相关附件
　　　　通过

通知员工签订劳动合同 → 接到通知

进行沟通 ← 进行沟通

签订劳动合同 ← 签订劳动合同

将劳动合同等文本交付员工一份 ← 签收

内控要求：
监督检查

内控要求：
表单记录
（保存时间：员工离职后两年以上）

建立和保存员工档案

结束

4.3.2　流程2：劳动合同续签流程

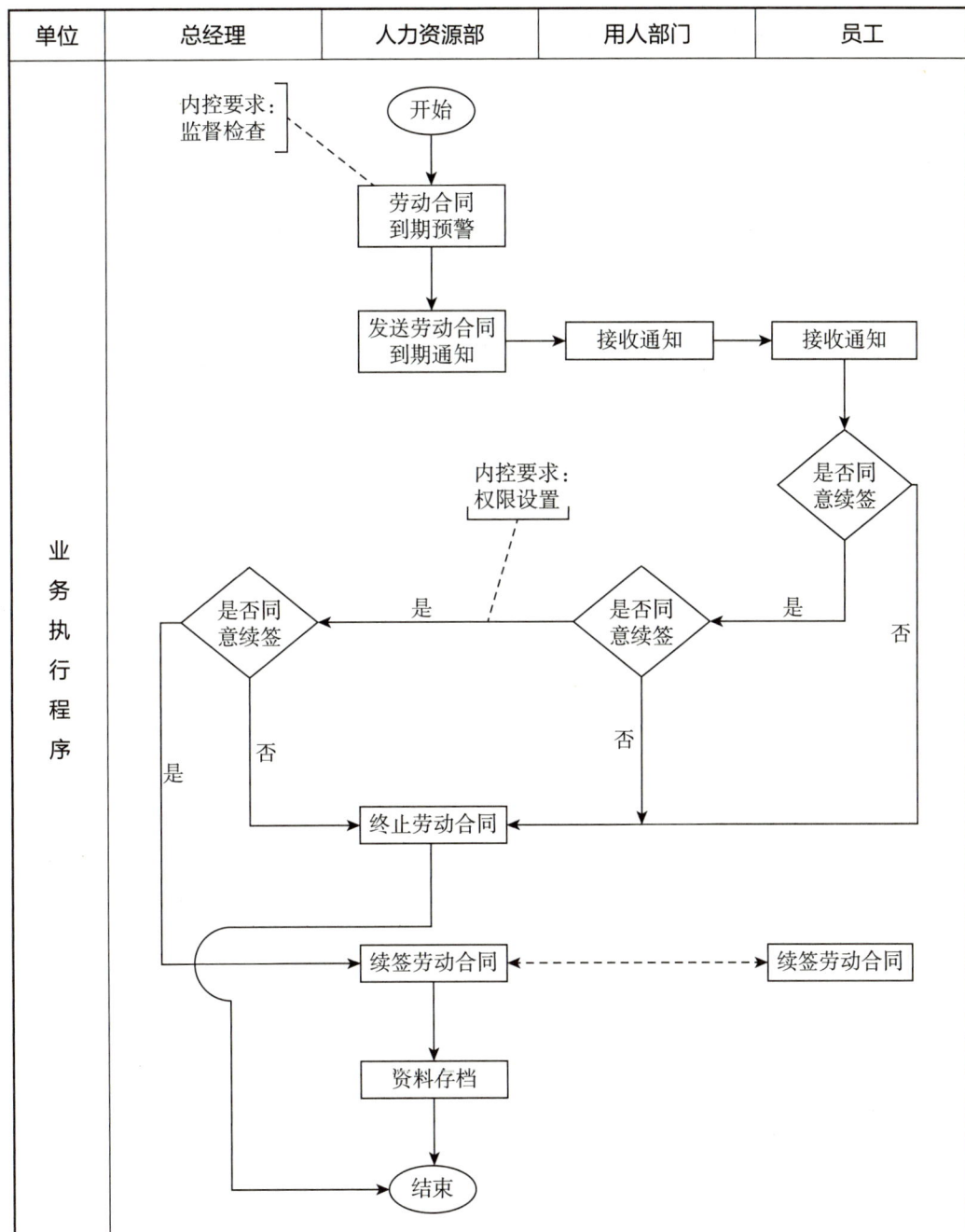

单位	总经理	人力资源部	用人部门	员工

业务执行程序

内控要求：
监督检查

开始

劳动合同
到期预警

发送劳动合同
到期通知　→　接收通知　→　接收通知

是否同
意续签

内控要求：
权限设置

是否同
意续签　←　是　←　是否同
意续签　←　是

否

否

是

否

终止劳动合同

续签劳动合同　⇠⇠⇠⇢　续签劳动合同

资料存档

结束

4.3.3　流程3：劳动合同解除流程

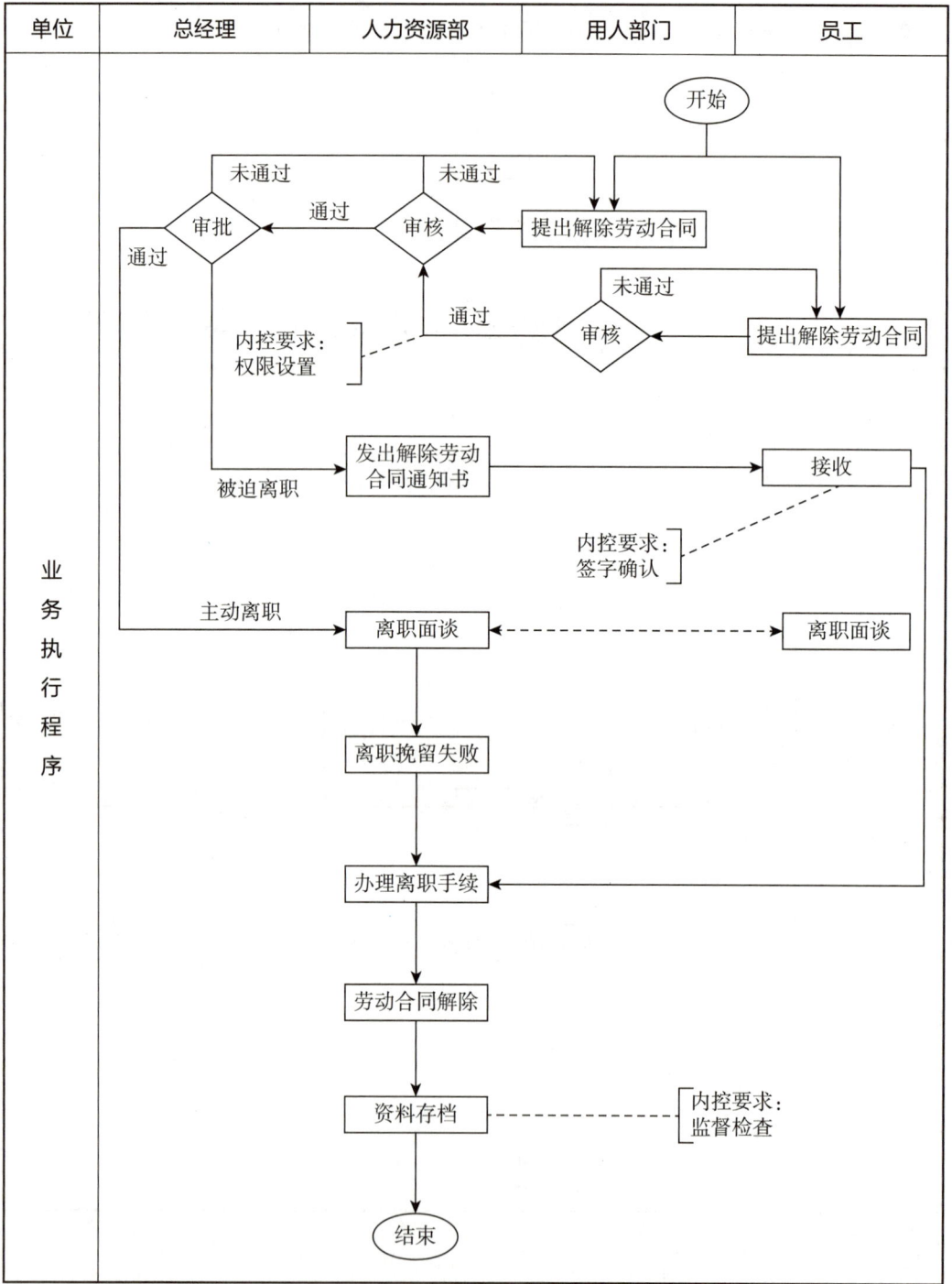

单位	总经理	人力资源部	用人部门	员工

业务执行程序

- 开始
- 提出解除劳动合同
- 审核（未通过／通过）
- 审批（未通过／通过）
- 内控要求：权限设置
- 提出解除劳动合同
- 审核（未通过／通过）
- 被迫离职
- 发出解除劳动合同通知书
- 接收
- 内控要求：签字确认
- 主动离职
- 离职面谈
- 离职面谈
- 离职挽留失败
- 办理离职手续
- 劳动合同解除
- 资料存档
- 内控要求：监督检查
- 结束

4.4　法律保障

1.《中华人民共和国劳动合同法》

第十条　建立劳动关系，应当订立书面劳动合同。

已建立劳动关系，未同时订立书面劳动合同的，应当自用工之日起一个月内订立书面劳动合同。

用人单位与劳动者在用工前订立劳动合同的，劳动关系自用工之日起建立。

第十七条　劳动合同应当具备以下条款：

（一）用人单位的名称、住所和法定代表人或者主要负责人；

（二）劳动者的姓名、住址和居民身份证或者其他有效身份证件号码；

（三）劳动合同期限；

（四）工作内容和工作地点；

（五）工作时间和休息休假；

（六）劳动报酬；

（七）社会保险；

（八）劳动保护、劳动条件和职业危害防护；

（九）法律、法规规定应当纳入劳动合同的其他事项。

劳动合同除前款规定的必备条款外，用人单位与劳动者可以约定试用期、培训、保守秘密、补充保险和福利待遇等其他事项。

第十八条　劳动合同对劳动报酬和劳动条件等标准约定不明确，引发争议的，用人单位与劳动者可以重新协商；协商不成的，适用集体合同规定；没有集体合同或者集体合同木规定劳动报酬的，实行同工同酬；没有集体合同或者集体合同未规定劳动条件等标准的，适用国家有关规定。

第二十六条　下列劳动合同无效或者部分无效：

（一）以欺诈、胁迫的手段或者乘人之危，使对方在违背真实意思的情况下订立或者变更劳动合同的；

（二）用人单位免除自己的法定责任、排除劳动者权利的；

（三）违反法律、行政法规强制性规定的。

对劳动合同的无效或者部分无效有争议的，由劳动争议仲裁机构或者人民法院确认。

第二十七条　劳动合同部分无效，不影响其他部分效力的，其他部分仍然有效。

第二十八条　劳动合同被确认无效，劳动者已付出劳动的，用人单位应当向劳动者支付劳动报酬。劳动报酬的数额，参照本单位相同或者相近岗位劳动者的劳动报酬确定。

第三十五条　用人单位与劳动者协商一致，可以变更劳动合同约定的内容。变更劳动合同，应当采用书面形式。

变更后的劳动合同文本由用人单位和劳动者各执一份。

第三十七条　劳动者提前三十日以书面形式通知用人单位，可以解除劳动合同。劳动者在试用期内提前三日通知用人单位，可以解除劳动合同。

第三十八条　用人单位有下列情形之一的，劳动者可以解除劳动合同：

（一）未按照劳动合同约定提供劳动保护或者劳动条件的；

（二）未及时足额支付劳动报酬的；

（三）未依法为劳动者缴纳社会保险费的；

（四）用人单位的规章制度违反法律、法规的规定，损害劳动者权益的；

（五）因本法第二十六条第一款规定的情形致使劳动合同无效的；

（六）法律、行政法规规定劳动者可以解除劳动合同的其他情形。

用人单位以暴力、威胁或者非法限制人身自由的手段强迫劳动者劳动的，或者用人单位违章指挥、强令冒险作业危及劳动者人身安全的，劳动者可以立即解除劳动合同，不需事先告知用人单位。

第三十九条　劳动者有下列情形之一的，用人单位可以解除劳动合同：

（一）在试用期间被证明不符合录用条件的；

（二）严重违反用人单位的规章制度的；

（三）严重失职，营私舞弊，给用人单位造成重大损害的；

（四）劳动者同时与其他用人单位建立劳动关系，对完成本单位的工作任务造成严重影响，或者经用人单位提出，拒不改正的；

（五）因本法第二十六条第一款第一项规定的情形致使劳动合同无效的；

（六）被依法追究刑事责任的。

第四十条　有下列情形之一的，用人单位提前三十日以书面形式通知劳动者本人或者额外支付劳动者一个月工资后，可以解除劳动合同：

（一）劳动者患病或者非因工负伤，在规定的医疗期满后不能从事原工作，也不能从事由用人单位另行安排的工作的；

（二）劳动者不能胜任工作，经过培训或者调整工作岗位，仍不能胜任工作的；

（三）劳动合同订立时所依据的客观情况发生重大变化，致使劳动合同无法履行，经用人单位与劳动者协商，未能就变更劳动合同内容达成协议的。

第四十一条　有下列情形之一，需要裁减人员二十人以上或者裁减不足二十人但占企业职工总数百分之十以上的，用人单位提前三十日向工会或者全体职工说明情况，听取工会或者职工的意见后，裁减人员方案经向劳动行政部门报告，可以裁减人员：

（一）依照企业破产法规定进行重整的；

（二）生产经营发生严重困难的；

（三）企业转产、重大技术革新或者经营方式调整，经变更劳动合同后，仍需裁减人员的；

（四）其他因劳动合同订立时所依据的客观经济情况发生重大变化，致使劳动合同无法履行的。

裁减人员时，应当优先留用下列人员：

（一）与本单位订立较长期限的固定期限劳动合同的；

（二）与本单位订立无固定期限劳动合同的；

（三）家庭无其他就业人员，有需要扶养的老人或者未成年人的。

用人单位依照本条第一款规定裁减人员，在六个月内重新招用人员的，应当通知被裁减的人员，并在同等条件下优先招用被裁减的人员。

第四十二条　劳动者有下列情形之一的，用人单位不得依照本法第四十条、第四十一条的规定解除劳动合同：

（一）从事接触职业病危害作业的劳动者未进行离岗前职业健康检查，或者疑似职业病病人在诊断或者医学观察期间的；

（二）在本单位患职业病或者因工负伤并被确认丧失或者部分丧失劳动能力的；

（三）患病或者非因工负伤，在规定的医疗期内的；

（四）女职工在孕期、产期、哺乳期的；

（五）在本单位连续工作满十五年，且距法定退休年龄不足五年的；

（六）法律、行政法规规定的其他情形。

第四十四条　有下列情形之一的，劳动合同终止：

（一）劳动合同期满的；

（二）劳动者开始依法享受基本养老保险待遇的；

（三）劳动者死亡，或者被人民法院宣告死亡或者宣告失踪的；

（四）用人单位被依法宣告破产的；

（五）用人单位被吊销营业执照、责令关闭、撤销或者用人单位决定提前解散的；

（六）法律、行政法规规定的其他情形。

第四十五条　劳动合同期满，有本法第四十二条规定情形之一的，劳动合同应当续延至相应的情形消失时终止。但是，本法第四十二条第二项规定丧失或者部分丧失劳动能力劳动者的劳动合同的终止，按照国家有关工伤保险的规定执行。

第四十六条　有下列情形之一的，用人单位应当向劳动者支付经济补偿：

（一）劳动者依照本法第三十八条规定解除劳动合同的；

（二）用人单位依照本法第三十六条规定向劳动者提出解除劳动合同并与劳动者协商一致解除劳动合同的；

（三）用人单位依照本法第四十条规定解除劳动合同的；

（四）用人单位依照本法第四十一条第一款规定解除劳动合同的；

（五）除用人单位维持或者提高劳动合同约定条件续订劳动合同，劳动者不同意续订的情形外，依照本法第四十四条第一项规定终止固定期限劳动合同的；

（六）依照本法第四十四条第四项、第五项规定终止劳动合同的；

（七）法律、行政法规规定的其他情形。

第四十七条　经济补偿按劳动者在本单位工作的年限，每满一年支付一个月工资的标准向劳动者支付。六个月以上不满一年的，按一年计算；不满六个月的，向劳动者支付半个月工资的经济补偿。

劳动者月工资高于用人单位所在直辖市、设区的市级人民政府公布的本地区上年度职工月平均工资三倍的，向其支付经济补偿的标准按职工月平均工资三倍的数额支付，向其支付经济补偿的年限最高不超过十二年。

本条所称月工资是指劳动者在劳动合同解除或者终止前十二个月的平均工资。

第四十八条　用人单位违反本法规定解除或者终止劳动合同，劳动者要求继续履行劳动合同的，用人单位应当继续履行；劳动者不要求继续履行劳动合同或者劳动合同已经不能继续履行的，用人单位应当依照本法第八十七条规定支付赔偿金。

第五十条　用人单位应当在解除或者终止劳动合同时出具解除或者终止劳动合同的证明，并在十五日内为劳动者办理档案和社会保险关系转移手续。

劳动者应当按照双方约定，办理工作交接。用人单位依照本法有关规定应当向劳动者支付经济补偿的，在办结工作交接时支付。

用人单位对已经解除或者终止的劳动合同的文本，至少保存二年备查。

第六十九条　非全日制用工双方当事人可以订立口头协议。

从事非全日制用工的劳动者可以与一个或者一个以上用人单位订立劳动合同；但是，后订立的劳动合同不得影响先订立的劳动合同的履行。

第八十一条　用人单位提供的劳动合同文本未载明本法规定的劳动合同必备条款或者用人单位未将劳动合同文本交付劳动者的，由劳动行政部门责令改正；给劳动者造成损害的，应当承担赔偿责任。

第八十二条　用人单位自用工之日起超过一个月不满一年未与劳动者订立书面劳动合同的，应当向劳动者每月支付二倍的工资。

用人单位违反本法规定不与劳动者订立无固定期限劳动合同的，自应当订立无固定期限劳动合同之日起向劳动者每月支付二倍的工资。

第八十六条　劳动合同依照本法第二十六条规定被确认无效，给对方造成损害的，有过错的一方应当承担赔偿责任。

第八十七条　用人单位违反本法规定解除或者终止劳动合同的，应当依照本法第四十七条规定的经济补偿标准的二倍向劳动者支付赔偿金。

第八十八条　用人单位有下列情形之一的，依法给予行政处罚；构成犯罪的，依法追究刑事责任；给劳动者造成损害的，应当承担赔偿责任：

（一）以暴力、威胁或者非法限制人身自由的手段强迫劳动的；

（二）违章指挥或者强令冒险作业危及劳动者人身安全的；

（三）侮辱、体罚、殴打、非法搜查或者拘禁劳动者的；

（四）劳动条件恶劣、环境污染严重，给劳动者身心健康造成严重损害的。

第八十九条　用人单位违反本法规定未向劳动者出具解除或者终止劳动合同的书面证明，由劳动行政部门责令改正；给劳动者造成损害的，应当承担赔偿责任。

第九十三条　对不具备合法经营资格的用人单位的违法犯罪行为，依法追究法律责任；劳动者已经付出劳动的，该单位或者其出资人应当依照本法有关规定向劳动者支付劳动报酬、经济补偿、赔偿金；给劳动者造成损害的，应当承担赔偿责任。

2.《中华人民共和国劳动法》

第十七条　订立和变更劳动合同，应当遵循平等自愿、协商一致的原则，不得违反法律、行政法规的规定。

劳动合同依法订立即具有法律约束力，当事人必须履行劳动合同规定的义务。

第十八条　下列劳动合同无效：

（一）违反法律、行政法规的劳动合同；

（二）采取欺诈、威胁等手段订立的劳动合同。

无效的劳动合同，从订立的时候起，就没有法律约束力。确认劳动合同部分无效的，如果不影响其余部分的效力，其余部分仍然有效。

劳动合同的无效，由劳动争议仲裁委员会或者人民法院确认。

第十九条第一款　劳动合同应当以书面形式订立。

第九十八条　用人单位违反本法规定的条件解除劳动合同或者故意拖延不订立劳动合同的，由劳动行政部门责令改正；对劳动者造成损害的，应当承担赔偿责任。

3.《中华人民共和国劳动合同法实施条例》

第五条　自用工之日起一个月内，经用人单位书面通知后，劳动者不与用人单位订立书面劳动合同的，用人单位应当书面通知劳动者终止劳动关系，无需向劳动者支付经济补偿，但是应当依法向劳动者支付其实际工作时间的劳动报酬。

第六条　用人单位自用工之日起超过一个月不满一年未与劳动者订立书面劳动合同的，应当依照劳动合同法第八十二条的规定向劳动者每月支付两倍的工资，并与劳动者补订书面劳动合同；劳动者不与用人单位订立书面劳动合同的，用人单位应当书面通知劳动者终止劳动关系，并依照劳动合同法第四十七条的规定支付经济补偿。

前款规定的用人单位向劳动者每月支付两倍工资的起算时间为用工之日起满一个月的次日，截止时间为补订书面劳动合同的前一日。

第七条　用人单位自用工之日起满一年未与劳动者订立书面劳动合同的，自用工之日起满一个月的次日至满一年的前一日应当依照劳动合同法第八十二条的规定向劳动者每月支付两倍的工资，并视为自用工之日起满一年的当日已经与劳动者订立无固定期限劳动合同，应当立即与劳动者补订书面劳动合同。

第十三条　用人单位与劳动者不得在劳动合同法第四十四条规定的劳动合同终止情形之外约定其他的劳动合同终止条件。

第十八条　有下列情形之一的，依照劳动合同法规定的条件、程序，劳动者可以与用人单位解除固定期限劳动合同、无固定期限劳动合同或者以完成一定工作任务为期限的劳动合同：

（一）劳动者与用人单位协商一致的；

（二）劳动者提前30日以书面形式通知用人单位的；

（三）劳动者在试用期内提前3日通知用人单位的；

（四）用人单位未按照劳动合同约定提供劳动保护或者劳动条件的；

（五）用人单位未及时足额支付劳动报酬的；

（六）用人单位未依法为劳动者缴纳社会保险费的；

（七）用人单位的规章制度违反法律、法规的规定，损害劳动者权益的；

（八）用人单位以欺诈、胁迫的手段或者乘人之危，使劳动者在违背真实意思的情况下订立或者变更劳动合同的；

（九）用人单位在劳动合同中免除自己的法定责任、排除劳动者权利的；

（十）用人单位违反法律、行政法规强制性规定的；

（十一）用人单位以暴力、威胁或者非法限制人身自由的手段强迫劳动者劳动的；

（十二）用人单位违章指挥、强令冒险作业危及劳动者人身安全的；

（十三）法律、行政法规规定劳动者可以解除劳动合同的其他情形。

第二十条　用人单位依照劳动合同法第四十条的规定，选择额外支付劳动者一个月工资解除劳动合同的，其额外支付的工资应当按照该劳动者上一个月的工资标准确定。

第二十一条　劳动者达到法定退休年龄的，劳动合同终止。

第二十二条　以完成一定工作任务为期限的劳动合同因任务完成而终止的，用人单位应当依照劳动合同法第四十七条的规定向劳动者支付经济补偿。

第二十四条   用人单位出具的解除、终止劳动合同的证明，应当写明劳动合同期限、解除或者终止劳动合同的日期、工作岗位、在本单位的工作年限。

第二十五条   用人单位违反劳动合同法的规定解除或者终止劳动合同，依照劳动合同法第八十七条的规定支付了赔偿金的，不再支付经济补偿。赔偿金的计算年限自用工之日起计算。

第二十七条   劳动合同法第四十七条规定的经济补偿的月工资按照劳动者应得工资计算，包括计时工资或者计件工资以及奖金、津贴和补贴等货币性收入。劳动者在劳动合同解除或者终止前12个月的平均工资低于当地最低工资标准的，按照当地最低工资标准计算。劳动者工作不满12个月的，按照实际工作的月数计算平均工资。

4.原劳动和社会保障部《关于确立劳动关系有关事项的通知》（劳社部发〔2005〕12号）

一、用人单位招用劳动者未订立书面劳动合同，但同时具备下列情形的，劳动关系成立。

（一）用人单位和劳动者符合法律、法规规定的主体资格；

（二）用人单位依法制定的各项劳动规章制度适用于劳动者，劳动者受用人单位的劳动管理，从事用人单位安排的有报酬的劳动；

（三）劳动者提供的劳动是用人单位业务的组成部分。

二、用人单位未与劳动者签订劳动合同，认定双方存在劳动关系时可参照下列凭证：

（一）工资支付凭证或记录（职工工资发放花名册）、缴纳各项社会保险费的记录；

（二）用人单位向劳动者发放的"工作证"、"服务证"等能够证明身份的证件；

（三）劳动者填写的用人单位招工招聘"登记表"、"报名表"等招用记录；

（四）考勤记录；

（五）其他劳动者的证言等。

其中（一）、（三）、（四）项的有关凭证由用人单位负举证责任。

三、用人单位招用劳动者符合第一条规定的情形的，用人单位应当与劳动者补签劳动合同，劳动合同期限由双方协商确定。协商不一致的，任何一方均可提出终止劳动关系，但对符合签订无固定期限劳动合同条件的劳动者，如果劳动者提出订立无固定期限劳动合同，用人单位应当订立。

用人单位提出终止劳动关系的，应当按照劳动者在本单位工作年限每满一年支付一个月工资的经济补偿金。

5.《最高人民法院关于审理劳动争议案件适用法律问题的解释（一）》

第三十五条　劳动者与用人单位就解除或者终止劳动合同办理相关手续、支付工资报酬、加班费、经济补偿或者赔偿金等达成的协议，不违反法律、行政法规的强制性规定，且不存在欺诈、胁迫或者乘人之危情形的，应当认定有效。

前款协议存在重大误解或者显失公平情形，当事人请求撤销的，人民法院应予支持。

第四十三条　用人单位与劳动者协商一致变更劳动合同，虽未采用书面形式，但已经实际履行了口头变更的劳动合同超过一个月，变更后的劳动合同内容不违反法律、行政法规且不违背公序良俗，当事人以未采用书面形式为由主张劳动合同变更无效的，人民法院不予支持。

6.《违反和解除劳动合同的经济补偿办法》

第六条　劳动者患病或者非因工负伤，经劳动鉴定委员会确认不能从事原工作、也不能从事用人单位另行安排的工作而解除劳动合同的，用人单位应按其在本单位的工作年限，每满一年发给相当于一个月工资的经济补偿金，同时还应发给不低于六个月工资的医疗补助费。患重病和绝症的还应增加医疗补助费，患重病的增加部分不低于医疗补助费的百分之五十，患绝症的增加部分不低于医疗补助费的百分之百。

4.5　问题清零

4.5.1　问题1：能否以电子形式与员工签订书面劳动合同？

《人力资源社会保障部办公厅关于订立电子劳动合同有关问题的函》（人社厅函〔2020〕33号）规定："用人单位与劳动者协商一致，可以采用电子形式订立书面劳动合同。采用电子形式订立劳动合同，应当使用符合电子签名法等法律法规规定的可视为书面形式的数据电文和可靠的电子签名。用人单位应保证电子劳动合同的生成、传递、储存等满足电子签名法等法律法规规定的要求，确保其完整、准确、不被篡改。符合劳动合同法规定和上述要求的电子劳动合同一经订立即具有法律效力，用人单位与员工应当按照电子劳动合同的约定，全面履行各自的义务。"

4.5.2　问题2：与员工口头变更劳动合同是否有效？

用人单位与员工口头变更劳动合同是有效的。用人单位与员工协商一致变更劳动合同，虽未采用书面形式，但已经实际履行了口头变更的劳动合同超过一个月，变更后的劳动合同内容不违反法律、行政法规且不违背公序良俗，当事人以未采用书面形式为由主张劳动合同变更无效的，人民法院不予支持。

4.5.3　问题3：员工不服调岗且拒不到岗能否按旷工处理？

调岗分为法定调岗和约定调岗，如果用人单位对员工进行的调岗安排，既不属于法定调岗，也不属于约定调岗，同时在公司规章制度中也未明确不服调岗且拒不到岗的行为属于旷工的，即使员工不去新岗位工作或者到原岗位工作，用人单位都不能按旷工处理。因此用人单位在安排调岗时，要注意其合理性和合法性。

4.5.4　问题4：员工对考核结果不认可但实际上又去了新岗位能否事后主张调岗无效？

《最高人民法院关于审理劳动争议案件适用法律问题的解释（一）》第四十三条规定："用人单位与劳动者协商一致变更劳动合同，虽未采用书面形式，但已经实际履行了口头变更的劳动合同超过一个月，变更后的劳动合同内容不违反法律、行政法规且不违背公序良俗，当事人以未采用书面形式为由主张劳动合同变更无效的，人民法院不予支持。"由此可见，员工对考核结果不认可但实际上又去了新岗位可分为两种情况。

第一种情况是员工到新岗位工作已满一个月以上的，员工主张调岗无效，人民法院会不予支持。但用人单位要对相关证据进行留存，如工资发放的确认表，以防发生劳动争议时无法举证员工已在新岗位工作超过一个月。

第二种情况是员工在新岗位工作不足一个月的，员工主张调岗无效，人民法院会予以支持。

4.5.5　问题5：是否可以在劳动合同中约定可单方调岗？

用人单位的单方调岗权是指用人单位无须取得员工的同意而对其进行调岗的权利。用人单位可以在劳动合同中与员工约定单方调岗，但在目前司法实践中，有部分地方法院不认可该约定的效力，也有其他地方法院认可该约定的效力。不认可的地方法院认为该约定违反了《中华人民共和国劳动合同法》第三十五条第一款的规定："用人单位与劳动者协商一致，可以变更劳动合同约定的内容。"而认可的地方法院，目前比较典型的是上海，如上海市高级人民法院民事审判第一庭《关于审理劳动争议案件若干问题的解答》（2002年2月6日发布）第十五条规定以及上海市高级人民法院《关于审理劳动争议案件若干问题的解答》（沪高法民—〔2006〕17号）第六条规定的内容表明，针对用人单位单方调岗权在劳动合同中约定或者其他事前书面约定，原则上持予以支持的态度。

4.5.6　问题6：以完成一定工作任务为期限的劳动合同，在任务完成时遇到女员工"三期"，是否可以续延？

《中华人民共和国劳动合同法》第四十二条及第四十五条规定，女职工在孕期、产期、哺乳期，用人单位不得依照本法第四十条、第四十一条的规定解除劳动合同，劳动合同应当续延至相应的情形消失时终止。该条文中的劳动合同并未明确是哪种形式的劳动合同。因此，以完成一定任务为期限的劳动合同也适用该条文，任务完成时遇到"三期"，可以续延至"三期"结束。若用人单位终止劳动合同，须向员工支付经济赔偿金。

4.5.7　问题7：员工拒签或拖延不签劳动合同怎么办？

员工拒签劳动合同，即用人单位愿意与员工签订劳动合同，而员工直接拒绝签订劳动合同。员工拖延不签劳动合同，即用人单位愿意与员工签订劳动合同，而员工以各种不合理的理由拖延不签劳动合同。

在司法实践中，员工拒签或拖延签订劳动合同的事件屡见不鲜。这种事件发生后，用人单位一定要认识到可能存在的法律风险，分析这种事件的产生原因，并有针对性地采取解决措施。

1. 拒签或拖延不签劳动合同的原因

员工拒签或拖延不签劳动合同的原因主要有三个，具体如图4-1所示。

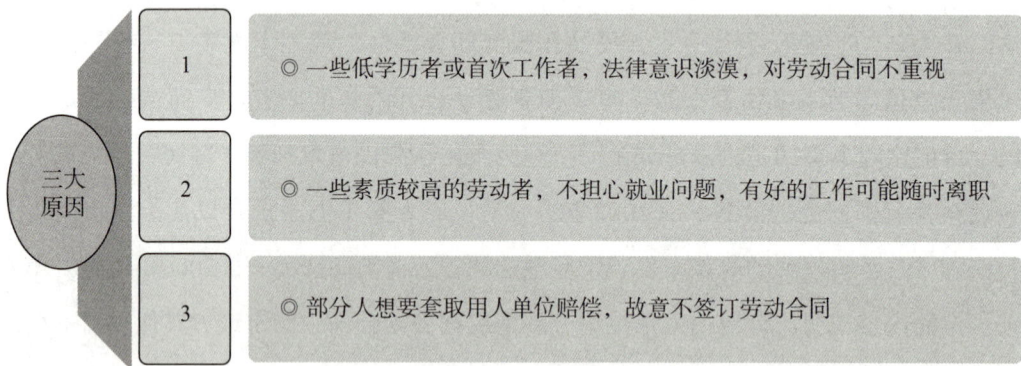

三大原因	1	◎ 一些低学历者或首次工作者，法律意识淡漠，对劳动合同不重视
	2	◎ 一些素质较高的劳动者，不担心就业问题，有好的工作可能随时离职
	3	◎ 部分人想要套取用人单位赔偿，故意不签订劳动合同

图4-1　员工拒签或拖延不签劳动合同的三大原因

2. 拒签或拖延不签劳动合同的处理

虽然《中华人民共和国劳动合同法》对于拒签或拖延不签劳动合同的处理没有明确规定，但《中华人民共和国劳动合同法实施条例》对此情形作出了详细的规定。《中华人民共和国劳动合同法实施条例》第五条规定："自用工之日起一个月内，经用人单位书面通知后，劳动者不与用人单位订立书面劳动合同的，用人单位应当书面通知劳动者终止劳动关系，无需向劳动者支付经济补偿，但是应当依法向劳动者支付其实际工作时间的劳动报酬。"

根据上述法律的相关规定，员工拒签或拖延不签劳动合同时，用人单位应把握两大要点，即时间为自用工之日起一个月内，行为为书面通知员工终止劳动关系，只有在上述两大条件都满足的情况下，用人单位才可以与员工终止劳动关系，并且不用向其支付经济补偿，也不用承担二倍的赔偿责任。

而对于超过一个月不满一年未与员工订立书面劳动合同的，《中华人民共和国劳动合同法实施条例》第六条第一款规定："劳动者不与用人单位订立书面劳动合同的，用人单位应当书面通知劳动者终止劳动关系，并依照劳动合同法第四十七条的规定支付经济补偿。"由此可见，法律法规对在劳动合同签订过程中的过错进行了划分，当员工存在过错时，法律赋予用人单位保护自身权益的手段和途径就是及时终止双方的事实劳动关系。

发生拒签或拖延不签劳动合同事件时，用人单位要想维护自身的合法利益，合法、合理地终止事实劳动关系，甚至在仲裁或诉讼时获得相关人员支持，就应该做好证据的收集和保管工作，证明自己已经尽到了通知义务，未及时签订书面劳动合同的过错方是员工，而不是用人单位。具体来说，用人单位可在将制作、填写完毕的劳动合同文本交予员工签字时，要求员工填写"书面劳动合同签订通知书"，以证明本单位已完成签订劳动合同中提供文本、要求签订、明确合同条款等应当承担的通知责任。

05

薪酬管理

>>>

5.1　风险识别

5.1.1　风险点1：薪酬约定不明确

风险指数★★★☆☆

【风险提示】薪酬约定是劳动合同中最重要的内容，一般在签订劳动合同时，薪酬应是明确的。但实际上，很多用人单位往往对劳动合同中的薪酬约定进行模糊处理，《中华人民共和国劳动合同法》第十八条规定："劳动合同对劳动报酬和劳动条件等标准约定不明确，引发争议的，用人单位与劳动者可以重新协商；协商不成的，适用集体合同规定；没有集体合同或者集体合同未规定劳动报酬的，实行同工同酬；没有集体合同或者集体合同未规定劳动条件等标准的，适用国家有关规定。"因此，用人单位与薪酬约定不明确的员工在计算工资时可能引发劳动纠纷，从而增加用人单位的用工成本。

【操作指引】用人单位在签订劳动合同时应当制定明确的薪酬标准。

5.1.2　风险点2：劳动合同约定工资与实际发放的工资不一致

风险指数★★★★☆

【风险提示】在实践中，劳动合同中的约定工资与实际发放的工资不一致一般分为两种情况。

（1）用人单位实际支付的工资高于劳动合同中约定的标准。这种情况在司法实践中，仲裁机构和法院会支持以实际工资为准。

（2）用人单位实际支付的工资低于劳动合同中约定的标准。这种情况一般会被认定为克扣或者无故拖欠员工工资。

上述两种情况都是不合法的，一旦发生纠纷，用人单位将面临支付经济补偿金的风险。

【操作指引】用人单位可以采用复合式工资结构，即工资总额=基本工资+绩效工资。其中，基本工资不低于当地最低工资标准，绩效工资与单位绩效考核结果挂钩，这样能使用人单位的薪酬管理更灵活。

5.1.3　风险点3：无故拖欠员工工资

风险指数★★★★★

【风险提示】无故拖欠员工工资指用人单位在没有正当理由的情况下，超过法律规定或劳动合同约定的付薪时间而未向员工支付工资的行为。用人单位若无故拖欠员工工资，不仅将面临补发工资、支付赔偿金的风险，还有可能构成刑事犯罪。

【操作指引】用人单位应按照劳动合同约定及时、足额支付员工工资，若因特殊情况无法及时支付的，应及时通知员工本人，并说明原因及支付的时间，争取获得员工的理解。

5.1.4　风险点4：克扣员工工资

风险指数★★★★★

【风险提示】克扣员工工资指在员工已按照法律规定或劳动合同约定提供正常劳动的情况下，用人单位无正当理由而未足额支付员工工资的行为。若用人单位在员工已提供正常劳动的情况下，无正当理由依然克扣员工工资，则属于"未及时足额支付劳动报酬"，用人单位将面临"员工可以解除劳动合同"和"支付金额百分之五十以上百分之一百以下赔偿金"的风险。

【操作指引】除了以下减发工资的情况，用人单位不得无故克扣员工工资：

（1）国家的法律、法规中有明确规定的；

（2）依法签订的劳动合同中有明确规定的；

（3）用人单位依法制定并经职代会批准的厂规、厂纪中有明确规定的；

（4）用人单位工资总额与经济效益相联系的，经济效益下浮时，工资也必须下浮（但支付给员工的基本工资不得低于当地最低工资标准）；

（5）因员工请事假相应减发工资的。

5.1.5　风险点5：不发工资条

风险指数★★★★☆

【风险提示】用人单位不发工资条，属于违法行为，员工可以向当地劳动行政部门举报或者到劳动仲裁委员会申请仲裁。如果对仲裁结果不满意，员工可以在拿到仲裁裁决书后十五天之内到人民法院起诉。

【操作指引】用人单位应将员工工资支付给员工本人。员工本人因故不能领取工资时，可由其亲属或委托他人代领。用人单位也可委托银行代发工资。用人单位必须书面记录支付员工工资的数额、时间、领取者的姓名以及签名，并保存两年以上备查。用人单位在支付工资时应向员工提供一份其个人的工资清单。

5.1.6　风险点6：以非货币的形式向员工支付劳动报酬

风险指数★★★☆☆

【风险提示】用人单位以非货币的形式向员工支付劳动报酬，属于违法行为，可能被认定为无故拖欠员工工资，从而面临承担经济补偿和赔偿金的风险。

【操作指引】《工资支付暂行规定》第五条规定："工资应当以法定货币支付。不得以实物及有价证券替代货币支付。"

5.1.7　风险点7：虚开员工收入证明

风险指数★★★★★

【风险提示】用人单位虚开员工收入证明有可能产生劳动纠纷。

用人单位根据员工的请求开具虚高的收入证明，结果员工离职后，拿着该份收入证明要求用人单位补足收入证明上的工资数额与工资表（条）发放的工资的差额部分。在此类案件中，用人单位常以银行的工资发放记录或员工本人签字的工资表（条）来抗辩，认为收入证明的内容不真实，但往往用人单位很难举证推翻工资收入证明中公章的真实性，最终败诉。

【操作指引】用人单位应当坚持实事求是的原则为员工开具收入证明，确因工作所需而需要做出例外的，建议用人单位与员工签订相应的补充合同，并在收入证明上明确员工在职时间，清楚写明"某员工从某年某月某日到某年某月某日是本单位的员工"，以及收入证明的有效期限，避免收入证明过期后，员工仍作非法使用，同时，还须明确该收入证明的用途，注明"作他用无效"。

5.1.8　风险点8：支付薪资低于当地最低工资标准

风险指数★★★☆☆

【风险提示】若员工在法定的工作时间内提供正常劳动后，用人单位以低于当地最低工资标准向其支付薪资的，由劳动行政部门责令其限期补齐差额部分，如逾期不支付的，可责令用人单位按应付金额百分之五十以上百分之一百以下的标准向员工加付赔偿金。

【操作指引】在员工提供正常劳动的情况下，用人单位应支付给员工的工资在剔除下列各项以后，不得低于当地最低工资标准：

（1）延长工作时间工资；

（2）中班、夜班、高温、低温、井下、有毒有害等特殊工作环境、条件下的津贴；

（3）法律、法规和国家规定的员工福利待遇等。

5.2　合规管理

5.2.1　制度：薪酬管理制度

薪酬管理制度是直接涉及员工切身利益的规章制度之一，它涵盖了员工薪酬的构成、薪酬的调整与发放等具体的工作事项。在司法实践中，因薪酬引发的争议是高频劳动争议案件之一，而一旦发生争议，用人单位须承担绝大部分的举证责任。因此，薪酬管理制度成为劳动争议案件判决的重要依据之一。以下是薪酬管理制度，用人单位可根据实际情况做修改使用，仅供参考。

制度名称	薪酬管理制度	编　号	
		版　本	
第1章　总　则			
第1条　为达到以下两个目的，特制定本制度。			
1. 规范公司的薪酬管理，充分发挥薪酬体系的激励作用。			

2．鼓励员工长期为公司服务，促进公司的不断成长和可持续发展，同时共享公司发展所带来的成果。

第2条　本制度适用于本公司的所有员工。

第3条　在对公司员工的薪酬进行管理时，应遵循以下基本原则。

1．竞争原则。

2．公平原则。

3．激励原则。

第2章　薪酬构成管理

第4条　公司按照人力资源的不同类别，对各部门的各岗位实行分类管理，着重体现岗位（或职位）价值和个人贡献。

第5条　公司正式员工薪酬构成。

1．高层管理人员薪酬＝基本年薪+年终效益奖+股权激励+福利。

2．一般员工薪酬＝基本工资+岗位工资+绩效工资+工龄工资+各种福利+津贴或补贴+奖金。

注意：正式员工薪酬的合理构成能够降低公司的经营、用工成本。

第3章　工资管理

第6条　公司根据各岗位的不同职务性质，将公司的工资划分为行政管理、技术、生产、营销、后勤五个系列。

第7条　员工工资系列适用范围如下表所示。

员工工资系列适用范围

工资系列	适用范围
行政管理系列	1．公司高层领导 2．各职能部门经理 3．行政部（勤务人员除外）、人力资源部、财务部、审计部所有职员
技术系列	产品研发部、技术工程部所有员工（各部门经理除外）
生产系列	生产部、质量管理部、采购部所有员工（各部门经理除外）
营销系列	市场部、销售部所有员工（各部门经理除外）
后勤系列	一般勤务人员，如司机、保安、保洁员等

第8条　高层管理人员工资标准的确定。

1．基本年薪。

（1）基本年薪是高层管理人员的稳定的收入来源，它是由个人资历和职位决定的。该部分薪酬应占高层管理人员全部薪酬的30%～40%。

（2）其薪酬水平由薪酬委员会来确定，确定的依据是上一年度公司总体经营业绩以及对外部市场薪酬调查数据的分析。

2．年终效益奖。

年终效益奖是对高层管理人员经营业绩的短期激励，一般以货币的形式于年底支付，该部分薪酬应占高层管理人员全部薪酬的15%～25%。

3. 股权激励。

这是一种非常重要的激励手段，主要有股票期权、虚拟股票、限制性股票等形式。

第9条 一般员工工资标准的确定。

1. 岗位工资。

岗位工资主要根据岗位在公司中的重要程度来确定的。公司实行岗位等级工资制，根据各岗位所承担工作的特性及对员工能力要求的不同，将岗位划分为不同的级别。

2. 公司职务等级划分标准。

将公司职务划分为14个等级，下表列举了部分职务等级。

公司职务等级划分表

职等	决策类	管理类	技术类	生产类	营销类	勤务类
十四	总裁、副总裁					
十三						
十二						
十一		总经理、副总经理、各职能部门经理				
十						
九						
八			高级工程师、工程师			
七						
六				车间主任		
五						
四					高级业务员	
三						
二						保安、司机等
一						

3. 绩效工资。

一般员工的绩效工资根据公司经营效益和员工个人工作绩效计发。公司将员工绩效考核结果分为五个等级，其绩效考核等级划分标准如下表所示。

绩效考核等级划分标准

等级	A	B	C	D	E
说明	优秀	良	好	合格	差
发放系数	____%	____%	____%	____%	____%

第4章　福利管理

第10条　公司按照国家和地方相关法律规定为员工缴纳各项社会保险。

第11条　公司按照《中华人民共和国劳动法》和其他相关法律规定给员工提供相关假期。

第12条　员工带薪年休假具体安排如下。

（1）在公司工作1~5年的员工，享有____天带薪年休假。

（2）在公司工作5~10年的员工，享有____天带薪年休假。

（3）在公司工作10年以上的员工，享有____天带薪年休假。

提示：带薪年休假的天数不得低于法律规定的天数。

第13条　员工享有婚假、丧假、产假、哺乳假等带薪假期。

第14条　津贴和补贴具体内容如下。

1．住房补贴。公司为员工提供宿舍，若因公司原因而未能享有公司宿舍的员工，公司应为其提供每月____元的住房补贴。

2．加班津贴。

（1）工作时间以外的出勤均视为加班，主要指休息日、法定休假日加班，以及八小时工作制的延长作业时间。

（2）加班时间必须经主管认可，加点、加班时间不足半小时的不予计算。加班津贴支付标准如下表所示。

加班津贴支付标准

加班时间	加班津贴
工作日加班	每小时加点工资=正常工作时间每小时工资×150%
休息日加班	每小时（日）加班工资=正常工作时间每小时（日）工资×200%
法定节假日加班	每小时（日）加班工资=正常工作时间每小时（日）工资×300%

3．学历津贴与职务津贴。为鼓励员工不断学习，提高工作技能，特设立此津贴项目，其标准如下表所示。

学历津贴、职务津贴支付标准

津贴类型		支付标准
学历津贴	本科	____元/月
	硕士	____元/月
	博士及以上	____元/月
职务津贴	初级	____元/月
	中级	____元/月
	高级	____元/月

第5章　薪酬调整管理

第15条　薪酬调整分为整体调整和个别调整两种。

第16条　整体调整指公司根据国家政策和物价水平等宏观因素的变化、行业及地区竞争状况、公司发展战略变化以及公司整体效益情况而进行的调整，包括薪酬水平调整和薪酬结构调整，调整幅度由人力资源部根据公司经营状况拟定调整方案，报总经理审批通过后确定。

第17条　个别调整主要指工资级别的调整，分为定期调整与不定期调整。

1．定期调整指公司在年底根据员工年度绩效考核结果对员工岗位工资级别进行的调整。具体调整标准如下表所示。

薪级调整标准

考核结果	职务工资升（降）级
年度累计4次及以上达到A级	+3
年度累计3次及以上达到B级	+2
年度累计没有1次为C级及以上	0
年度累计2次及以上达到D级	−1
年度累计3次及以上达到E级	−2

2．不定期调整指公司在年中由于员工职务变动等原因对员工工资级别进行的调整。

第6章　薪酬发放管理

第18条　员工工资实行月薪制。公司于每月＿＿＿日以法定货币（人民币）支付上月工资，若遇支薪日为休假日时，则调整至休假日前一天发放。

第19条　工资发放程序如下。

1．人力资源部首先对公司员工的薪酬进行核算。待核算工作结束后，人力资源部将薪酬核算结果上报财务部进行复审，然后再上报总经理审批。

2．总经理审批后，交由财务部发放员工薪酬。

3．财务部于每月＿＿＿日前将员工薪酬发放完毕（如遇节假日可对薪资发放日期进行灵活调整），并将各部门及员工的工资条转交给人力资源部。

第20条　在发放工资时，公司须为员工代扣代缴以下项目。

1．员工个人所得税。

2．应由员工个人缴纳的社会保险费用。

3．与公司签订的协议中应从个人工资中扣除的款项。

4．法律、法规以及公司规章制度规定的应从个人工资中扣除的款项。

第7章　附　则

第21条　本制度由人力资源部负责制定、解释与修订。

第22条　本制度自发布之日起生效，并根据实际工作情况每年修订一次。

编制日期		审核日期		批准日期	
修改标记		修改处数		修改日期	

5.2.2　模板：薪资支付情况确认单

薪资支付情况确认单是用人单位在薪酬管理中最重要的工具之一，可作为证明用人单位及时、足额发放员工薪资的证据。以下是薪资支付情况确认单模板，用人单位可根据实际情况做修改使用，仅供参考。

薪资支付情况确认单

本人_____（身份证号：_____）对_____年____月____日至_____年____月____日在_____公司工作期间的薪资项目（结构）及各项数额（包括但不限于工资、加班费、年假工资、奖金、五险一金等）均没有异议，本人确认公司已经及时、足额发放了法定工资及福利、约定工资及福利、相关补偿等。

签字：

_____年____月____日

使用说明如下。

（1）本确认单可以月度、季度或年度为周期。

（2）要注意核对所填写的姓名与员工姓名是否一致，身份证号与员工身份证上的身份证号是否一致。姓名不得出现错字、别字、繁体字。

（3）签字须由员工本人填写，不得由他人代签。签字日期为员工签收薪资支付情况确认单的日期。

5.3　内部控制

5.3.1　流程：工资发放工作流程

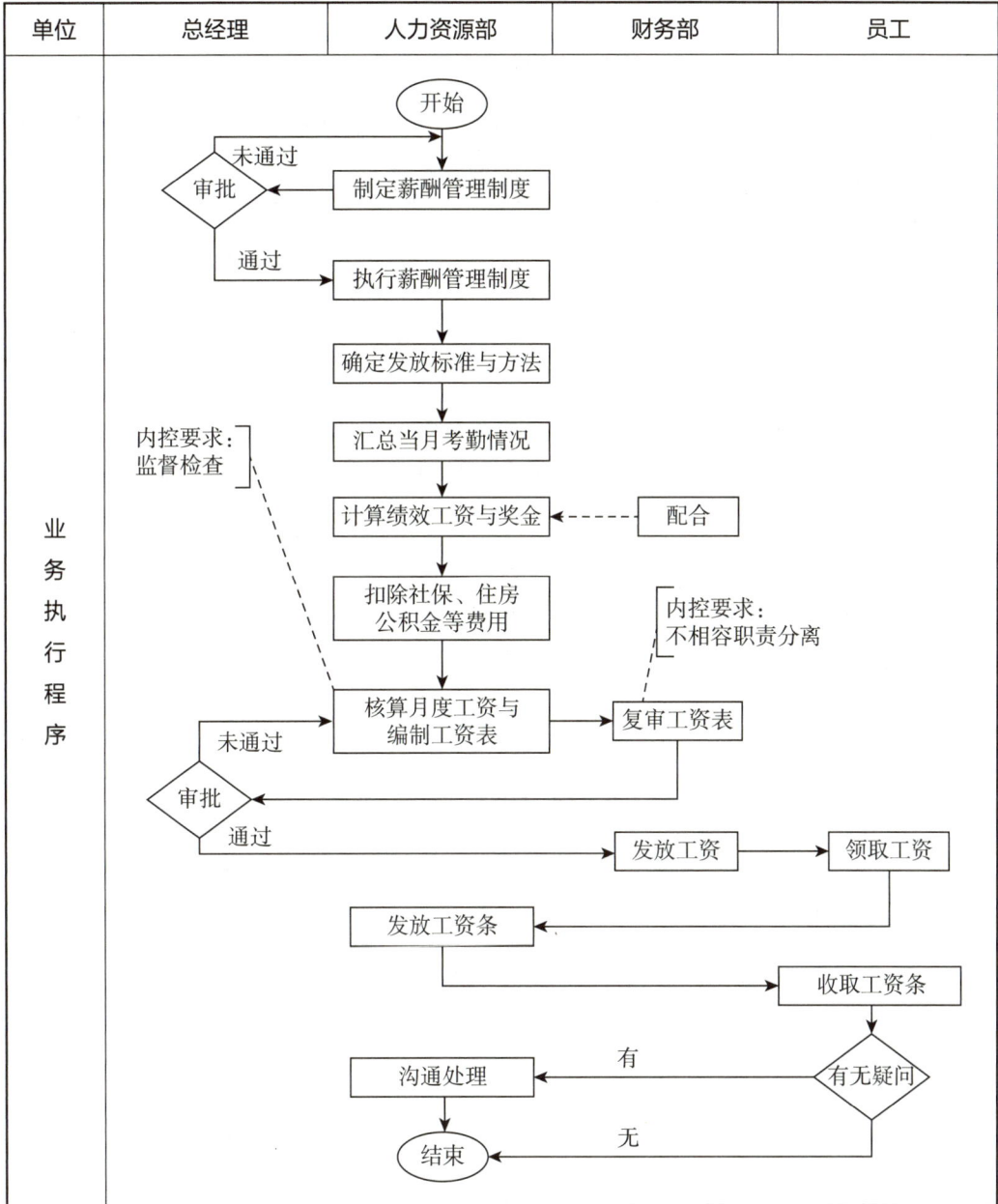

单位	总经理	人力资源部	财务部	员工

业务执行程序

开始

制定薪酬管理制度

审批 —— 未通过

审批 —— 通过

执行薪酬管理制度

确定发放标准与方法

汇总当月考勤情况

计算绩效工资与奖金 ←---- 配合

扣除社保、住房公积金等费用

内控要求：监督检查

核算月度工资与编制工资表

内控要求：不相容职责分离

复审工资表

审批 —— 未通过

审批 —— 通过

发放工资 → 领取工资

发放工资条

收取工资条

有无疑问 —— 有 → 沟通处理

有无疑问 —— 无 → 结束

5.3.2 职责：薪酬岗岗位职责

1. 薪酬主管岗位职责

薪酬主管主要负责协助人力资源经理建立科学、合理的薪酬体系和薪酬管理制度，并进行薪酬的日常事务管理工作，其具体职责如表5-1所示。

表5-1 薪酬主管岗位职责

岗位信息	岗位名称	薪酬主管	所属部门	人力资源部
	上 级	人力资源经理	下 级	薪酬专员
职责细分	职责一：薪酬体系设计与制度建设			
	子职责1：协助人力资源经理设计科学、合理的薪酬体系 子职责2：协助人力资源经理不断完善公司的激励机制，并提出合理化的建议			
	职责二：薪酬调查			
	子职责1：组织调查员工对目前薪酬规定的满意度 子职责2：组织调查当地整体薪酬水平与同行业市场平均薪酬水平，为公司确定合理的薪酬水平提供依据			
	职责三：薪酬调整			
	子职责1：根据市场调研的结果制定相应的薪酬调整方案，经领导审批通过后执行 子职责2：根据员工绩效考核结果与岗位变动情况及时调整员工的薪酬			
	职责四：薪酬日常管理			
	子职责1：负责薪酬福利管理和工资发放相关工作，处理其他有关薪酬、福利等问题 子职责2：根据国家及地方有关政策和规定，为员工办理各种社会保险手续 子职责3：处理薪酬管理工作中出现的各种异议			

2. 薪酬专员岗位职责

薪酬专员在薪酬主管的领导下执行薪酬管理制度，及时、准确地核算员工薪酬，编制员工工资表，开展薪酬事务性辅助工作，其具体职责如表5-2所示。

表5-2　薪酬专员岗位职责

岗位信息	岗位名称	薪酬专员	所属部门	人力资源部
	上　　级	薪酬主管	下　　级	—
职责细分	职责一：收集与整理薪酬信息			
	子职责1：调查当地整体薪酬水平与同行业市场的平均薪酬水平，并编写薪酬调查报告 子职责2：调查员工对目前薪酬规定的满意度 子职责3：负责员工薪酬的动态记录和分析			
	职责二：核算与发放员工薪酬			
	子职责1：根据公司薪酬管理制度和员工考勤情况编制员工工资表，及时、准确地核算员工薪酬 子职责2：负责核定各项保险基数，正确计算保险金额，为员工办理各类社会保险手续			
	职责三：其他工作职责			
	按时完成上级领导交办的其他事项			

5.4　法律保障

1.《中华人民共和国劳动法》

第四十一条　用人单位由于生产经营需要，经与工会和劳动者协商后可以延长工作时间，一般每日不得超过一小时；因特殊原因需要延长工作时间的，在保障劳动者身体健康的条件下延长工作时间每日不得超过三小时，但是每月不得超过三十六小时。

第四十四条　有下列情形之一的，用人单位应当按照下列标准支付高于劳动者正常工作时间工资的工资报酬：

（一）安排劳动者延长工作时间的，支付不低于工资的百分之一百五十的工资报酬；

（二）休息日安排劳动者工作又不能安排补休的，支付不低于工资的百分之二百的工资报酬；

（三）法定休假日安排劳动者工作的，支付不低于工资的百分之三百的工资报酬。

第四十八条第二款　用人单位支付劳动者的工资不得低于当地最低工资标准。

第五十条　工资应当以货币形式按月支付给劳动者本人。不得克扣或者无故拖欠劳动者的工资。

第五十一条　劳动者在法定休假日和婚丧假期间以及依法参加社会活动期间，用人单位应当依法支付工资。

2.《工资支付暂行规定》

第三条　本规定所称工资是指用人单位依据劳动合同的规定，以各种形式支付给劳动者的工资报酬。

第五条　工资应当以法定货币支付。不得以实物及有价证券替代货币支付。

第六条　用人单位应将工资支付给劳动者本人。劳动者本人因故不能领取工资时，可由其亲属或委托他人代领。

用人单位可委托银行代发工资。

用人单位必须书面记录支付劳动者工资的数额、时间、领取者的姓名以及签字，并保存两年以上备查。用人单位在支付工资时应向劳动者提供一份其个人的工资清单。

第七条　工资必须在用人单位与劳动者约定的日期支付。如遇节假日或休息日，则应提前在最近的工作日支付。工资至少每月支付一次，实行周、日、小时工资制的可按周、日、小时支付工资。

第九条　劳动关系双方依法解除或终止劳动合同时，用人单位应在解除或终止劳动合同时一次付清劳动者工资。

第十一条　劳动者依法享受年休假、探亲假、婚假、丧假期间，用人单位应按劳动合同规定的标准支付劳动者工资。

第十二条　非因劳动者原因造成单位停工、停产在一个工资支付周期内的，用人单位应按劳动合同规定的标准支付劳动者工资。超过一个工资支付周期的，若劳动者提供了正常劳动，则支付给劳动者的劳动报酬不得低于当地的最低工资标准；若劳动者没有提供正常劳动，应按国家有关规定办理。

第十三条　用人单位在劳动者完成劳动定额或规定的工作任务后，根据实际需要安排劳动者在法定标准工作时间以外工作的，应按以下标准支付工资：

（一）用人单位依法安排劳动者在日法定标准工作时间以外延长工作时间的，按照不低于劳动合同规定的劳动者本人小时工资标准的150%支付劳动者工资；

（二）用人单位依法安排劳动者在休息日工作，而又不能安排补休的，按照不低于劳动合同规定的劳动者本人日或小时工资标准的200%支付劳动者工资；

（三）用人单位依法安排劳动者在法定休假节日工作的，按照不低于劳动合同规定的劳动者本人日或小时工资标准的300%支付劳动者工资。

实行计件工资的劳动者，在完成计件定额任务后，由用人单位安排延长工作时间的，应根据上述规定的原则，分别按照不低于其本人法定工作时间计件单价的150%、200%、300%支付其工资。

经劳动行政部门批准实行综合计算工时工作制的，其综合计算工作时间超过法定标准工作时间的部分，应视为延长工作时间，并应按本规定支付劳动者延长工作时间的工资。

实行不定时工时制度的劳动者，不执行上述规定。

第十四条　用人单位依法破产时，劳动者有权获得其工资。在破产清偿中用人单位应按《中华人民共和国企业破产法》规定的清偿顺序，首先支付欠付本单位劳动者的工资。

第十五条　用人单位不得克扣劳动者工资。有下列情况之一的，用人单位可以代扣劳动者工资：

（一）用人单位代扣代缴的个人所得税；

（二）用人单位代扣代缴的应由劳动者个人负担的各项社会保险费用；

（三）法院判决、裁定中要求代扣的抚养费、赡养费；

（四）法律、法规规定可以从劳动者工资中扣除的其他费用。

第十六条　因劳动者本人原因给用人单位造成经济损失的，用人单位可按照劳动合同的约定要求其赔偿经济损失。经济损失的赔偿，可从劳动者本人的工资中扣除。但每月扣除的部分不得超过劳动者当月工资的20%。若扣除后的剩余工资部分低于当地月最低工资标准，则按最低工资标准支付。

第十八条　各级劳动行政部门有权监察用人单位工资支付的情况。用人单位有下列侵害劳动者合法权益行为的，由劳动行政部门责令其支付劳动者工资和经济补偿，并可责令其支付赔偿金：

（一）克扣或者无故拖欠劳动者工资的；

（二）拒不支付劳动者延长工作时间工资的；

（三）低于当地最低工资标准支付劳动者工资的。

经济补偿和赔偿金的标准，按国家有关规定执行。

第十九条　劳动者与用人单位因工资支付发生劳动争议的，当事人可依法向劳动争议仲裁机关申请仲裁。对仲裁裁决不服的，可以向人民法院提起诉讼。

3.《最低工资规定》

第十二条　在劳动者提供正常劳动的情况下，用人单位应支付给劳动者的工资在剔除下列各项以后，不得低于当地最低工资标准：

（一）延长工作时间工资；

（二）中班、夜班、高温、低温、井下、有毒有害等特殊工作环境、条件下的津贴；

（三）法律、法规和国家规定的劳动者福利待遇等。

实行计件工资或提成工资等工资形式的用人单位，在科学合理的劳动定额基础上，其支付劳动者的工资不得低于相应的最低工资标准。

劳动者由于本人原因造成在法定工作时间内或依法签订的劳动合同约定的工作时间内未提供正常劳动的，不适用于本条规定。

第十三条　违反本规定第十二条规定的，由劳动保障行政部门责令其限期补发所欠劳动者工资，并可责令其按所欠工资的1至5倍支付劳动者赔偿金。

4.《关于贯彻执行〈中华人民共和国劳动法〉若干问题的意见》

59. 职工患病或非因工负伤治疗期间，在规定的医疗期间内由企业按有关规定支付其病假工资或疾病救济费，病假工资或疾病救济费可以低于当地最低工资标准支付，但不能低于最低工资标准的80%。

5.《中华人民共和国劳动合同法》

第三十条　用人单位应当按照劳动合同约定和国家规定，向劳动者及时足额支付劳动报酬。

用人单位拖欠或者未足额支付劳动报酬的，劳动者可以依法向当地人民法院申请支付令，人民法院应当依法发出支付令。

第三十八条　用人单位有下列情形之一的，劳动者可以解除劳动合同：

（一）未按照劳动合同约定提供劳动保护或者劳动条件的；

（二）未及时足额支付劳动报酬的；

（三）未依法为劳动者缴纳社会保险费的；

（四）用人单位的规章制度违反法律、法规的规定，损害劳动者权益的；

（五）因本法第二十六条第一款规定的情形致使劳动合同无效的；

（六）法律、行政法规规定劳动者可以解除劳动合同的其他情形。

用人单位以暴力、威胁或者非法限制人身自由的手段强迫劳动者劳动的，或者用人单位违章指挥、强令冒险作业危及劳动者人身安全的，劳动者可以立即解除劳动合同，不需事先告知用人单位。

第四十六条　有下列情形之一的，用人单位应当向劳动者支付经济补偿：

（一）劳动者依照本法第三十八条规定解除劳动合同的；

（二）用人单位依照本法第三十六条规定向劳动者提出解除劳动合同并与劳动者协商一致解除劳动合同的；

（三）用人单位依照本法第四十条规定解除劳动合同的；

（四）用人单位依照本法第四十一条第一款规定解除劳动合同的；

（五）除用人单位维持或者提高劳动合同约定条件续订劳动合同，劳动者不同意续订的情形外，依照本法第四十四条第一项规定终止固定期限劳动合同的；

（六）依照本法第四十四条第四项、第五项规定终止劳动合同的；

（七）法律、行政法规规定的其他情形。

第八十五条　用人单位有下列情形之一的，由劳动行政部门责令限期支付劳动报酬、加班费或者经济补偿；劳动报酬低于当地最低工资标准的，应当支付其差额部分；逾期不支付的，责令用人单位按应付金额百分之五十以上百分之一百以下的标准向劳动者加付赔偿金：

（一）未按照劳动合同的约定或者国家规定及时足额支付劳动者劳动报酬的；

（二）低于当地最低工资标准支付劳动者工资的；

（三）安排加班不支付加班费的；

（四）解除或者终止劳动合同，未依照本法规定向劳动者支付经济补偿的。

5.5 问题清零

5.5.1 问题1：如何折算日工资及小时工资？

按照《中华人民共和国劳动法》第五十一条和《关于职工全年月平均工作时间和工资折算问题的通知》的相关规定，法定休假日用人单位应当依法支付工资，即折算日工资、小时工资时不剔除国家规定的11天法定节假日。据此，日工资、小时工资的折算公式为：

日工资=月工资收入÷月计薪天数

小时工资=月工资收入÷（月计薪天数×8小时）

其中月计薪天数=（365天-104天）÷12月=21.75天。

5.5.2 问题2：病假员工工资怎么算？

关于员工病假期间的工资，其计算的法律依据为1953年1月2日修正公布的《中华人民共和国劳动保险条例》和1953年1月26日公布的《中华人民共和国劳动保险条例实施细则修正草案》。根据上述两部法律，员工疾病或非因工负伤停止工作连续医疗期间在6个月以内的，由用人单位按其在本用人单位连续工龄的长短发放病伤假期工资，其标准为：连续工龄不满2年者，为本人工资60%；满2年不满4年者，为本人工资70%；满4年不满6年者，为本人工资80%；满6年不满8年者，为本人工资90%；满8年及8年以上者，为本人工资100%。停止工作连续医疗期间超过6个月的，按月付给疾病或非因工负伤救济费，其标准如下：连续工龄不满1年者，为本人工资40%；满1年未满3年者，为本人工资50%；3年及3年以上者，为本人工资60%。此项救济费付至能工作或确定为残废或死亡时止。

对于员工病假期间的工资发放标准，《关于贯彻执行〈中华人民共和国劳动法〉若干问题的意见》（劳部发〔1995〕309号）第59条规定："职工患病或非因工负伤治疗期间，在规定的医疗期间内由企业按有关规定支付其病假工资或疾病救济费，病假工资或疾病救济费可以低于当地最低工资标准支付，但不能低于最低工资标准的

80%。"这相当于给用人单位支付员工病假期间工资设置了底线。

需要指出的是，关于员工病假期间的工资，若地方立法有相应规定的，用人单位须按照当地的规定执行。

如《北京市工资支付规定》第二十一条规定："劳动者患病或者非因工负伤的，在病休期间，用人单位应当根据劳动合同或集体合同的约定支付病假工资。用人单位支付病假工资不得低于本市最低工资标准的80%。"

5.5.3　问题3：员工未履行工作交接可以暂不发工资吗？

根据《中华人民共和国劳动合同法》第三十条以及《工资支付暂行规定》第九条、第十五条，除法律规定用人单位可以代扣员工工资的情形外，用人单位不得随意扣发员工工资。在员工与用人单位解除劳动关系时，用人单位应当一次性付清员工工资。

5.5.4　问题4：员工的工资是否可以由他人代领？

根据《工资支付暂行规定》第六条，员工本人因故不能领取工资时，可由其亲属或委托他人代领。

5.5.5　问题5：如何计算未休年假的工资报酬？

《职工带薪年休假条例》第五条第三款规定："单位确因工作需要不能安排职工休年休假的，经职工本人同意，可以不安排职工休年休假。对职工应休未休的年休假天数，单位应当按照该职工日工资收入的300%支付年休假工资报酬。"

《企业职工带薪年休假实施办法》第十条第一款规定："用人单位经职工同意不安排年休假或者安排职工年休假天数少于应休年休假天数，应当在本年度内对职工应休未休年休假天数，按照其日工资收入的300%支付未休年休假工资报酬，其中包含用人单位支付职工正常工作期间的工资收入。"

由此可知，用人单位只需另外支付员工相当于日工资收入200%的未休年休假工资。其计算公式：

未休年休假的工资报酬=前12个月剔除加班工资后的月平均工资÷月计薪天数×200%×应休天数。

其中：月计薪天数=（365天-104天）÷12月=21.75天；

应休天数=（员工当年度在本单位已过日历天数÷365天）×员工本人全年应当享受的年休假天数-当年度已安排年休假天数。

5.5.6　问题6：因疫情原因停工放假该如何支付工资？

根据《人力资源社会保障部办公厅关于妥善处理新型冠状病毒感染的肺炎疫情防控期间劳动关系问题的通知》，用人单位停工停产在一个工资支付周期内的，用人单位应按劳动合同规定的标准支付职工工资。超过一个工资支付周期的，若职工提供了正常劳动，用人单位支付给职工的工资不得低于当地最低工资标准。职工没有提供正常劳动的，用人单位应当发放生活费，生活费标准按各省、自治区、直辖市规定的办法执行。

5.5.7　问题7：女员工产假内提前返岗应如何计发工资？

对于这个问题，目前我国法律并没有明确的规定，因此各地在实际操作中也有较大的差异。女员工产假内提前返岗主要分为两种情况。

第一种情况是女员工自己主动以书面形式要求在产假期间工作的，在司法实践中倾向于认为是女员工自愿放弃的。因此，在产假期间返岗享受生育津贴即可，用人单位无须另外支付工资。

第二种情况是用人单位要求女员工提前返岗的，用人单位应该支付女员工未休完产假期间提供劳动的报酬。

5.5.8　问题8：员工提前离职，多休的年休假天数能否从工资中抵扣？

《企业职工带薪年休假实施办法》第十二条第三款规定："用人单位当年已安排职工年休假的，多于折算应休年休假的天数不再扣回。"因此，员工提前离职，多休的年休假天数不能从工资中抵扣。

5.5.9　问题9：停工留薪期内员工上班，停工留薪期工资和正常工作工资能否同时兼得？

《工伤保险条例》第三十三条第一款规定："职工因工作遭受事故伤害或者患职业病需要暂停工作接受工伤医疗的，在停工留薪期内，原工资福利待遇不变，由所在单位按月支付。" 由此可以看出，员工享受停工留薪期工资的前提是不能工作且需要接受治疗，如果员工能正常上班，就不再继续享受停工留薪期的工资。因此，停工留薪期工资和正常工作工资不能同时兼得。

06

第 6 章

社会保险管理

>>>

6.1　风险识别

6.1.1　风险点1：未按规定为员工缴纳社会保险费

风险指数★★★★★

【风险提示】为员工缴纳社会保险费是用人单位必须履行的法定义务，如果用人单位与员工建立了劳动关系但未按规定为其缴纳社会保险费，将面临以下风险。

（1）用人单位不办理社会保险登记的，由社会保险行政部门责令限期改正；逾期不改正的，对用人单位处应缴社会保险费数额一倍以上三倍以下的罚款，对其直接负责的主管人员和其他直接责任人员处五百元以上三千元以下的罚款。

（2）用人单位未按时足额缴纳社会保险费的，由社会保险费征收机构责令限期缴纳或者补足，并自欠缴之日起，按日加收万分之五的滞纳金；逾期仍不缴纳的，由有关行政部门处欠缴数额一倍以上三倍以下的罚款。

（3）员工可以以此为由单方解除劳动合同，并要求用人单位支付经济补偿金。

（4）用人单位未给员工缴纳社会保险费而给员工造成的损失的，用人单位应当依法承担赔偿责任。

（5）用人单位不依法办理社会保险登记，经行政处罚后，仍不改正的，将列入社会保险严重失信人名单。

【操作指引】用人单位应依法及时为员工缴纳社会保险费，不应存在侥幸心理。

6.1.2　风险点2：与员工约定不缴纳社会保险费

风险指数★★★★☆

【风险提示】在司法实践中，有些用人单位与员工在劳动合同中约定或者由员工出具书面承诺书，自愿放弃参加社会保险或者对不缴纳社会保险费的员工以工资的方式进行补偿，然而这种约定明显是违反法律法规强制性规定的。为员工缴纳社会保险费是用人单位的法定义务，不会因用人单位与员工的约定而改变。除了该约定是无效的，用人单位还将面临与"未按规定缴纳社会保险费"一样的风险。

【操作指引】用人单位应依法为员工缴纳社会保险费，若员工拒绝缴纳社会保险费，用人单位应拒绝录用该员工或者与该员工解除劳动合同。

6.1.3　风险点3：按最低基数缴纳社会保险费

风险指数★★☆☆☆

【**风险提示**】在实际工作中，为节省人工成本，很多用人单位以低于员工实际工资的数额申报社会保险缴费基数，从而将最低缴费基数作为本单位员工社会保险缴费基数。根据《社会保险费申报缴纳管理规定》第三十条，这种做法是不合法的。用人单位一旦被发现未按时足额缴纳社会保险费的，由社会保险费经办机构责令限期缴纳或者补足，并自欠缴之日起，按日加收万分之五的滞纳金；逾期仍不缴纳的，由社会保险行政部门处欠缴数额一倍以上三倍以下的罚款。

【**操作指引**】用人单位在为员工申报社会保险缴费基数时须按员工实际工资申报，如果员工工资低于当地最低缴费基数，用人单位须按最低缴费基数为其缴纳社会保险费。

6.1.4　风险点4：拒绝协助相关部门进行事故调查

风险指数★★★★☆

【**风险提示**】《工伤保险条例》第十九条第一款规定："社会保险行政部门受理工伤认定申请后，根据审核需要可以对事故伤害进行调查核实，用人单位、职工、工会组织、医疗机构以及有关部门应当予以协助。职业病诊断和诊断争议的鉴定，依照职业病防治法的有关规定执行。对依法取得职业病诊断证明书或者职业病诊断鉴定书的，社会保险行政部门不再进行调查核实。"由此可见，社会保险行政部门受理工伤认定申请后，用人单位有义务协助其进行事故调查。若拒绝协助，则按照《工伤保险条例》第六十三条的规定进行处罚，即"用人单位违反本条例第十九条的规定，拒不协助社会保险行政部门对事故进行调查核实的，由社会保险行政部门责令改正，处2000元以上2万元以下的罚款。"

【**操作指引**】用人单位应安排专人协助社会保险行政部门对事故伤害进行调查核实。

6.1.5　风险点5：工伤申报不属实

风险指数★★★★★

【风险提示】在实际工作中，一些用人单位为了帮助员工获得工伤保险待遇，在工伤认定申报时提供虚假证明，该行为是不合法的，主要风险体现在撤销工伤、行政罚款、构成刑事犯罪等方面，具体内容如下。

（1）《人力资源社会保障部关于执行〈工伤保险条例〉若干问题的意见（二）》（人社部发〔2016〕29号）第十条规定："因工伤认定申请人或者用人单位隐瞒有关情况或者提供虚假材料，导致工伤认定决定错误的，社会保险行政部门发现后，应当及时予以更正。"《最高人民法院关于审理工伤保险行政案件若干问题的规定》（法释〔2014〕9号）第九条第一款规定："因工伤认定申请人或者用人单位隐瞒有关情况或者提供虚假材料，导致工伤认定错误的，社会保险行政部门可以在诉讼中依法予以更正。"

（2）《工伤保险条例》第六十条规定："用人单位、工伤职工或者其近亲属骗取工伤保险待遇，医疗机构、辅助器具配置机构骗取工伤保险基金支出的，由社会保险行政部门责令退还，处骗取金额2倍以上5倍以下的罚款；情节严重，构成犯罪的，依法追究刑事责任。"

（3）《中华人民共和国社会保险法》第八十七条规定："社会保险经办机构以及医疗机构、药品经营单位等社会保险服务机构以欺诈、伪造证明材料或者其他手段骗取社会保险基金支出的，由社会保险行政部门责令退回骗取的社会保险金，处骗取金额二倍以上五倍以下的罚款；属于社会保险服务机构的，解除服务协议；直接负责的主管人员和其他直接责任人员有执业资格的，依法吊销其执业资格。"

（4）《全国人民代表大会常务委员会关于〈中华人民共和国刑法〉第二百六十六条的解释》："以欺诈、伪造证明材料或者其他手段骗取养老、医疗、工伤、失业、生育等社会保险金或者其他社会保障待遇的，属于刑法第二百六十六条规定的诈骗公私财物的行为。"而《中华人民共和国刑法》第二百六十六条规定："诈骗公私财物，数额较大的，处三年以下有期徒刑、拘役或者管制，并处或者单处罚金；数额巨大或者有其他严重情节的，处三年以上十年以下有期徒刑，并处罚金；数额特别巨大或者有其他特别严重情节的，处十年以上有期徒刑或者无期徒刑，并处罚金或者没收财产。本法另有规定的，依照规定。"

（5）《人力资源社会保障部、公安部关于加强社会保险欺诈案件查处和移送工作的通知》（人社部发〔2015〕14号）指出，社会保险行政部门对单位和个人涉嫌社会保险欺诈犯罪的案件，应当依法向同级公安机关移送；公安机关对社会保险行政部门移送的涉嫌社会保险欺诈案件应当及时审查，及时侦查，对于犯罪事实清楚、证据确凿应当追究刑事责任的单位和个人，移送人民检察院起诉追究刑事责任。

【操作指引】用人单位应如实进行员工工伤申报工作，不得提供虚假证明。

6.1.6　风险点6：未及时申报工伤

风险指数★★★★☆

【风险提示】《工伤保险条例》第十七条第四款规定，用人单位未在规定时限内提交工伤认定申请（除特殊原因申请延期外），应当承担在此期间发生的工伤待遇等有关费用。

【操作指引】用人单位应当自员工发生事故伤害之日或者被诊断、鉴定为职业病之日起30日内，向统筹地区社会保险行政部门提出工伤认定申请。

6.1.7　风险点7：委托第三方单位代缴社会保险费

风险指数★★★★☆

【风险提示】用人单位委托第三方单位代缴社会保险费，有可能使员工无法获得相关待遇，进而发生社会保险待遇纠纷。此时，若员工社会保险待遇落空或者存在差额，用人单位不仅需要赔偿员工的损失，还有可能需要为员工依法补缴社会保险费。

【操作指引】用人单位可以在其注册地为员工缴纳社会保险费。

6.2　合规管理

6.2.1　制度：社会保险管理制度

社会保险是为了保障员工的合法权益，由政府统一管理的福利措施，主要包括养老保险、医疗保险、工伤保险、失业保险和生育保险。但在实际用工中，部分用人单位为了降低用工成本往往忽视了员工在工作过程中可能出现的突发情况，如发生工伤、疾病、生育等所带来的风险。为了避免上述风险，用人单位可以设计严密的社会保险管理制度，并进行统一管理，最大限度地降低发生劳动纠纷的可能性。以下是社会保险管理制度，用人单位可根据实际情况做修改使用，仅供参考。

制度名称	社会保险管理制度	编　号	
		版　本	

第1章　总　则

第1条　为规范公司社会保险管理工作，维护员工的合法权益，根据《中华人民共和国社会保险法》及相关法律法规，并结合公司实际情况，特制定本制度。

第2条　本制度适用于公司所有员工的社会保险管理工作。

第3条　社会保险各术语说明。

1．本制度中"社会保险"指的是养老保险、医疗保险、失业保险、工伤保险和生育保险。

2．社会保险中的"养老保险""医疗保险"和"失业保险"，这三种保险的保费是由公司和个人共同缴纳的，"工伤保险"和"生育保险"的保费由公司承担，个人不需要缴纳。

第4条　各部门管理职责。

1．人力资源部负责办理员工录用、调动、离职时社会保险的相关手续。

2．财务部负责办理员工社会保险费缴纳和其他有关社会保险的事项。

第2章　社会保险参保管理

第5条　社会保险参保时间为劳动合同签订的起始月。

第6条　社会保险缴费基数的确定。

1．人力资源部应按照本地社保中心本年度核定的基数作为本年度员工社会保险缴费基数，并将已核定的基数明细上报财务部备案。

2．员工将社会保险从原公司转入本公司的，若原公司社会保险缴纳基数与本公司规定的缴纳基数不同，应统一调整为本公司的缴纳基数。若不能调整的，须上报总经理批示后方可执行，超出公司同级别员工缴纳的社会保险费用部分应由员工本人承担。

第7条　社会保险参保手续的办理。

1．人力资源部在确定参保对象后，通过咨询当地社会保险经办机构或其他保险机构后统一为员工购买，并编制员工购买社会保险明细表，提交总经理审批。

2．人力资源部根据审批通过后的员工购买社会保险明细表，编制购买社会保险费用表，并提交总经理审批，通过后再转交财务部执行。

3．财务部根据审批通过后的购买社会保险费用表支付保险费用。

4．员工社会保险若确实因客观原因不能转移到公司的，须由本人提出书面申请，经人力资源部经理审核，总经理审批通过后，凭原先缴纳社会保险的单位出具的缴纳凭证到公司备案。

第3章 养老保险管理

第8条 养老保险缴费比例：公司缴费比例是社保基数的20%；个人缴费比例是社保基数的8%。

第9条 养老金的计算公式：养老金=基础养老金+个人账户养老金。

第10条 公司员工累计缴纳养老保险15年以上，并达到法定退休年龄后，可以享受养老保险待遇，其待遇标准如下所示。

1．按月领取规定计发的基本养老金，直至死亡。

2．公司员工死亡，其家属可享受下列待遇。

（1）丧葬费。

（2）一次性抚恤费。

（3）领养老退休金的死者的直系亲属符合生活困难认定标准者，公司应按本地上半年度员工平均工资发给6个月补助费。

第4章 医疗保险管理

第11条 医疗保险缴费比例：公司缴费比例是上一年度本市员工月平均工资的＿＿%；个人缴费比例是上一年度本市员工月平均工资的＿＿%。

第12条 员工按规定缴纳基本医疗保险并按时足额缴纳费用的，从首次缴费次月起，开始享受基本医疗保险待遇。员工医疗费用参照本省/市出台的基本医疗保险政策规定。

第5章 失业保险管理

第13条 失业保险缴费比例：公司缴费比例是社会保险基数的＿＿%；个人缴费比例是社会保险基数的＿＿%。

第14条 员工领取失业保险金时，必须满足以下条件。

1．按照规定参加失业保险，所在单位和本人已按照规定履行缴费义务满＿＿年。

2．非因本人意愿中断就业，即失业人员不愿意中断就业，具体包括以下两种情况。

（1）终止劳动合同，员工被公司解除劳动合同，即被公司开除、除名和辞退的。

（2）公司违法或违反劳动合同导致员工辞职的。

3．已办理失业登记，并有求职要求。

4．满足以上3项条件者，可在社会保险经办机构领取失业保险金。

5．失业保险金不低于本市城镇居民最低生活保障标准。

第6章 工伤保险管理

第15条 工伤保险缴费比例：公司缴费比例根据本地的法律法规及行业确定，缴纳员工社保基数的＿＿%，个人无须缴纳。

第16条　工伤保险待遇各情况说明。

1．员工在合同期内因工作受伤的，须向公司说明情况，并加盖公司公章，尽快申请工伤认定，享受工伤保险待遇。

2．员工发生工伤事故经治疗后，经相关部门鉴定存在残疾及影响劳动能力的，可享受伤残待遇。

3．工伤员工有下列情形之一的，停止享受工伤保险待遇。

（1）丧失享受待遇条件的。

（2）拒不接受劳动能力鉴定的。

（3）拒绝治疗的。

第7章　生育保险管理

第17条　生育保险缴费比例：生育保险按公司员工月平均工资的____%缴纳，由公司缴纳，个人无须缴纳。

第18条　生育保险待遇各情况说明如下。

1．生育保险基金支付范围包括以下内容。

（1）生育津贴。生育津贴为女员工产假期间的工资，生育津贴低于本人工资标准的，差额部分由公司补足。

（2）生育医疗费用。生育医疗费用包括女员工因怀孕、生育发生的医疗检查费、接生费、手术费、住院费和药品费等。

（3）计划生育手术医疗费用。计划生育手术医疗费用包括员工因计划生育实施放置（取出）宫内节育器、流产术、引产术、绝育及复通手术等所发生的医疗费用。

（4）国家和本市规定的其他费用。

2．符合计划内生育的女员工生育或流产后，持相关证明到人力资源部申请保险报销，人力资源部提交申请至社会保险经办机构。员工须向人力资源部上交以下资料原件及复印件：准生证、婴儿出生医学证明、病历、医疗费发票及检查单据、产假证明等。

3．男员工配偶生育，可以享受国家或地方规定的护理假津贴，女方未申领晚育津贴时，男方可以享有一个月的晚育假期并申领晚育津贴。

第8章　社会保险的停保和转出

第19条　公司与员工劳动合同解除手续办理完毕后，人力资源部社会保险管理人员须在次月____日前办理社会保险停保减员事项。若因社会保险管理人员未及时办理停保减员事项所造成的公司损失，由社会保险管理责任人承担。

第20条　社会保险转出程序如下。

1．员工本人持"离职手续单"和现任公司社会保险转出的相关证明文件，到人力资源部申请社会保险关系转出。

2．人力资源部准备保险手册等材料。

3．人力资源部安排专人将相关材料送至财务部审核，之后再由总经理审批。

4．总经理审批通过后，人力资源部将社会保险转移单送至员工本人，员工凭借社会保险转移单到新公司办理相关手续。

第9章　责任追究

第21条　员工本人未及时提供材料导致参保延后，所产生的费用及后果由员工个人承担。

第22条　出现以下情况给公司造成的损失，由人力资源部负责人全部承担。

1．未在规定的时间内为员工缴纳社会保险费用的。

2．与员工约定不缴纳社会保险费用的。

3．重复缴纳社会保险费用的。

第10章　附　则

第23条　本制度由人力资源部负责制定、解释与修订。

第24条　本制度若与相关法律、法规产生冲突，以相关法律、法规为准。

第25条　本制度自发布之日起生效。

编制日期		审核日期		批准日期	
修改标记		修改处数		修改日期	

6.2.2　模板：工伤赔偿协议书

　　工伤赔偿协议书是事故发生后用人单位和工伤员工或者工伤死亡员工的亲属签订的赔偿协议书，这是工伤事故中解决纠纷的主要工具之一。该协议书主要是对工伤经过、赔偿金额、工伤补偿支付时间及方式等条款予以明确约定，可防止员工提出不合理的赔偿要求，避免用人单位承担更多的赔偿责任。以下是工伤赔偿协议书模板，用人单位可根据实际情况做修改使用，仅供参考。

文书名称	工伤赔偿协议书	编　　号	
		受控状态	

甲方（用人单位）：＿＿＿＿＿＿＿＿＿＿＿＿　　乙方（个人）：＿＿＿＿＿＿＿＿＿＿＿＿

统一社会信用代码：＿＿＿＿＿＿＿＿＿＿＿　　居民身份证号码：＿＿＿＿＿＿＿＿＿＿＿

法定代表人（主要负责人）或委托代理人：＿＿＿＿＿＿

（或其他有效证件名称＿＿＿＿＿＿证件号：＿＿＿＿＿＿＿＿＿＿＿＿＿）

注　册　地：＿＿＿＿＿＿＿＿＿＿＿　　户籍地址：＿＿＿＿＿＿＿＿＿＿＿

经　营　地：＿＿＿＿＿＿＿＿＿＿＿　　经常居住地（通信地址）：＿＿＿＿＿＿＿＿＿

联系电话：＿＿＿＿＿＿＿＿＿＿＿　　联系电话：＿＿＿＿＿＿＿＿＿＿＿

甲、乙双方根据《工伤保险条例》和其他法律法规，在遵循平等自愿、协商一致、诚实信用的原则下，就乙方工伤赔偿事宜达成如下协议。

一、工伤经过

乙方于＿＿＿＿＿年＿＿月＿＿日＿＿时左右，在＿＿＿＿＿＿＿（地方）做＿＿＿＿＿＿工作时，发生＿＿＿＿＿＿，后甲方将乙方送至＿＿＿＿＿＿医院进行治疗。＿＿＿＿＿年＿＿月＿＿日经＿＿＿＿＿市人力资源和社会保障局认定，乙方此次事故属于工伤事故。

主要伤情：_____。

二、赔偿金额

1．甲、乙双方确认，截至_____年____月____日，甲方已支付医疗费、复查费等费用合计人民币_____元（大写：_____）。

2．在第1条的基础上，甲方同意再一次性补偿乙方人民币_____元（大写：_____），该费用包括但不限于工伤所引起的医疗费、误工费、护理费、交通费、住宿费、营养费、残疾赔偿金、后续治疗费用、劳动关系履行及解除的补偿费和赔偿费。除此之外，甲方不再承担任何义务，至此双方再无任何法律争议。

三、工伤补偿支付时间及方式

1．甲方在本协议签订之日起____个工作日内通过转账方式支付上述费用。

2．乙方指定以下银行账号收取上述费用。

户　　名：_____　银行账号：_____

开户银行：_____

四、劳动关系解除

甲、乙双方同意，劳动关系于_____年____月____日解除；劳动关系解除的相关补偿费和赔偿费已计算到本协议第二条约定的赔偿金额中。

提示：员工工伤被鉴定为一级至四级的，用人单位不得与其解除劳动关系。

五、违约责任

1．甲方不得以任何与乙方工伤赔偿事宜无关的理由延迟或拒绝支付上述费用，逾期支付的，应按逾期金额的____%向乙方支付违约金。

2．因任何一方违约而导致仲裁、诉讼或者申请强制执行的，违约方应当向对方支付实现债权的费用，该费用包括但不限于交通费、误工费、律师费。

六、其他

1．本协议签订后，乙方承诺自愿放弃因本次事故而产生的一切权利，包括通过诉讼等途径再次向甲方主张权利。

2．本协议一式两份，甲、乙双方各持一份，自双方签字、盖章之日起生效。

甲方（签字）：　　　　　　　　　　　乙方（签字）：

日　　　期：　　　　　　　　　　　　日　　　期：

编制人员		审核人员		审批人员	
编制时间		审核时间		审批时间	

使用说明如下。

若员工工亡，则该协议应在员工工亡以后签订；若员工工伤，则该协议应在员工工伤鉴定报告出来后再签订。

6.3 内部控制

6.3.1 流程1：工伤事故处理流程

单位	人力资源部经理	人力资源部	财务部	事故发生部门	受伤员工
业务执行程序					

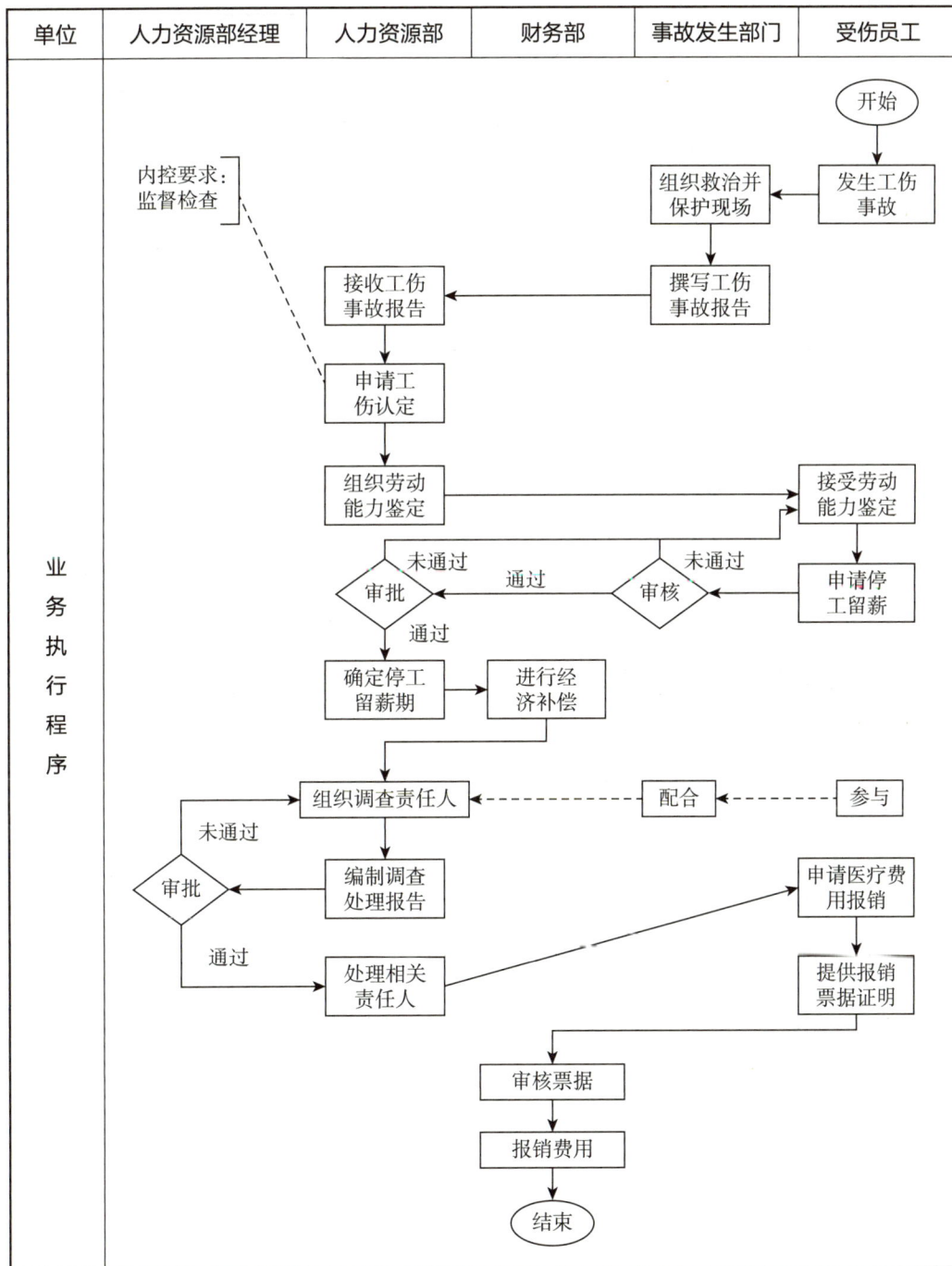

6.3.2　流程2：劳动能力鉴定流程

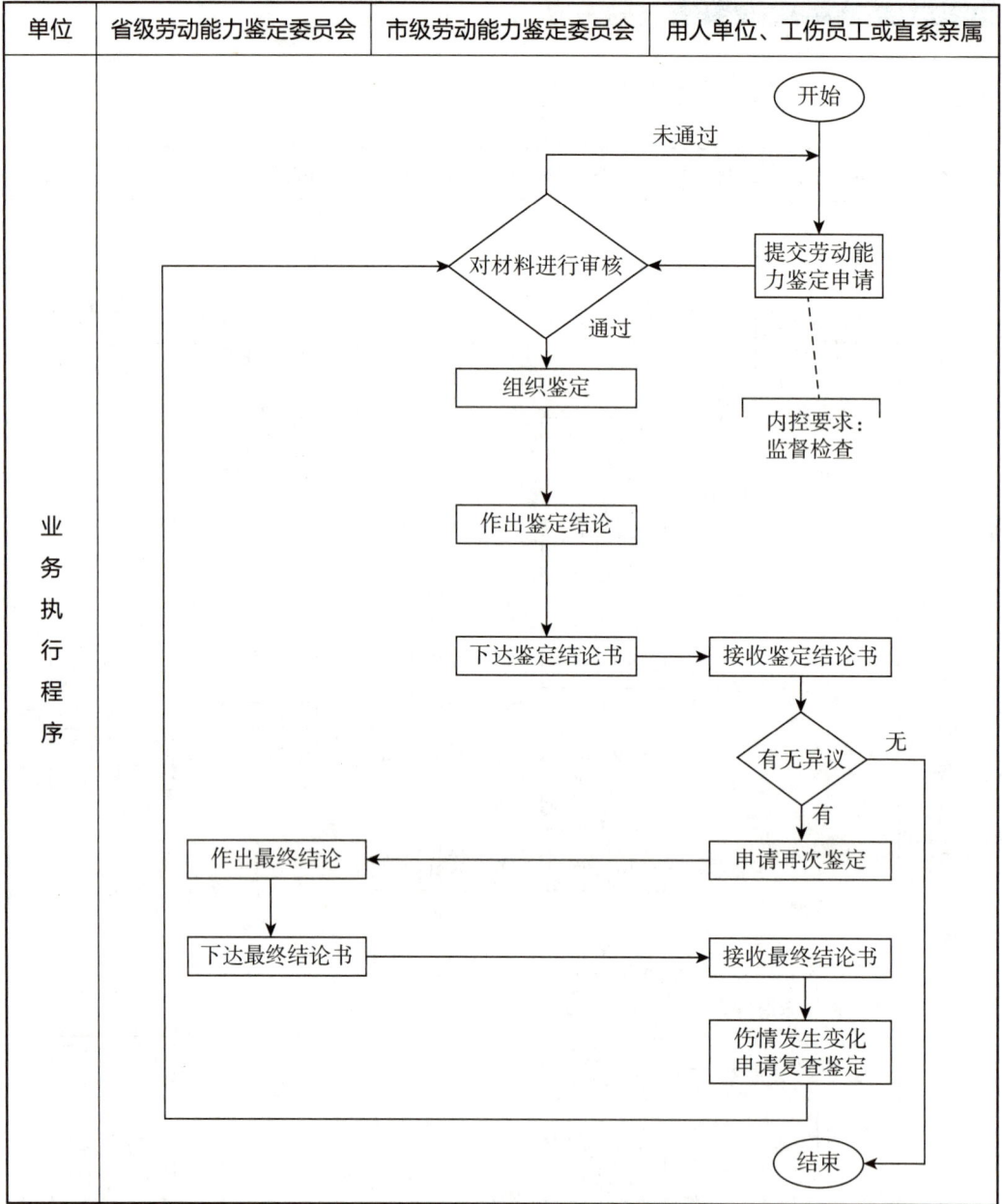

单位	省级劳动能力鉴定委员会	市级劳动能力鉴定委员会	用人单位、工伤员工或直系亲属
业务执行程序			

```
                                                        ┌──────────┐
                                                        │   开始   │
                                                        └────┬─────┘
                          未通过                              │
            ┌────────────────────────────────┐               ▼
            │                            ◇ 对材料进行审核 ◇ ←── ┌──────────┐
            │                            ◇              ◇     │ 提交劳动能 │
            │                                │ 通过            │ 力鉴定申请 │
            │                                ▼                └────┬─────┘
            │                          ┌──────────┐               ┆
            │                          │  组织鉴定  │               ┆
            │                          └────┬─────┘          ┌──────────┐
            │                               │                │ 内控要求： │
            │                               ▼                │ 监督检查   │
            │                          ┌──────────┐          └──────────┘
            │                          │ 作出鉴定结论 │
            │                          └────┬─────┘
            │                               ▼
            │                          ┌──────────┐      ┌──────────┐
            │                          │ 下达鉴定结论书 │ →  │ 接收鉴定结论书 │
            │                          └──────────┘      └────┬─────┘
            │                                                  ▼
            │                                            ◇ 有无异议 ◇ ──无──┐
            │                                            ◇        ◇        │
            │                                                │ 有           │
            │              ┌──────────┐                ┌──────────┐        │
            │              │ 作出最终结论 │ ←─────────────│ 申请再次鉴定 │        │
            │              └────┬─────┘                └──────────┘        │
            │                   ▼                                          │
            │              ┌──────────┐                ┌──────────┐        │
            │              │ 下达最终结论书 │ ───────────→ │ 接收最终结论书 │        │
            │              └──────────┘                └────┬─────┘        │
            │                                                ▼             │
            │                                          ┌──────────┐        │
            │                                          │ 伤情发生变化 │        │
            │                                          │ 申请复查鉴定 │        │
            │                                          └────┬─────┘        │
            └─────────────────────────────────────────────┘              ▼
                                                              ┌──────────┐
                                                              │   结束   │←─┘
                                                              └──────────┘
```

6.4　法律保障

1.《中华人民共和国社会保险法》

第十七条　参加基本养老保险的个人，因病或者非因工死亡的，其遗属可以领取丧葬补助金和抚恤金；在未达到法定退休年龄时因病或者非因工致残完全丧失劳动能力的，可以领取病残津贴。所需资金从基本养老保险基金中支付。

第二十七条　参加职工基本医疗保险的个人，达到法定退休年龄时累计缴费达到国家规定年限的，退休后不再缴纳基本医疗保险费，按照国家规定享受基本医疗保险待遇；未达到国家规定年限的，可以缴费至国家规定年限。

第三十七条　职工因下列情形之一导致本人在工作中伤亡的，不认定为工伤：

（一）故意犯罪；

（二）醉酒或者吸毒；

（三）自残或者自杀；

（四）法律、行政法规规定的其他情形。

第三十八条　因工伤发生的下列费用，按照国家规定从工伤保险基金中支付：

（一）治疗工伤的医疗费用和康复费用；

（二）住院伙食补助费；

（三）到统筹地区以外就医的交通食宿费；

（四）安装配置伤残辅助器具所需费用；

（五）生活不能自理的，经劳动能力鉴定委员会确认的生活护理费；

（六）一次性伤残补助金和一至四级伤残职工按月领取的伤残津贴；

（七）终止或者解除劳动合同时，应当享受的一次性医疗补助金；

（八）因工死亡的，其遗属领取的丧葬补助金、供养亲属抚恤金和因工死亡补助金；

（九）劳动能力鉴定费。

第三十九条　因工伤发生的下列费用，按照国家规定由用人单位支付：

（一）治疗工伤期间的工资福利；

（二）五级、六级伤残职工按月领取的伤残津贴；

（三）终止或者解除劳动合同时，应当享受的一次性伤残就业补助金。

第四十五条　失业人员符合下列条件的，从失业保险基金中领取失业保险金：

（一）失业前用人单位和本人已经缴纳失业保险费满一年的；

（二）非因本人意愿中断就业的；

（三）已经进行失业登记，并有求职要求的。

第四十六条　失业人员失业前用人单位和本人累计缴费满一年不足五年的，领取失业保险金的期限最长为十二个月；累计缴费满五年不足十年的，领取失业保险金的期限最长为十八个月；累计缴费十年以上的，领取失业保险金的期限最长为二十四个月。重新就业后，再次失业的，缴费时间重新计算，领取失业保险金的期限与前次失业应当领取而尚未领取的失业保险金的期限合并计算，最长不超过二十四个月。

第四十九条　失业人员在领取失业保险金期间死亡的，参照当地对在职职工死亡的规定，向其遗属发给一次性丧葬补助金和抚恤金。所需资金从失业保险基金中支付。

个人死亡同时符合领取基本养老保险丧葬补助金、工伤保险丧葬补助金和失业保险丧葬补助金条件的，其遗属只能选择领取其中的一项。

第五十条　用人单位应当及时为失业人员出具终止或者解除劳动关系的证明，并将失业人员的名单自终止或者解除劳动关系之日起十五日内告知社会保险经办机构。

失业人员应当持本单位为其出具的终止或者解除劳动关系的证明，及时到指定的公共就业服务机构办理失业登记。

失业人员凭失业登记证明和个人身份证明，到社会保险经办机构办理领取失业保险金的手续。失业保险金领取期限自办理失业登记之日起计算。

第五十四条　用人单位已经缴纳生育保险费的，其职工享受生育保险待遇；职工未就业配偶按照国家规定享受生育医疗费用待遇。所需资金从生育保险基金中支付。

生育保险待遇包括生育医疗费用和生育津贴。

第五十五条　生育医疗费用包括下列各项：

（一）生育的医疗费用；

（二）计划生育的医疗费用；

（三）法律、法规规定的其他项目费用。

第五十六条　职工有下列情形之一的，可以按照国家规定享受生育津贴：

（一）女职工生育享受产假；

（二）享受计划生育手术休假；

（三）法律、法规规定的其他情形。

生育津贴按照职工所在用人单位上年度职工月平均工资计发。

第八十四条　用人单位不办理社会保险登记的，由社会保险行政部门责令限期改正；逾期不改正的，对用人单位处应缴社会保险费数额一倍以上三倍以下的罚款，对其直接负责的主管人员和其他直接责任人员处五百元以上三千元以下的罚款。

第八十六条　用人单位未按时足额缴纳社会保险费的，由社会保险费征收机构责令限期缴纳或者补足，并自欠缴之日起，按日加收万分之五的滞纳金；逾期仍不缴纳的，由有关行政部门处欠缴数额一倍以上三倍以下的罚款。

第八十八条　以欺诈、伪造证明材料或者其他手段骗取社会保险待遇的，由社会保险行政部门责令退回骗取的社会保险金，处骗取金额二倍以上五倍以下的罚款。

2.《社会保险费征缴暂行条例》

第十三条　缴费单位未按规定缴纳和代扣代缴社会保险费的，由劳动保障行政部门或者税务机关责令限期缴纳；逾期仍不缴纳的，除补缴欠缴数额外，从欠缴之日起，按日加收2‰的滞纳金。滞纳金并入社会保险基金。

3.《中华人民共和国劳动法》

第一百条　用人单位无故不缴纳社会保险费的，由劳动行政部门责令其限期缴纳；逾期不缴的，可以加收滞纳金。

4.《中华人民共和国劳动合同法》

第三十八条　用人单位有下列情形之一的，劳动者可以解除劳动合同：

（三）未依法为劳动者缴纳社会保险费的。

第四十六条　有下列情形之一的，用人单位应当向劳动者支付经济补偿：

（一）劳动者依照本法第三十八条规定解除劳动合同的。

5.《社会保险费申报缴纳管理规定》

第七条第二款　社会保险经办机构在开展社会保险稽核工作过程中，发现用人单位未如实申报造成漏缴、少缴社会保险费的，按照社会保险法第八十六条的规定处理。

6.《工伤保险条例》

第十四条　职工有下列情形之一的，应当认定为工伤：

（一）在工作时间和工作场所内，因工作原因受到事故伤害的；

（二）工作时间前后在工作场所内，从事与工作有关的预备性或者收尾性工作受到事故伤害的；

（三）在工作时间和工作场所内，因履行工作职责受到暴力等意外伤害的；

（四）患职业病的；

（五）因工外出期间，由于工作原因受到伤害或者发生事故下落不明的；

（六）在上下班途中，受到非本人主要责任的交通事故或者城市轨道交通、客运轮渡、火车事故伤害的；

（七）法律、行政法规规定应当认定为工伤的其他情形。

第十五条　职工有下列情形之一的，视同工伤：

（一）在工作时间和工作岗位，突发疾病死亡或者在48小时之内经抢救无效死亡的；

（二）在抢险救灾等维护国家利益、公共利益活动中受到伤害的；

（三）职工原在军队服役，因战、因公负伤致残，已取得革命伤残军人证，到用人单位后旧伤复发的。

职工有前款第（一）项、第（二）项情形的，按照本条例的有关规定享受工伤保险待遇；职工有前款第（三）项情形的，按照本条例的有关规定享受除一次性伤残补助金以外的工伤保险待遇。

第十六条　职工符合本条例第十四条、第十五条的规定，但是有下列情形之一的，不得认定为工伤或者视同工伤：

（一）故意犯罪的；

（二）醉酒或者吸毒的；

（三）自残或者自杀的。

第十九条第二款　职工或者其近亲属认为是工伤，用人单位不认为是工伤的，由用人单位承担举证责任。

第三十三条　职工因工作遭受事故伤害或者患职业病需要暂停工作接受工伤医疗的，在停工留薪期内，原工资福利待遇不变，由所在单位按月支付。

停工留薪期一般不超过12个月。伤情严重或者情况特殊，经设区的市级劳动能力鉴定委员会确认，可以适当延长，但延长不得超过12个月。工伤职工评定伤残等级后，停发原待遇，按照本章的有关规定享受伤残待遇。工伤职工在停工留薪期满后仍需治疗的，继续享受工伤医疗待遇。

生活不能自理的工伤职工在停工留薪期需要护理的，由所在单位负责。

6.5　问题清零

6.5.1　问题1：员工不愿缴纳社保怎么办？

在实际工作中，用人单位可能遇到部分新员工因不了解社保的重要性，不愿意扣减个人工资等而出现不愿缴纳社保的情况。

因此，面对不愿缴纳社保的员工，用人单位可让员工写"免责声明"或签一份"协议"，表明是员工不愿意缴纳社保，将来后果自负。而这种"免责声明"或"协议"，虽然在公司内部管理中有一定作用，但在法律上与社保强制性缴纳规定相抵触，是无效的，因此用人单位采用此种方法存在很大的风险。为规避风险，用人单位可采取以下两大措施。

1. 入职前与员工确认

为了避免员工不愿缴纳社保给用人单位带来风险，在新员工入职前，用人单位就可与其提前确认是否愿意缴纳社保，并在劳动合同中予以约定。常见的提前约定方式包括如图6-1所示的两种。

提前约定方式	合同生效条件约定	可在劳动合同中约定。如果新员工不愿缴纳社保，则劳动合同不具有法律效力，以此给员工造成压力促使员工自觉配合。但是此方法以类似"无法缴纳社保"的理由否定合同效力，也将可能造成违法解除劳动合同的后果
	录用条件约定	通过明确"录用条件"来解决这个问题。用人单位在劳动合同文件中确认"一个月内员工的各项社会保险转入用工单位"作为录用条件，如果一个月内不能转入，无论是员工个人原因不愿转还是其他客观原因无法转，都属于不符合录用条件，这样用人单位解除劳动合同的法律依据更清晰，能够在一定程度上减少此类风险的发生

图6-1　提前约定方式

2. 协商解除劳动关系

对于已经入职的员工，如果员工不愿缴纳社保，用人单位为了规避将来的法律风险，可考虑与员工协商解除劳动关系。

6.5.2 问题2：提前退休如何办理？

提前退休是指员工在没有达到国家规定的"男年满60周岁，女工人年满50周岁，女干部年满55周岁"就退休的情况。根据《国务院关于工人退休、退职的暂行办法》和《关于制止和纠正违反国家规定办理企业职工提前退休有关问题的通知》可知，员工能够办理提前退休只有以下两种情况。

1. 第一种情况：特殊工种员工

特殊工种员工是指从事井下、高空、高温、特别繁重体力劳动或其他有害身体健康工作（以下称特殊工种）的员工，退休年龄为男生年满55周岁、女生年满45周岁。根据《关于制止和纠正违反国家规定办理企业职工提前退休有关问题的通知》，从事特殊工种员工可提前退休的条件如下所示。

（1）达到特殊工种提前退休年龄：男年满55周岁，女年满45周岁。

（2）达到特殊工种工作年限，具体的年限规定如图6-2所示。

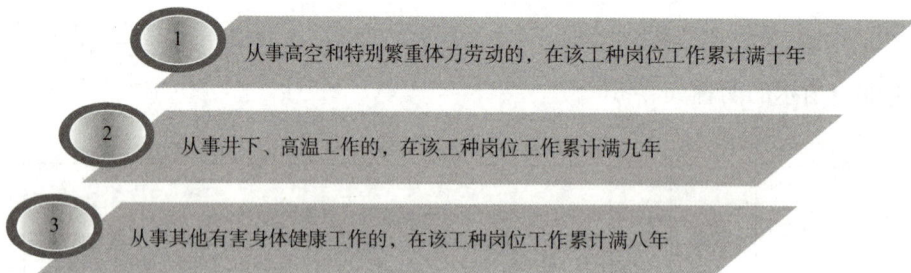

1 从事高空和特别繁重体力劳动的，在该工种岗位工作累计满十年

2 从事井下、高温工作的，在该工种岗位工作累计满九年

3 从事其他有害身体健康工作的，在该工种岗位工作累计满八年

图6-2 达到特殊工种工作年限规定

根据规定，设有特殊工种的用人单位，每年要向地市级人力资源和社会保障部门报送特殊工种名录、实际用工人数和在特殊工种岗位工作的人员名册以及其从事特殊工种的时间，以作为员工以特殊工种身份办理提前退休的依据。

2. 第二种情况：职工因病或非因工致残

因病或非因工致残，由医院证明并经劳动鉴定委员会确认完全丧失劳动能力的，退休年龄为男年满50周岁、女年满45周岁。因病或非因工致残提前退休的要求，《关于制止和纠正违反国家规定办理企业职工提前退休有关问题的通知》作出了明确规定，具体为："职工因病或非因工致残完全丧失劳动能力，统一由地市级劳动保障部门指定的县级以上医院负责医疗诊断并出具证明。非指定医院出具的证明一律无效。

地市级劳动鉴定委员会负责定期审核指定医院开具的诊断证明，作出鉴定结论。职工因病或非因工致残完全丧失劳动能力的鉴定标准，暂按《职工工伤与职业病致残程度鉴定标准（GB/T16180—1996）（1—4）级》执行，省级劳动保障部门可根据本地区实际情况，做出补充规定。"

6.5.3　问题3：退休后能否享受医疗保险待遇？

《中华人民共和国社会保险法》第二十七条规定："参加职工基本医疗保险的个人，达到法定退休年龄时累计缴费达到国家规定年限的，退休后不再缴纳基本医疗保险费，按照国家规定享受基本医疗保险待遇；未达到国家规定年限的，可以缴费至国家规定年限。"根据上述规定，员工退休后能否享受医疗保险待遇需要根据员工医疗保险累计缴费年限进行确定。如果员工退休前的医疗保险累计缴费年限达到或超过规定的最低年限，可在退休后继续享受医疗保险待遇。

6.5.4　问题4：配偶无工作能否享受生育保险待遇？

《中华人民共和国社会保险法》第五十四条第一款规定："用人单位已经缴纳生育保险费的，其职工享受生育保险待遇；职工未就业配偶按照国家规定享受生育医疗费用待遇。所需资金从生育保险基金中支付。"由此可知，员工未就业配偶可按照国家规定享受生育医疗费用，但不能享受生育津贴。

6.5.5　问题5：流产能否享受生育保险待遇？

《企业职工生育保险试行办法》第七条规定："女职工生育或流产后，由本人或所在企业持当地计划生育部门签发的计划生育证明，婴儿出生、死亡或流产证明，到当地社会保险经办机构办理手续，领取生育津贴和报销生育医疗费。"参照该规定，女员工符合计划生育政策并且相关单位给其开具了流产证明，就可以到当地社会保险经办机构办理手续，领取生育津贴和报销生育医疗费。

《女职工劳动保护特别规定》第七条第二款规定："女职工怀孕未满4个月流产

的，享受15天产假；怀孕满4个月流产的，享受42天产假。"因此若女员工怀孕流产，其所在单位应当根据医务部门的证明，给予一定时间的产假，并为其报销生育医疗费。

从上述规定可知，流产与正常生育除了产假时间长短不同，其他待遇与正常生产时完全相同，用人单位仍应为流产女员工报销生育医疗费，领取并发放生育津贴。

6.5.6　问题6：交通意外受伤是否为工伤？

关于交通意外导致的受伤事故是否为工伤的判定一直是工伤保险报销管理工作中的难点、热点，下面对其具体的判定方法进行说明。

1. 认定为工伤的条件

根据《工伤保险条例》第十四条第六项，职工"在上下班途中，受到非本人主要责任的交通事故或者城市轨道交通、客运轮渡、火车事故伤害的"，应当认定为工伤。由此可见，交通意外受伤认定为工伤需要满足以下三个条件。

（1）时间条件为上下班时间。上下班时间指员工往返于休息场所和单位的时间。

（2）路线条件为上下班路线。上下班路线则指员工往返于休息场所和单位之间的必经路线。

（3）事故责任的认定为非本人主要责任。

2. 上下班途中范围的确定

根据《最高人民法院关于审理工伤保险行政案件若干问题的规定》第六条，下列路线上发生的交通事故都属于合理的上下班途中，具体如图6-3所示。

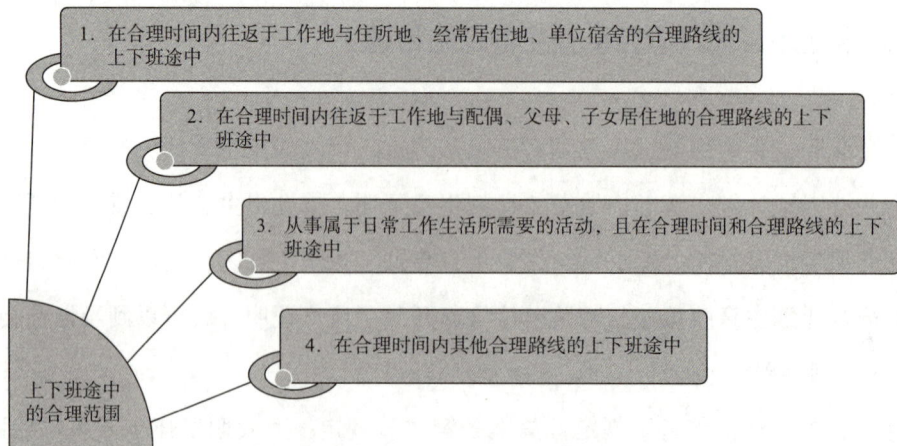

1. 在合理时间内往返于工作地与住所地、经常居住地、单位宿舍的合理路线的上下班途中

2. 在合理时间内往返于工作地与配偶、父母、子女居住地的合理路线的上下班途中

3. 从事属于日常工作生活所需要的活动，且在合理时间和合理路线的上下班途中

4. 在合理时间内其他合理路线的上下班途中

上下班途中的合理范围

图6-3　上下班途中的合理范围

3. 交通事故责任认定

交通事故责任认定是上下班途中确认是否为工伤的关键因素，而员工在交通事故中属于"非本人主要责任"是认定为工伤的条件，用人单位对该责任的认定主要依据公安机关交通管理部门的交通事故责任认定书或者法院的生效裁判文书予以确定。"非本人主要责任"主要包括负有同等责任、次要责任、不负责任三种情况。

6.5.7　问题7：醉酒后受伤是否为工伤？

员工醉酒后受伤不算工伤。《工伤保险条例》第十六条规定："职工符合本条例第十四条、第十五条的规定，但是有下列情形之一的，不得认定为工伤或者视同工伤：（一）故意犯罪的；（二）醉酒或者吸毒的；（三）自残或者自杀的。"

但这里要注意的是，用人单位需要举证员工是醉酒而不是喝酒，对于醉酒的标准和认定依据，法律上有明确的规定，醉酒标准按照《车辆驾驶人员血液、呼气酒精含量阈值与检验》执行。其中，关于醉酒驾车，是指车辆驾驶人员血液中的酒精含量大于或者等于80mg/100mL的驾驶行为。公安机关交通管理部门、医疗机构等有关单位依法出具的检测结论、诊断证明等材料，可以作为认定醉酒的依据。

6.5.8　问题8：工伤认定中"上下班途中"如何判定？

《工伤保险条例》第十四条应当认定为工伤的情形之一为"在上下班途中，受到非本人主要责任的交通事故或者城市轨道交通、客运轮渡、火车事故伤害的"。 员工以上下班为目的，在合理时间内往返于工作单位和居住地之间的合理路线，视为上下班途中。

6.5.9　问题9：员工主动辞职能否领取失业保险金？

主动辞职是无法领取失业保险金的。《失业保险条例》第十四条规定："具备下列条件的失业人员，可以领取失业保险金：（一）按照规定参加失业保险，所在单位和本人已按照规定履行缴费义务满1年的；（二）非因本人意愿中断就业的；（三）已办理失业登记，并有求职要求的。"其中，非因本人意愿中断就业是领取失业金必不可少的一个条件。也就是说，除非是被开除、原单位解散、劳动合同期满终止等非本人意愿中断就业才可以领取失业保险金。如果是本人主动提出离职的，就不符合失业保险金领取条件。

6.5.10　问题10：住房公积金存储余额能否被继承？

《住房公积金管理条例》第三条规定："职工个人缴存的住房公积金和职工所在单位为职工缴存的住房公积金，属于职工个人所有。"同时该条例第二十四条第三款规定："职工死亡或者被宣告死亡的，职工的继承人、受遗赠人可以提取职工住房公积金账户内的存储余额；无继承人也无受遗赠人的，职工住房公积金账户内的存储余额纳入住房公积金的增值收益。"由此可见，住房公积金存储余额能够被继承。

6.5.11　问题11：员工入职当天或当月还未缴纳社会保险费就发生工伤应如何处理？

用人单位应当马上补缴社会保险费。《人力资源社会保障部关于执行〈工伤保险条例〉若干问题的意见（二）》（人社部发〔2016〕29号）第三条进一步明确："《工伤保险条例》第六十二条规定的'新发生的费用'，是指用人单位参加工伤保险前发生工伤的职工，在参加工伤保险后新发生的费用。其中由工伤保险基金支付的费用，按不同情况予以处理：（一）因工受伤的，支付参保后新发生的工伤医疗费、工伤康复费、住院伙食补助费、统筹地区以外就医交通食宿费、辅助器具配置费、生活护理费、一级至四级伤残职工伤残津贴，以及参保后解除劳动合同时的一次性工伤医疗补助金；（二）因工死亡的，支付参保后新发生的符合条件的供养亲属抚恤金。"即用人单位在员工发生工伤后应及时补缴社会保险费，那么此后发生的一次性伤残补助金可由社保基金支付。

07

第 7 章

工时与休假管理

>>>

7.1　风险识别

7.1.1　风险点1：单方实施特殊工时制

风险指数★★★★★

【风险提示】用人单位在没有获得人力资源和社会保障行政部门批准的情况下就单方面实施特殊工时制是不合法的，也得不到法律保护，一旦有加班员工借此提出仲裁，要求按照标准工时制支付加班费，用人单位必将败诉。

【操作指引】《中华人民共和国劳动法》第三十九条规定，用人单位实行特殊工时制，必须按照规定向劳动行政部门申报审批，经劳动行政部门批准后，方可实行。

7.1.2　风险点2：无完善的加班审批制度

风险指数★★☆☆☆

【风险提示】在实际工作中，大部分用人单位在加班审批环节中普遍存在没有加班审批制度、加班审批权限模糊等问题，这有可能导致在加班管控上出现员工恶意加班等一系列严重问题。

【操作指引】用人单位应完善加班管理制度，明确规定加班的审批权限、申请流程。员工未向有审批权限的人员提出申请并获得批准的，可不视为加班。

7.1.3　风险点3：拒绝支付或拒绝足额支付加班费

风险指数★★★★☆

【风险提示】《中华人民共和国劳动法》第四十四条规定："有下列情形之一的，用人单位应当按照下列标准支付高于劳动者正常工作时间工资的工资报酬：（一）安排劳动者延长工作时间的，支付不低于工资的百分之一百五十的工资报酬；（二）休息日安排劳动者工作又不能安排补休的，支付不低于工资的百分之二百的工资报酬；（三）法定休假日安排劳动者工作的，支付不低于工资的百分之三百的工资报酬。"

因此，用人单位安排员工加班，但拒绝支付或拒绝足额支付加班费的，属于违法行为。《中华人民共和国劳动合同法》第八十五条规定，用人单位安排加班不支付加班费的，将由劳动行政部门责令限期支付劳动报酬、加班费或者经济补偿。逾期不支付的，责令用人单位按应付金额百分之五十以上百分之一百以下的标准向员工加付赔偿金。

【操作指引】用人单位首先应当建立加班管理制度，规范加班申请流程，以控制加班时数和频次；其次对休息日安排加班的，用人单位可以通过补休的形式免除支付加班费的义务。

7.1.4　风险点4：随意延长员工工作时间

风险指数★☆☆☆☆

【风险提示】用人单位随意延长员工工作时间是违法的，将会由劳动行政部门给予警告，责令限期改正。逾期不改正的，劳动行政部门可以按照受侵害的员工每人100元以上500元以下的标准计算，对用人单位处以罚款。

【操作指引】《中华人民共和国劳动法》第四十二条规定："有下列情形之一的，延长工作时间不受本法第四十一条规定的限制：（一）发生自然灾害、事故或者因其他原因，威胁劳动者生命健康和财产安全，需要紧急处理的；（二）生产设备、交通运输线路、公共设施发生故障，影响生产和公众利益，必须及时抢修的；（三）法律、行政法规规定的其他情形。"除了上述情形，用人单位若要延长员工工作时间，应根据《中华人民共和国劳动法》第四十一条的相关规定，与员工协商一致，且每日不得超过一小时。因特殊原因需要延长工作时间的，在保障员工身体健康的条件下延长工作时间每日不得超过三小时，且每月不得超过三十六小时。

7.1.5　风险点5：拒绝审批员工病假申请

风险指数★★★★☆

【风险提示】病假是指员工因自然患病（非职业病）或非因工负伤，需要停止工作，接受治疗或休息疗养的假期，是员工的基本权利。但员工提交病假申请时，用人单位是否有权拒绝，一般分为两种情况。

第一种情况是员工病假申请的程序、提交的病假材料都符合单位规定，且真实存在疾病事实的情况下，用人单位拒绝审批员工病假申请是不合法的，会面临法律风险。

第二种情况是员工病假申请程序不符合单位规定，或病假材料缺失，或病假期间从事与病假不符的行为，或病假期限超过法律规定的最长期限，在这种情况下，用人单位有权拒绝审批员工病假申请。

【操作指引】一般情况，员工只要提供了基本的病假材料，用人单位就应批准员工的病假申请。对于情况紧急和情况特殊的，病假材料的提交时间可予以暂缓。若是用人单位对其病假的真实性存疑，也可以要求其到指定医院进行复查。

7.1.6　风险点6：以旷工处理员工拒绝加班行为

风险指数★★★★☆

【风险提示】除了法定的特殊情况员工必须服从加班安排，员工有权拒绝加班，且用人单位不可以强迫员工加班，否则属于侵犯员工的法定休息权，用人单位也不可据此认定员工违纪（如旷工），并对其进行经济处罚或纪律处分，否则将可能面临行政处罚甚至违法解除劳动合同的法律风险。

【操作指引】用人单位应严格按照法律法规要求，安排加班须与工会及员工协商一致，不得强迫或者变相强迫员工加班。被安排加班的员工，用人单位应向其及时并足额支付加班费。

7.1.7　风险点7：电子考勤记录无员工签名

风险指数★★★★☆

【风险提示】电子考勤记录无员工签名的，从证据形式上看，属于非原始证据，其真实性值得怀疑。在司法实践中，无法作为证据，用人单位可能需要承担因举证不能而败诉的后果。

【操作指引】每月导出纸质考勤表格，由员工签名确认。

7.1.8 风险点8: 考勤资料保管不妥当

风险指数★☆☆☆☆

【风险提示】若用人单位对员工考勤资料未妥善保管，一旦涉诉，用人单位将面临举证不足的风险。

【操作指引】用人单位应加强对考勤文件和资料的存档管理，安排专人对考勤资料进行保管，至少保存两年以上，并定期进行抽查。

7.2 合规管理

7.2.1 制度: 加班管理制度

加班管理是员工管理中的基本问题，也是最容易出现劳动纠纷的环节。因此用人单位应制定加班管理制度，以便规范单位的加班管理，降低单位的诉讼风险。以下是加班管理制度，用人单位可根据实际情况做修改使用，仅供参考。

制度名称	加班管理制度	编　号	
		版　本	

第1章　总　则
第1条　为规范员工加班管理工作，提高工作效率，根据《中华人民共和国劳动法》《中华人民共和国劳动合同法》等相关法律法规，结合本单位实际情况，特制定本制度。
第2条　本制度适用于单位全体工作人员的加班管理工作。
第3条　因时间紧且任务量大，在规定工作时间内不能完成工作，由员工提出申请，并经部门主管同意，副总经理审核，总经理批准认定的或由单位统一安排的，称为加班。
第2章　加班认定、申请及审批
第4条　不认定为加班的情形，具体如下所示。
1．值班。
2．由员工个人原因导致正常工作任务未按要求及时完成，且须延长工作时间或利用公休日、节假日完成的。
3．延长工作时间处理日常工作1小时以内的。

4．未进行事前报批的。

5．申请加班未获得批准而自行加班的。

注意：该条是为了规避员工自行加班或未经审批加班后依据考勤记录要求支付加班费的风险。

6．其他不应当视为加班的情形。

第5条　加班申请、审批的程序要求如下所示。

1．员工加班前须先填写"加班申请单"，写明加班时间、地点、事由，由主管领导签署审核意见。

2．主管领导审核通过后，须在实际加班的前一个工作日＿＿＿（具体时间）前，把经过批准的"加班申请单"交到人力资源部。

注意："加班申请单"是记录加班时间、安排调休、发放加班工资的依据，填写时，必须由员工本人签字。

第3章　加班工资计发

第6条　加班工资计算以"加班申请单"为依据，按照国家相关规定执行。员工公休日加班时间若超过12：30或18：30的，单位将给予10元/餐的餐补（单位统一安排工作餐的，则取消此餐补），其他特殊情况须报主管领导批准。

第7条　加班工资每月结算一次，随员工工资一起发放。

第4章　加班调休

第8条　员工加班时间采用调休时间冲抵的，加班时间须在当月调休冲抵完，不得累计到下月，特殊情况可延后一月，但须经部门负责人同意，副总经理审核，总经理批准后方可交人力资源部备案。

第9条　员工若请假调休，可用来调休的加班时间必须是在请假时间以前发生的，不能用请假后发生的加班时间（可调休的时间）来冲抵；未产生的调休假期不得提前使用；加班时间一律不允许调至春节假期里，特殊情况须报部门主管同意、副总经理审核、总经理批准、人力资源部备案。

第10条　调休原则上不能影响本岗位工作，须按请假规定程序事先报批。

第5章　附　则

第11条　本制度经总经理批准后颁布实施。

第12条　本制度未尽事宜，可随时进行修改和增补，并经总经理审批通过后生效。

编制日期		审核日期		批准日期	
修改标记		修改处数		修改日期	

7.2.2　办法：休假管理办法

休假管理办法可以规范单位的休假管理，降低单位的诉讼风险。以下是休假管理办法，用人单位可根据实际情况做修改使用，仅供参考。

办法名称	休假管理办法	编　号	
		版　本	

第1章 总 则

第1条 为规范员工假期管理，保障员工合法权益，营造和谐用工环境，维护正常工作秩序，促进单位安全生产，根据国家法律法规，结合本单位实际情况，特制定本办法。

第2条 本办法适用于单位所有员工的休假管理工作。

第2章 休假类别以及假期

第3条 探亲假。

符合国家规定的探亲条件的，未婚员工可享受一年一次探亲假，假期为20天；已婚员工可享受四年一次探亲假，假期为20天。若因工作需要，探亲假可分两次休。

第4条 年休假。

1．员工在本单位累计工作已满1年不满10年的，年休假为5天；已满10年不满20年的，年休假为10天；已满20年的，年休假为15天。员工有下列情形之一的，不享受当年的年休假。

（1）员工请事假累计20天以上且单位按照规定不扣工资的。

（2）累计工作满1年不满10年的员工，请病假累计2个月以上的。

（3）累计工作满10年不满20年的员工，请病假累计3个月以上的。

（4）累计工作满20年以上的员工，请病假累计4个月以上的。

2．员工已享受当年的年休假，年内又出现以上情形之一的，不享受下一年度的年休假。

3．各单位根据生产、工作具体情况，并考虑员工本人意愿，统筹安排员工的年休假。年休假在1个年度内可以集中休完，也可以分段安排，但一般不跨年度安排。若因工作需要确有必要跨年度安排员工年休假的，经员工本人书面同意，可以跨1个年度安排。

4．确因工作需要不能在当年度安排及跨年度安排员工休年休假的，经员工本人书面同意，可以不安排员工休年休假。对员工应休未休的年休假天数，单位按照员工本人日工资标准的300%支付年休假工资报酬，并将不能安排休年休假的人员名单、无法安排年休假的详细原因、主管领导意见等相关内容报人力资源部备案。

5．单位安排员工休年休假，但是员工因本人原因且书面提出不休年休假的，单位只需支付其正常工作期间的工资收入。各部门须做好员工本人书面意见的确认和登记工作。

6．年休假不含国家法定休假日、休息日。员工年休假期间享受全额工资待遇。

7．年休假应当年使用，当年不用的，次年自行作废。

第5条 事假。

1．员工因私事请假，在条件允许的情况下可给予事假，但员工必须向主管领导提交"员工请假单"，以有相应审批权限领导所批准的权限范围内的天数为准进行休假。

2．员工请事假在2天以内（含2天）的，经所在部门领导及分管领导批准同意后生效，并报人力资源部备案。

3．员工请事假在2天以上的，应向所在部门主管提交"员工请假单"，经所在部门领导审核及总经理批准后生效，并报人力资源部备案。

4．员工年休假未休完的，原则上不批准休事假。

第6条　病假。

1．员工患病或非因工负伤请假的，须持区级以上医院诊断后出具的伤、病证明书，报部门领导审核后，方可准予不超过医疗期的伤假或者病假。

2．员工休病假须提前申请，得到权限范围内领导批准后方能休假。请病假须出具规定就医的医院诊断证明，经权限范围内领导审批，并将相关资料报送人力资源部。

3．一般病假年累计不得超过30天。患重病须住院治疗的，根据病情，给予1~3个月的病假，最长不超过3个月。特殊情况须由总经理专门批准，若事后不能提供病历及医院诊断证明的，按旷工处理。

第7条　婚假。

按法定年龄（女20周岁，男22周岁）结婚的员工，可享受3天婚假；按晚婚年龄（女23周岁，男25周岁）结婚的员工，可享受晚婚假10天。如需到异地结婚的，另按实际路程给予相应的路程天数，往返路程天数最多不得超过3天。婚假含国家法定休假日、休息日。

第8条　丧假。

员工的配偶、子女及直系亲属死亡，需要员工办理丧事的，给予3天丧假。如在外地办理丧事的，根据实际路程给予相应的路程天数，往返路程天数最多不得超过4天。

第9条　工伤假。

工伤假是指员工因工负伤，经劳动鉴定机构认定后，按指定的医疗单位证明需要治疗、休养的假期。工伤认定和有关假期按国家《工伤认定办法》《工伤保险条例》及所在地政府相关规定执行。

第10条　产假。

产假是指符合计划生育政策的女员工在生育期间可享受的假期。顺产的女员工，给予98天产假（可根据需要，合理安排产前、产后天数）。产假含国家法定休假日、休息日。女员工休产假期间享受基本工资待遇。

第3章　休假审批权限和程序

第11条　休探亲假、年休假的审批程序。

1．单位高层管理人员休探亲假、年休假的审批程序。总经理助理、各总监、职能部门经理本人提交"员工请假单"，由总经理批准后，报人力资源部备案，将"员工请假单"交总经办，并办清工作移交手续后方可离岗休假。休假完毕后因特殊原因须延长休假的，按事假处理，并按规定审批程序核批，经批准后方可继续休假。

2．普通员工休探亲假、年休假的审批程序。普通员工本人提交"员工请假单"，由部门经理按相应休假规定审核同意后，将"员工请假单"报人力资源部备案，并办清工作移交手续后方可离岗休假。休假完毕后因特殊原因须延长休假的，按事假处理，并按规定审批程序核批，经批准后方可继续休假。

第12条　休事假审批程序。

1．员工因私事请假，应由本人提交书面休假报告，按照本办法第11条的审批程序和审批权限的规定执行，休事假不予延长。

2. 部门经理有权审批3天以内的事假；超过3天但少于10天的，由人力资源部经理审批；超过10天的，由总经理审批。

第13条　休病假、工伤假的审批程序。

员工休病假、工伤假，由员工和所在部门按照病假及工伤保险政策的相关规定，提交相关证明，经人力资源部审核、总经理批准后，方可休假。

第14条　休婚假、产假的审批程序。

员工休婚假、产假需由本人提交书面报告，并附加相关证明（结婚证、准生证等），由部门经理审核后，交人力资源部审核批准并明确相应的休假期限后方可休假。

第15条　休丧假的审批程序。

员工休丧假由本人提交书面报告，经部门经理审批通过后方可休假。休假完毕回单位后应补交相关的证明。

第4章　销假管理

第16条　员工应在休假完毕后的2个工作日内办理销假手续。逾期不予办理的，按事假处理。

第17条　经人力资源部审核各种休假证明无误后，予以销假，并填写"员工请假销假表"，将其呈交给休假审批人审批通过后再连同请假单一起交财务部。

第5章　附　则

第18条　本办法由人力资源部负责编制、解释、修订。

第19条　本办法自××××年××月××日起执行。

编制日期		审核日期		批准日期	
修改标记		修改处数		修改日期	

7.2.3　模板：医疗期满复工通知书

医疗期满复工通知书是处理员工医疗期满的必备工具。它不仅能帮助用人单位规避员工医疗期计算错误的风险，还能在发生劳动争议时作为书面证据。以下是医疗期满复工通知书模板，用人单位可根据实际情况做修改使用，仅供参考。

医疗期满复工通知书

_____先生/女生（身份证号：_____）：

　　您好！经核实，您于_____年____月____日因病进入医疗期，根据《企业职工患病或非因工负伤医疗期规定》第三条，确定您的医疗期为____个月，现您的医疗期已于_____年____月____日期满，特通知您于_____年____月____日到岗上班。

　　若您无法胜任原工作岗位，我司可根据您的身体情况另行安排其他工作岗位。

　　若您未能按时到岗上班，我司将依据相关规章制度于_____年____月____日起按照旷工处理，连续旷工____个工作日将予以解除劳动合同。

　　如对上述内容或处理结果有异议，请在_____年____月____日前以书面形式向人力资源部提出，否则视为无异议。

　　特此通知！

公司盖章：
_____年____月____日

（此通知书一式两份，双方各执一份，具有同等效力）

医疗期满复工通知书使用说明如下。

（1）该通知书关于医疗期开始时间及结束时间是必备条款。

（2）对员工无法胜任原工作岗位而进行调岗的，需注意调岗的合理性。

（3）对员工未能按时到岗上班的，若按旷工处理，需在相关规章制度中进行说明。

7.3　内部控制

7.3.1　流程1：加班管理流程

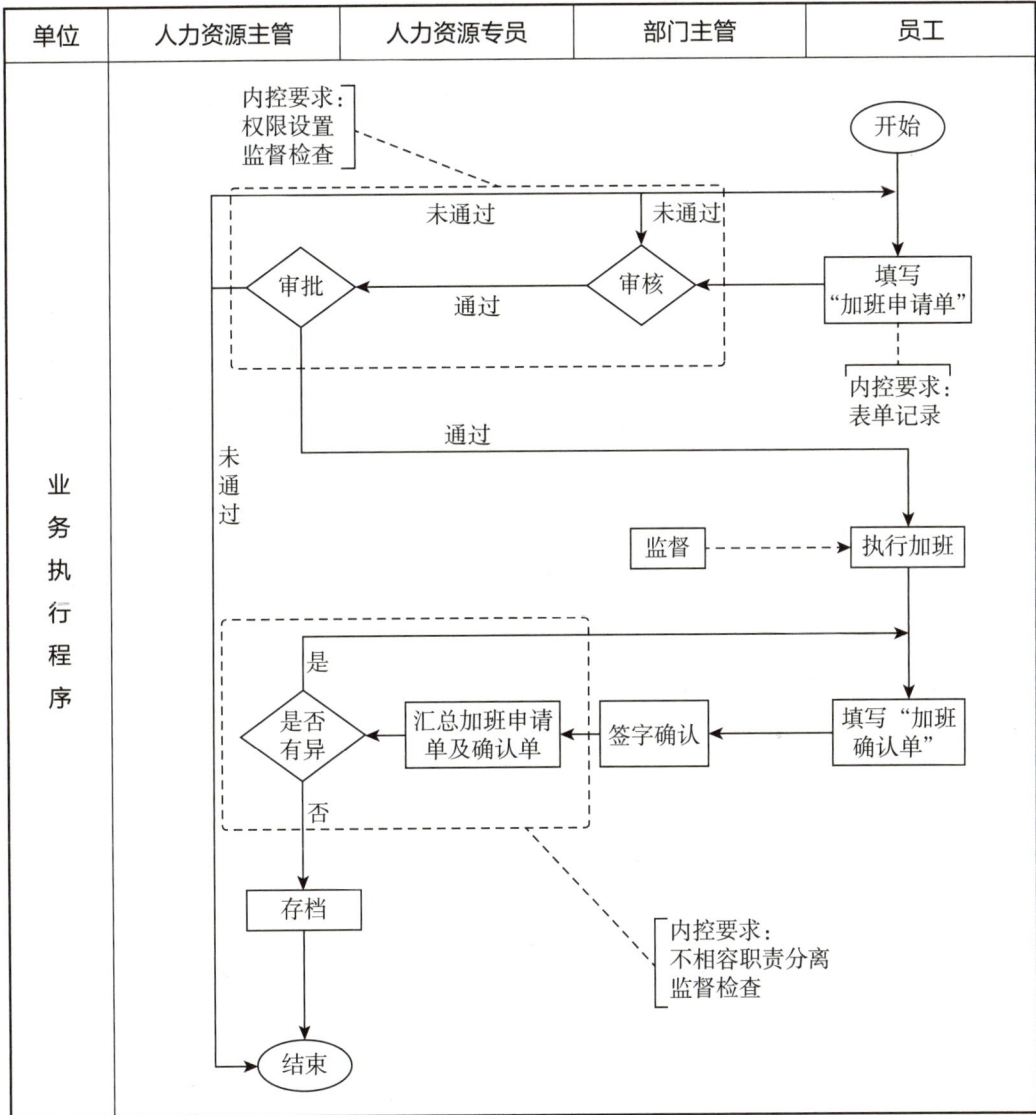

单位	人力资源主管	人力资源专员	部门主管	员工
业务执行程序				

内控要求：
权限设置
监督检查

开始

未通过　　　　未通过

审批　　通过　　审核

填写
"加班申请单"

内控要求：
表单记录

通过

未通过

监督　→　执行加班

是

是否有异　←　汇总加班申请单及确认单　←　签字确认　←　填写"加班确认单"

否

存档

内控要求：
不相容职责分离
监督检查

结束

7.3.2 流程2：请假管理流程

单位	人力资源部	各职能部门	员工

【注意事项】

（1）"请假单"须由员工本人亲自填写，不得由他人代填，不得涂改。

（2）"请假单"务必保存完好，在员工因休假问题引发劳动争议时，可作为用人单位的书面证据。

7.3.3　流程3：员工医疗期处理流程

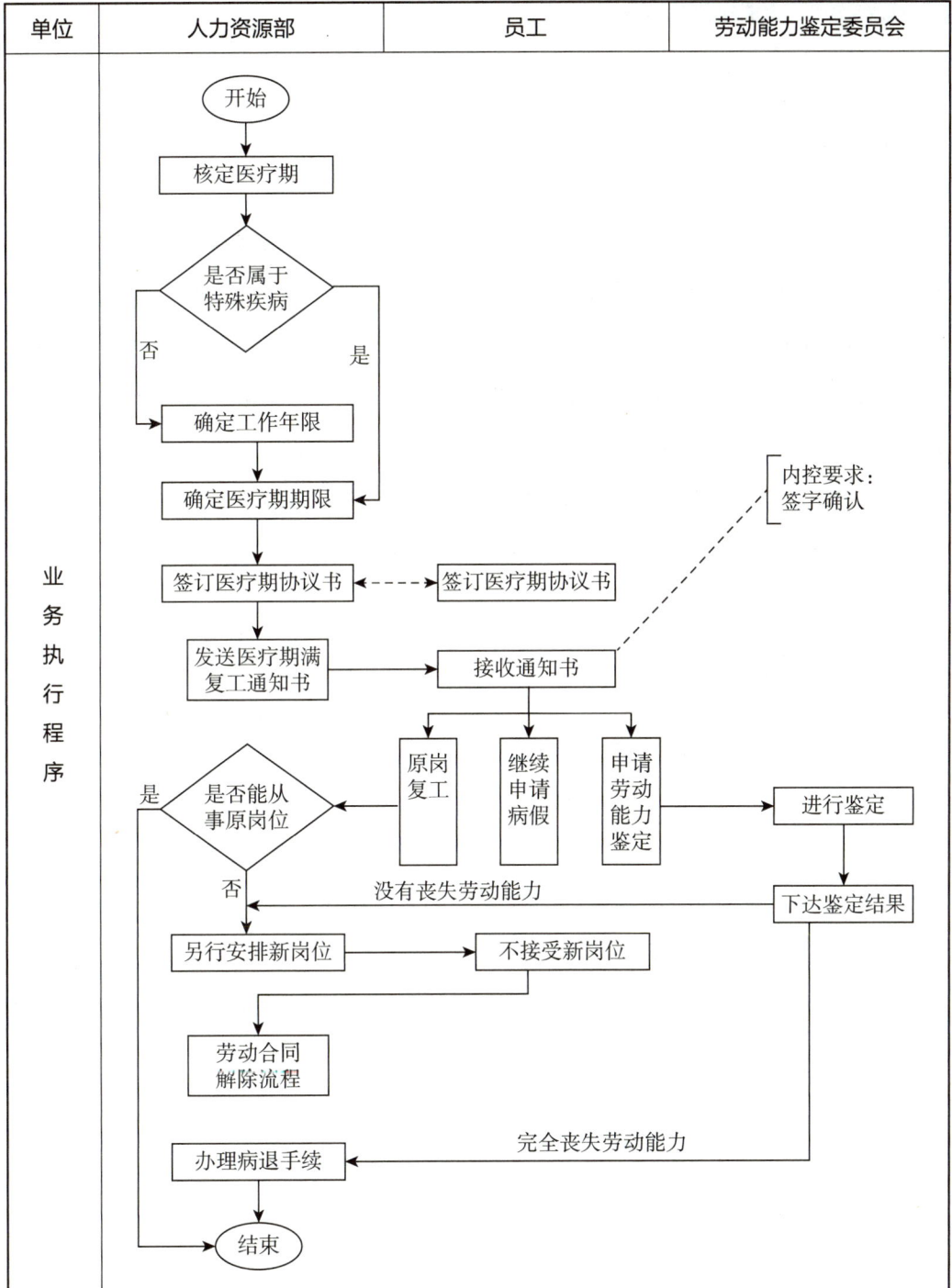

单位	人力资源部	员工	劳动能力鉴定委员会
业务执行程序			

```
                    ┌─────────┐
                    │  开始   │
                    └─────────┘
                         │
                 ┌───────────────┐
                 │  核定医疗期    │
                 └───────────────┘
                         │
                    ╱是否属于╲
              否  ╱  特殊疾病  ╲  是
            ┌───╲            ╱───┐
            │    ╲        ╱     │
            │     ╲    ╱       │
            ▼                   │
     ┌───────────────┐          │
     │  确定工作年限  │          │
     └───────────────┘          │
            │                   │
            ▼                   │
     ┌───────────────┐          │
     │  确定医疗期期限 │◄─────────┘
     └───────────────┘
            │                              ┐内控要求：
            ▼                               签字确认
  ┌───────────────┐      ┌───────────────┐
  │ 签订医疗期协议书 │----►│ 签订医疗期协议书 │
  └───────────────┘      └───────────────┘
            │
            ▼
  ┌───────────────┐      ┌───────────────┐
  │ 发送医疗期满    │─────►│  接收通知书    │
  │ 复工通知书      │      └───────────────┘
  └───────────────┘       │       │      │
                          ▼       ▼      ▼
                     ┌──────┐ ┌──────┐ ┌──────┐
                     │原岗  │ │继续  │ │申请  │
                     │复工  │ │申请  │ │劳动  │    ┌──────────┐
                     │      │ │病假  │ │能力  │───►│ 进行鉴定 │
                     └──────┘ └──────┘ │鉴定  │    └──────────┘
    是   ╱是否能从╲                    └──────┘          │
  ┌─────╲事原岗位 ╱◄──────                                ▼
  │      ╲      ╱         没有丧失劳动能力        ┌──────────┐
  │       ╲  ╱  ◄──────────────────────────────│ 下达鉴定结果 │
  │        否                                   └──────────┘
  ▼
┌───────────────┐      ┌───────────────┐
│ 另行安排新岗位  │─────►│ 不接受新岗位   │
└───────────────┘      └───────────────┘
  │                            │
  │            ┌───────────────┘
  ▼            ▼
┌───────────────┐
│ 劳动合同       │
│ 解除流程       │
└───────────────┘

┌───────────────┐           完全丧失劳动能力
│ 办理病退手续   │◄──────────────────────────
└───────────────┘
        │
        ▼
   ┌─────────┐
   │  结束   │
   └─────────┘
```

7.4　法律保障

1.《中华人民共和国劳动法》

第三十六条　国家实行劳动者每日工作时间不超过八小时、平均每周工作时间不超过四十四小时的工时制度。

第三十七条　对实行计件工作的劳动者，用人单位应当根据本法第三十六条规定的工时制度合理确定其劳动定额和计件报酬标准。

第三十八条　用人单位应当保证劳动者每周至少休息一日。

第三十九条　企业因生产特点不能实行本法第三十六条、第三十八条规定的，经劳动行政部门批准，可以实行其他工作和休息办法。

第四十条　用人单位在下列节日期间应当依法安排劳动者休假：

（一）元旦；

（二）春节；

（三）国际劳动节；

（四）国庆节；

（五）法律、法规规定的其他休假节日。

第四十一条　用人单位由于生产经营需要，经与工会和劳动者协商后可以延长工作时间，一般每日不得超过一小时；因特殊原因需要延长工作时间的，在保障劳动者身体健康的条件下延长工作时间每日不得超过三小时，但是每月不得超过三十六小时。

第四十二条　有下列情形之一的，延长工作时间不受本法第四十一条规定的限制：

（一）发生自然灾害、事故或者因其他原因，威胁劳动者生命健康和财产安全，需要紧急处理的；

（二）生产设备、交通运输线路、公共设施发生故障，影响生产和公众利益，必须及时抢修的；

（三）法律、行政法规规定的其他情形。

第四十三条　用人单位不得违反本法规定延长劳动者的工作时间。

第四十四条 有下列情形之一的，用人单位应当按照下列标准支付高于劳动者正常工作时间工资的工资报酬：

（一）安排劳动者延长工作时间的，支付不低于工资的百分之一百五十的工资报酬；

（二）休息日安排劳动者工作又不能安排补休的，支付不低于工资的百分之二百的工资报酬；

（三）法定休假日安排劳动者工作的，支付不低于工资的百分之三百的工资报酬。

2.《中华人民共和国劳动合同法》

第八十五条 用人单位有下列情形之一的，由劳动行政部门责令限期支付劳动报酬、加班费或者经济补偿；劳动报酬低于当地最低工资标准的，应当支付其差额部分；逾期不支付的，责令用人单位按应付金额百分之五十以上百分之一百以下的标准向劳动者加付赔偿金：

（三）安排加班不支付加班费的。

第八十八条 用人单位有下列情形之一的，依法给予行政处罚；构成犯罪的，依法追究刑事责任；给劳动者造成损害的，应当承担赔偿责任：

（一）以暴力、威胁或者非法限制人身自由的手段强迫劳动的。

3.《工资支付暂行规定》

第十三条 用人单位在劳动者完成劳动定额或规定的工作任务后，根据实际需要安排劳动者在法定标准工作时间以外工作的，应按以下标准支付工资：

（一）用人单位依法安排劳动者在日法定标准工作时间以外延长工作时间的，按照不低于劳动合同规定的劳动者本人小时工资标准的150%支付劳动者工资；

（二）用人单位依法安排劳动者在休息日工作，而又不能安排补休的，按照不低于劳动合同规定的劳动者本人日或小时工资标准的200%支付劳动者工资；

（三）用人单位依法安排劳动者在法定休假节日工作的，按照不低于劳动合同规定的劳动者本人日或小时工资标准的300%支付劳动者工资。

实行计件工资的劳动者，在完成计件定额任务后，由用人单位安排延长工作时间的，应根据上述规定的原则，分别按照不低于其本人法定工作时间计件单价的150%、200%、300%支付其工资。

经劳动行政部门批准实行综合计算工时工作制的，其综合计算工作时间超过法定标准工作时间的部分，应视为延长工作时间，并应按本规定支付劳动者延长工作时间的工资。

实行不定时工时制度的劳动者，不执行上述规定。

4.《职工带薪年休假条例》

第二条　机关、团体、企业、事业单位、民办非企业单位、有雇工的个体工商户等单位的职工连续工作1年以上的，享受带薪年休假（以下简称年休假）。单位应当保证职工享受年休假。职工在年休假期间享受与正常工作期间相同的工资收入。

第三条　职工累计工作已满1年不满10年的，年休假5天；已满10年不满20年的，年休假10天；已满20年的，年休假15天。

国家法定休假日、休息日不计入年休假的假期。

第四条　职工有下列情形之一的，不享受当年的年休假：

（一）职工依法享受寒暑假，其休假天数多于年休假天数的；

（二）职工请事假累计20天以上且单位按照规定不扣工资的；

（三）累计工作满1年不满10年的职工，请病假累计2个月以上的；

（四）累计工作满10年不满20年的职工，请病假累计3个月以上的；

（五）累计工作满20年以上的职工，请病假累计4个月以上的。

第五条　单位根据生产、工作的具体情况，并考虑职工本人意愿，统筹安排职工年休假。

年休假在1个年度内可以集中安排，也可以分段安排，一般不跨年度安排。单位因生产、工作特点确有必要跨年度安排职工年休假的，可以跨1个年度安排。

单位确因工作需要不能安排职工休年假的，经职工本人同意，可以不安排职工休年假。对职工应休未休的年休假天数，单位应当按照该职工日工资收入的300%支付年休假工资报酬。

7.5　问题清零

7.5.1　问题1：加班费应如何计算？

1. 工作日加点费

用人单位工作日安排员工延长工作时间的，支付不低于员工本人工资百分之一百五十的工资报酬，一般每天延长工作时间不得超过一个小时。

工作日加点费=月工资÷（月计薪天数×8小时）×150%×延长工作时间。

2. 休息日加班费

用人单位休息日安排员工工作又不能安排补休的，支付不低于员工本人工资百分之二百的工资报酬。

休息日加班费=月工资÷月计薪天数×200%×加班天数。

3. 法定休假日加班费

用人单位法定休假日安排员工工作的，支付不低于员工本人工资百分之三百的工资报酬。

法定休假日加班费=月工资÷月计薪天数×300%×加班天数。

7.5.2　问题2：周末参加会议或者培训是否属于加班？

加班是指用人单位由于生产经营需要，经与工会和员工协商后，安排员工在法定工作时间以外继续工作的情形。员工周末参加会议或者培训，如果是用人单位强制要求参加的且内容与工作有关，则属于加班，用人单位须依照法律法规支付员工加班费。但如果是员工自愿参加的，则不属于加班，用人单位无须支付员工加班费。

7.5.3　问题3：休息日和法定休假日加班能否用调休、补休代替加班费？

《中华人民共和国劳动法》第四十四条规定："有下列情形之一的，用人单位应当按照下列标准支付高于劳动者正常工作时间工资的工资报酬：（一）安排劳动者延长工作时间的，支付不低于工资的百分之一百五十的工资报酬；（二）休息日安排劳动者工作又不能安排补休的，支付不低于工资的百分之二百的工资报酬；（三）法定休假日安排劳动者工作的，支付不低于工资的百分之三百的工资报酬。"由此可见，休息日加班，用人单位可以在调休、补休和支付加班费等三种形式任一选择，但法定休假日加班不能用调休、补休代替加班费。

7.5.4　问题4：员工是否可以凭电子打卡记录要求用人单位认定存在加班事实？

电子打卡记录只能证明员工出勤情况，发生劳动争议时，可以作为认定是否存在加班事实的依据。但若员工仅凭电子打卡记录就要求用人单位认定存在加班事实的，劳动仲裁机构或人民法院一般不予支持。因此，员工不可以凭电子打卡记录要求用人单位认定存在加班事实。

7.5.5　问题5：怎样约定加班费基数？

对于加班费的计算基数，我国法律并无明确规定，一般都是由地方性规范予以规定。原则上都是按照有约定从约定，当"实际"与约定不一致时，按照"实际"履行，如《上海市企业工资支付办法》第九条第二款规定："加班工资和假期工资的计算基数为劳动者所在岗位相对应的正常出勤月工资，不包括年终奖，上下班交通补贴、工作餐补贴、住房补贴、中夜班津贴、夏季高温津贴、加班工资等特殊情况下支付的工资。"第三款规定："加班工资和假期工资的计算基数按以下原则确定：（一）劳动合同对劳动者月工资有明确约定的，按劳动合同约定的劳动者所在岗位相对应的月工资确定；实际履行与劳动合同约定不一致的，按实际履行的劳动者所在岗位相对应的月工资确定。（二）劳动合同对劳动者月工资未明确约定，集体合同（工资专项集体合同）对岗位相对应的月工资有约定的，按集体合同（工资专项集体合同）约定的与劳动者岗位相对应的月工资确定。（三）劳动合同、集体合同（工资专项集体合同）对劳动者月工资均无约定的，按劳动者正常出勤月依照本办法第二条规定的工资（不包括加班工资）的70%确定。"第四款规定："加班工资和假期工资的计算基数不得低于本市规定的最低工资标准。法律、法规另有规定的，从其规定。"

7.5.6　问题6：婚丧假天数和工资应如何计算？

人力资源和社会保障部于2019年7月29日发布《我国法定年节假日等休假相关标准》，其中第5条为："婚丧假标准。按照1980年颁布的《国家劳动总局、财政部关于国营企业职工请婚丧假和路程假问题的通知》规定，职工本人结婚或职工的直系亲属（父母、配偶和子女）死亡时，可以根据具体情况，由单位酌情给予1~3天的婚丧假。另外可根据路程远近，给予路程假。"通常情况下，为规避风险，用人单位一般按最长3天婚丧假计算。个别地方也有准3天以上婚丧假的具体规定，用人单位应参照地方规定执行。同时，婚丧假期间，用人单位应照发工资。

7.5.7　问题7：探亲假天数和工资应如何计算？

探亲假期是指职工与配偶、父母团聚的时间。根据《国务院关于职工探亲待遇的规定》第二条："凡在国家机关、人民团体和全民所有制企业、事业单位工作满一年的固定职工，与配偶不住在一起，又不能在公休假日团聚的，可以享受本规定探望配偶的待遇；与父亲、母亲都不住在一起，义不能在公休假日团聚的，可以享受本规定探望父母的待遇。但是，职工与父亲或与母亲一方能够在公休假日团聚的，不能享受本规定探望父母的待遇。"

1. 探亲假天数

《国务院关于职工探亲待遇的规定》第三条第一款规定：

"职工探亲假期：

（一）职工探望配偶的，每年给予一方探亲假一次，假期为三十天。

（二）未婚职工探望父母，原则上每年给假一次，假期为二十天。如果因为工作需要，本单位当年不能给予假期，或者职工自愿两年探亲一次的，可以两年给假一次，假期为四十五天。

（三）已婚职工探望父母的，每四年给假一次，假期为二十天。"

2. 探亲假工资

《国务院关于职工探亲待遇的规定》第五条规定："职工在规定的探亲假期和路程假期内，按照本人的标准工资发给工资。"

《国务院关于职工探亲待遇的规定》第六条规定："职工探望配偶和未婚职工探望父母的往返路费，由所在单位负担。已婚职工探望父母的往返路费，在本人月标准工资百分之三十以内的，由本人自理，超过部分由所在单位负担。"

7.5.8　问题8：带薪年休假应如何计算？

根据2008年1月1日起施行的《职工带薪年休假条例》，其中关于带薪年休假的计算主要分为以下4种情形。

1. 一般情形，累计计算

员工累计工作已满1年不满10年的，年休假5天；已满10年不满20年的，年休假10天；已满20年的，年休假15天。国家法定休假日、休息日不计入年休假的假期。

注意：员工的累计工作时间可以根据档案记载、单位缴纳社保费记录、劳动合同或者其他具有法律效力的证明材料确定。

2. 新入职员工带薪年休假的计算

《企业职工带薪年休假实施办法》第五条规定："职工新进用人单位且符合本办法第三条规定的，当年度年休假天数，按照在本单位剩余日历天数折算确定，折算后不足1整天的部分不享受年休假。

前款规定的折算方法为：（当年度在本单位剩余日历天数÷365天）×职工本人全年应当享受的年休假天数。"

例：王某，工龄3年，于2021年3月1日入职现单位，其在2021年度应当享受的年休假天数为306天÷365天×5天≈4.19天。因此，王某在2021年度能够享受的年休假天数为4天。

3. 跨越临界点带薪年休假的计算

所谓的临界点，是指员工累计工作年限满1年、10年、20年的那一天。通常用人单位的操作是分段计算年休假天数，计算后不足1整天的部分不享受年休假。

例：张某于2011年7月15日参加工作，2021年7月15日是其工作年限满十年的临界点。那么2021年度张某在7月15日之前应当享受的年休假天数为196天÷365天×5天≈2.68天。在2021年7月15日之后为169天÷365天×10天≈4.63天。所以分段分别计算后，张某在2021年度满十年的临界点之前应休年休假为2天，临界点之后应休年休假为4天。

4. 离职员工带薪年休假的计算

《企业职工带薪年休假实施办法》第十二条规定："用人单位与职工解除或者终止劳动合同时，当年度未安排职工休满应休年休假天数的，应当按照职工当年已工作时间折算应休未休年休假天数并支付未休年休假工资报酬，但折算后不足1整天的部分不支付未休年休假工资报酬。

前款规定的折算方法为：[（当年度在本单位已过日历天数÷365天）×职工本人全年应当享受的年休假天数]－当年度已安排年休假天数。

用人单位当年已安排职工休年休假的，多于折算应休年休假的天数不再扣回。"

例： 梁某于2020年9月18日入职，2021年7月18日与单位解除（终止）劳动关系。2021年单位已安排梁某休年休假4天。梁某在2021年度应休的年休假天数为（199天÷365天×5天）－4≈－1.27天。因此按照该条第三款的规定，用人单位当年已安排职工年休假的，多于折算应休年休假的天数不再扣回。所以梁某已经多享受的年休假1.27天不再扣回。

7.5.9　问题9：哪种情形无法享受职工带薪年休假？

《职工带薪年休假条例》第四条规定："职工有下列情形之一的，不享受当年的年休假：

（一）职工依法享受寒暑假，其休假天数多于年休假天数的；

（二）职工请事假累计20天以上且单位按照规定不扣工资的；

（三）累计工作满1年不满10年的职工，请病假累计2个月以上的；

（四）累计工作满10年不满20年的职工，请病假累计3个月以上的；

（五）累计工作满20年以上的职工，请病假累计4个月以上的。"

7.5.10　问题10：员工签署自愿放弃带薪年休假是否有效？

《企业职工带薪年休假实施办法》第十条第二款规定："用人单位安排职工休年休假，但是职工因本人原因且书面提出不休年休假的，用人单位可以只支付其正常工作期间的工资收入。"因此，员工签署自愿放弃带薪年休假是有效的，用人单位只需支付其正常工作期间的工资收入，无须折算应休未休的年休假天数的工资。

7.5.11　问题11："职工连续工作满12个月以上的，享受带薪年休假"中的"连续工作满12个月"是怎么计算的？

《关于〈企业职工带薪年休假实施办法〉有关问题的复函》（人社厅函〔2009〕149号）第一条规定："关于带薪年休假的享受条件《企业职工带薪年休假实施办法》第三条中的'职工连续工作满12个月以上'，既包括职工在同一用人单位连续工作满12个月以上的情形，也包括职工在不同用人单位连续工作满12个月以上的情形。"

但对于"连续工作满12个月"的测算点，不同地区法院的裁判标准不同，因此在实践中需要根据地域查询案例进行标准确定。如深圳市要求员工入职前的12个月不得存在工作间断情况，北京市要求员工在参加工作后曾经在同一个或两个以上用人单位连续不中断工作满12个月，重庆市可允许员工工作间断不超过1个月。

7.5.12　问题12：员工中途离职而当年年休假已休满该如何处理？

《企业职工带薪年休假实施办法》第十二条第三款规定："用人单位当年已安排职工年休假的，多于折算应休年休假的天数不再扣回。"因此，用人单位在休假管理中应注意年休假安排管理，特别是年休假的审批，应尽量避免出现员工预支年休假的情况。

7.5.13　问题13：疫情延迟复工期间可否强制安排员工带薪年休假？

《职工带薪年休假条例》第五条第一款规定："单位根据生产、工作的具体情况，并考虑职工本人意愿，统筹安排职工年休假。"《企业职工带薪年休假实施办法》第九条规定："用人单位根据生产、工作的具体情况，并考虑职工本人意愿，统筹安排年休假。"人力资源社会保障部等四部门《关于做好新型冠状病毒感染肺炎疫情防控期间稳定劳动关系支持企业复工复产的意见》（人社部发〔2020〕8号）第二条第一项规定："对不具备远程办公条件的企业，与职工协商优先使用带薪年休假、企业自设福利假等各类假。"由此可知，用人单位在疫情延迟复工期间有权统筹安排员工带薪年休假，但须履行与员工协商的程序。

7.5.14　问题14：带薪年休假是否可以跨年度安排？

《职工带薪年休假条例》第五条第二款规定："年休假在1个年度内可以集中安排，也可以分段安排，一般不跨年度安排。单位因生产、工作特点确有必要跨年度安排职工年休假的，可以跨1个年度安排。"

7.5.15　问题15：什么情况下可以不安排员工休带薪年休假？

《职工带薪年休假条例》第五条第三款规定："单位确因工作需要不能安排职工休年假的，经职工本人同意，可以不安排职工休年休假。对职工应休未休的年休假天数，单位应当按照该职工日工资收入的300%支付年休假工资报酬。"

7.5.16　问题16：如何计算医疗期的期限？

1．医疗期长短计算

根据我国现行劳动法律、法规、政策性文件的相关规定，员工因患病需要停止工作医疗时，用人单位应该根据员工本人实际参加工作年限和在本单位工作年限，给予一定的医疗期，在医疗期内，用人单位不得解除劳动合同。

根据原劳动部1994年发布的《企业职工患病或非因工负伤医疗期规定》第三条，员工医疗期计算标准如表7-1所示。

表7-1　员工医疗期计算标准

实际工作年限	在本单位工作年限	医疗期（月）
10年以下	5年以下	3
	5年以上	6
10年以上	5年以下	6
	5～10年	9
	10～15年	12
	15～20年	18
	20年以上	24

需要指出的是，各地对于医疗期的期限及计算方法有具体的规定的，需要按照当地的规定执行。如上海市修订后的《关于本市劳动者在履行劳动合同期间患病或者非因工负伤的医疗期标准的规定》（沪府发〔2015〕40号）第二条规定："医疗期按照劳动者在本用人单位的工作年限设置。劳动者在本单位工作第1年，医疗期为3个月；以后工作每满1年，医疗期增加1个月，但不超过24个月。"

2. 累计病休周期的计算

《企业职工患病或非因工负伤医疗期规定》第四条规定："医疗期三个月的按六个月内累计病休时间计算；六个月的按十二个月内累计病休时间计算；九个月的按十五个月内累计病休时间计算；十二个月的按十八个月内累计病休时间计算；十八个月的按二十四个月内累计病休时间计算；二十四个月的按三十个月内累计病休时间计算。"

医疗期从员工病休之日起开始计算，在规定的时间内累计病休时间达到规定医疗期时限的视为医疗期满。连续病休的，其节假日按病休日计算。

7.5.17　问题17：如何应对员工"泡病假"？

《关于加强企业伤病长休职工管理工作的通知》（劳险字〔1992〕14号）第二条规定："职工因伤病需要休假的，应凭企业医疗机构或指定医院开具的疾病诊断证明，并由企业审核批准。"但这一规定并不意味着法律赋予用人单位可以要求员工必须到指定医院开具证明，否则不算病假的权利，因此用人单位在管理"泡病假"员工时有一定的难度。尽管如此，用人单位面对恶意"泡病假"的员工，也不能听之任之，而应采取一定的措施。

首先，用人单位应对员工病情的真伪进行鉴别。用人单位可以要求员工提交病历本、病假证明、医药费单据等对病假的真实性进行审查。对于请病假超过一定期限的员工，用人单位有合理怀疑理由的，也可以要求其到指定医院进行复查，此时应注意指定复查的医院不能存在违反公平性、合理性及便利性的情形，复查的费用最好由用人单位支付。

然后，对于医疗期届满的员工，用人单位也可以依据《中华人民共和国劳动合同法》第四十条的规定采取措施，即对员工患病或者非因工负伤，在规定的医疗期满后不能从事原工作，也不能从事由用人单位另行安排的工作的，用人单位可以提前三十日以书面形式通知劳动者本人或者额外支付劳动者一个月工资后，解除劳动合同。

08

第 8 章

培训管理

>>>

8.1　风险识别

8.1.1　风险点1：未约定培训服务期

风险指数★★★★☆

【风险提示】培训服务期是员工在参加用人单位提供的专业技术培训后，双方约定的须在用人单位服务的最短期限。培训服务期不是法律强制性规定，而是用人单位为员工提供专项培训费用及专业技术培训的一项权利，用以平衡用人单位和员工双方在培训过程中的权益。若用人单位未与员工约定培训服务期，一旦发生纠纷，如员工接受完培训之后离职，用人单位很难追究员工的违约赔偿责任。

【操作指引】用人单位应以书面形式的条款或协议明确约定培训服务期、培训服务期起算时间、违约金条款等内容。

8.1.2　风险点2：未及时签订培训服务协议

风险指数★★★★★

【风险提示】若培训已经开始而员工不同意签署培训服务协议，则用人单位将很难要求员工赔偿此前已经支出的培训费用。

【操作指引】用人单位应在专项技术培训开始前与员工签订培训服务协议。

8.1.3　风险点3：未明确专项技术培训范围

风险指数★★★★☆

【风险提示】现行法律中暂未明确定义专项技术培训的范围，若用人单位也没有明确规定哪些培训属于专项技术培训，哪些培训属于常规岗位培训，则一旦发生争议，法院很有可能作出对用人单位不利的判决。

【操作指引】建议用人单位在培训前期以书面形式（包括但不限于劳动合同、培训协议、规章制度等）准确界定专项技术培训和常规岗位培训的区别，并由员工签字确认。

8.1.4　风险点4：未约定违约金

风险指数★★★★☆

【风险提示】当用人单位依照《中华人民共和国劳动合同法》第二十二条第二款，以员工违反服务期约定为由，要求员工支付违约金时，用人单位不仅需要证明员工有违反服务期约定的事由，还需要提供双方关于违约金的约定证明。若用人单位未与员工约定违反培训服务协议须承担的违约金，一旦产生纠纷要求员工支付违约金，用人单位无法举证，也无法得到劳动仲裁机构或人民法院的支持。

【操作指引】用人单位应建立专项培训管理制度，制定培训服务协议书模板，并严格按照规定执行。

8.1.5　风险点5：违约金约定过高

风险指数★★☆☆☆

【风险提示】在司法实践中，如果用人单位与员工约定的违约金的数额超过用人单位实际支付的培训费用，则该约定属于无效约定，无法得到劳动仲裁机构或人民法院的支持。

【操作指引】用人单位应严格遵守法律规定，违反培训服务期的违约金不得超过用人单位提供的培训的费用，也不得超过服务期尚未履行部分所应分摊的培训费用。同时，用人单位应在培训服务协议中列明培训费标准及具体项目，并保留好培训费凭证，发生争议时，可作为证据。

8.1.6　风险点6：试用期内对员工进行专项技术培训

风险指数★★★★☆

【风险提示】目前《中华人民共和国劳动合同法》《中华人民共和国劳动合同法实施条例》对试用期内员工离职是否需要赔偿培训费用的问题，并没有明确的规定。按照原劳动部办公厅下发的《关于试用期内解除劳动合同处理依据问题的复函》（劳办发〔1995〕264号）的相关意见，试用期内员工离职，用人单位不能要求员工赔偿培训费用。

【操作指引】用人单位应谨慎对待试用期内提供的专项技术培训，建议在试用期后对员工进行专项技术培训。

8.2　合规管理

8.2.1　细则：专项培训管控细则

　　专项培训管控细则是针对用人单位出资为员工进行专业操作技能及专业知识培训的有效管理细则，是用人单位必备制度之一。以下是专项培训管控细则，用人单位可根据实际情况做修改使用，仅供参考。

细则名称	专项培训管控细则	编　号	
		版　本	

第1条　目的

为规范专项培训管理工作，提高专项培训质量，特制定本细则。

第2条　适用范围

本细则适用于公司所有在职人员（不含试用期内员工）的专项培训的管控工作。

提示：试用期内员工解除劳动合同，公司不得要求员工支付该项培训费用。

第3条　管理职责

1．人力资源部负责专项培训计划的制订与实施。

2．各部门负责本部门员工专项培训的协调和落实工作。

3．总经理负责审批参加专项培训的人员名单以及专项培训计划等。

第4条　制订专项培训计划

1．公司根据自身的发展情况，提出专项培训需求。

2．部门主管结合公司的专项培训需求和本部门对专业知识和技能员工的需求，向人力资源部提出培训需求。

3．人力资源部汇总并分析各部门对员工进行专项培训的需求，制订专项培训计划。专项培训计划的内容应该包括培训目的及目标、培训对象及内容、培训范围及规模、培训时间及地点、培训费用等。

第5条　签订专项培训服务协议

1．人力资源部在制订专项培训计划后须跟相关部门确定培训学员名单，并提交总经理审批，审批通过后，应当安排专人负责与培训学员签订专项培训服务协议，明确双方的权利和义务。

注意：重视培训服务协议签订的时间。

2．专项培训服务协议的内容主要包括出资培训的项目、培训的时间及地点、培训费用支付的范围、培训期间的工资待遇及其他补贴、培训服务期的期限、违反培训服务期需承担的违约责任等。

第6条　确定培训服务期期限

1．培训服务期期限是员工参加专项培训后，在公司服务的最低年限。人力资源部须根据相关部门对员工的需求以及为员工出资的培训费用来确定培训服务期期限。

2．不同的培训形式，员工培训服务期的起算点不同，主要分为以下三种。

（1）脱产培训：培训服务期的起算点为员工培训结束后到公司上班的第一天。

（2）半脱产培训：培训服务期的起算点为员工取得培训合格证书的第一个工作日。

（3）不脱产培训：培训服务期的起算点为员工向公司提交培训合格证书的当天。

注意：目前，关于培训服务期的起算点，法律并没有作强制性规定，但用人单位在用工实践中应当杜绝选择劳动合同到期之日，以免员工在培训服务期未开始之前直接提出解除劳动合同。

第7条　培训期间的日常管理

1．参加培训的员工在培训期间应当遵守公司以及培训地的各项规章制度，准时参加培训，不得缺席，否则按照旷工处理。

2．员工在培训期间所获得的任何技术、知识、信息均归属公司，未经公司书面许可，不得公开、泄露或者提供给他人，培训结束所有重要技术资料原件均须交还公司保存。

3．员工在培训期间，应当以书面形式定期向公司汇报培训情况，并提交相关的培训考核记录。

第8条　确定培训费用

1．培训费用主要包含有凭证的直接培训费用、培训期间的差旅费及因培训产生且用于培训员工的其他直接费用。

2．人力资源部应妥善保管好由员工签字确认的相关培训费用的支出凭证原件。

注意：保留好凭证是为了在发生违约纠纷时，确保用人单位能对培训费用承担举证责任。

3．若培训前无法确定培训费用，可由员工先行垫付，培训结束后凭有效票据报销。

第9条　培训期间的工资待遇

1．脱产培训：参训员工当月享受基本工资、福利工资、年终工资三项之和的＿＿＿＿％，并享有社会保险福利待遇。

2．半脱产培训：参训员工当月享受基本工资、福利工资、年终工资三项之和的＿＿＿＿％，并享有社会保险福利待遇。

3．不脱产培训：参训员工当月享受基本工资、福利工资、年终工资三项之和的＿＿＿＿％，并享有社会保险福利待遇。

提示：各地区专项培训期间工资发放标准不一样，劳动合同法没有明确规定，部分省份有相关规定的，应根据当地相关规定确定。

第10条　违约责任

1．在培训期间，员工若无正当理由私自提前结束培训，或严重违反公司管理制度、国家刑事法律和其他法律、法规，导致不能完成培训课程的，员工应赔偿公司已支付的各项培训费用及对公司造成的其他实际损失。

2．违约金的计算标准为服务期尚未履行部分所应分摊的培训费用，具体计算方式为：违约金＝（总培训费用÷本协议期限）×未完成期限。

第11条　附则

本制度由人力资源部负责制定，自发布之日起生效。

编制日期		审核日期		批准日期	
修改标记		修改处数		修改日期	

8.2.2 模板：培训服务协议

培训服务协议是从法律角度保护并约束培训后员工行为，保护用人单位合法权益的重要工具，用人单位有必要在进行培训前与相关部门人员签订培训服务协议。以下是培训服务协议模板，用人单位可根据实际情况做修改使用，仅供参考。

文书名称	培训服务协议	编　　号	
		受控状态	

甲方名称（单位）：＿＿＿＿＿＿＿＿＿＿　　乙方姓名（个人）：＿＿＿＿＿＿＿＿＿＿

法定代表人：＿＿＿＿＿＿＿＿＿　　身份证号码：＿＿＿＿＿＿＿＿＿＿

地　　址：＿＿＿＿＿＿＿＿＿　　家庭住址：＿＿＿＿＿＿＿＿＿＿

邮政编码：＿＿＿＿＿＿＿＿＿　　邮政编码：＿＿＿＿＿＿＿＿＿＿

联系方式：＿＿＿＿＿＿＿＿＿　　联系方式：＿＿＿＿＿＿＿＿＿＿

甲、乙双方根据《中华人民共和国劳动法》《中华人民共和国劳动合同法》《中华人民共和国劳动合同法实施条例》等相关法律法规，在遵循平等自愿、协商一致、诚实信用的原则下，就甲方根据生产经营要求，为乙方提供专业技术培训事项达成如下协议。

一、培训内容、时间、地点

1. 培训项目的名称为＿＿＿＿＿＿＿＿＿＿＿＿。

2. 培训项目的具体内容为＿＿＿＿＿＿＿＿＿＿＿。

3. 提供培训的单位为＿＿＿＿＿＿＿＿＿＿＿。培训地点为＿＿＿＿＿＿＿＿＿＿＿。

4. 培训时间为自＿＿＿＿年＿＿月＿＿日至＿＿＿＿年＿＿月＿＿日，共计＿＿天。如实际培训期长于或短于预定培训期，所发生的费用以实际培训期为准。

二、培训形式

根据本次培训内容，采用（□脱产　□半脱产　□不脱产）培训形式。

三、培训经费

甲方承担乙方接受此次培训的全部费用，费用实报实销，以最终实际支出费用为准。具体费用如下。

1. 培训费，预计人民币＿＿＿元。

2. 培训期间的住宿费、伙食费、交通费，预计人民币＿＿＿元。

3. 培训期间的生活津贴，预计人民币＿＿＿元。

4. 其他合理费用，包括：＿＿＿，预计人民币＿＿＿元。

四、乙方的权利和义务

1. 乙方在培训期间应当遵守甲方以及培训地的各项规章制度，准时参加培训，不得缺席，否则按照旷工处理。

2. 乙方应勤奋、认真学习，通过相关的培训考核或取得培训机构颁发的相应资格证书。

3．乙方严格执行甲方保密制度，未经甲方许可，不得将培训中所习得的专业技术外泄或传播给第三方，培训结束所有重要技术资料原件均须交还甲方保存。

五、甲方的权利与义务

1．甲方承担乙方培训期间的所有费用，具体包括甲方支付的有凭证的培训费用、培训期间的差旅费用以及因培训产生的用于乙方的其他直接费用。

2．乙方在培训期间，甲方应当正常发放工资待遇。

六、服务期期限

乙方接受培训结束后，须按照甲方要求及时回到工作岗位，继续为甲方服务，服务期期限从乙方回到工作岗位正式开始工作之日起计算，服务期限为____年。

注意：切忌约定过长的服务期期限。在司法实践中，过长的部分往往会被认定为无效或者可撤销。

七、违约责任

1．在培训期间，乙方若无正当理由私自提前结束培训，或严重违反培训单位的管理制度、国家刑事法律和其他法律、法规，导致不能完成培训课程的，乙方应赔偿甲方按本协议第三条规定已支付的各项培训经费及对甲方造成的其他实际损失。

2．违约金的计算标准为服务期尚未履行部分所应分摊的培训费用，具体计算方式为：违约金=（总培训费用÷本协议期限）×未完成期限。

提示：违约金的数额不得超过服务期尚未履行部分所应分摊的培训费用。

八、其他

1．除非甲、乙双方另行达成书面协议，否则本协议在服务期期限届满后自动终止。

2．本协议自双方签字、盖章之日起生效。本协议若有未尽事宜，双方可随时协商签订书面的补充协议，补充协议与本协议具有同等法律效力。本协议一式两份，甲、乙双方各执一份，具有同等的法律效力。

甲方盖章：　　　　　　　　　　　　　　　　乙方签字：

法定代表人或委托代理人（签字）：

日　　期：　　　　　　　　　　　　　　　　日　　期：

编制人员		审核人员		审批人员	
编制时间		审核时间		审批时间	

8.3 内部控制

8.3.1 流程：专项培训管控流程

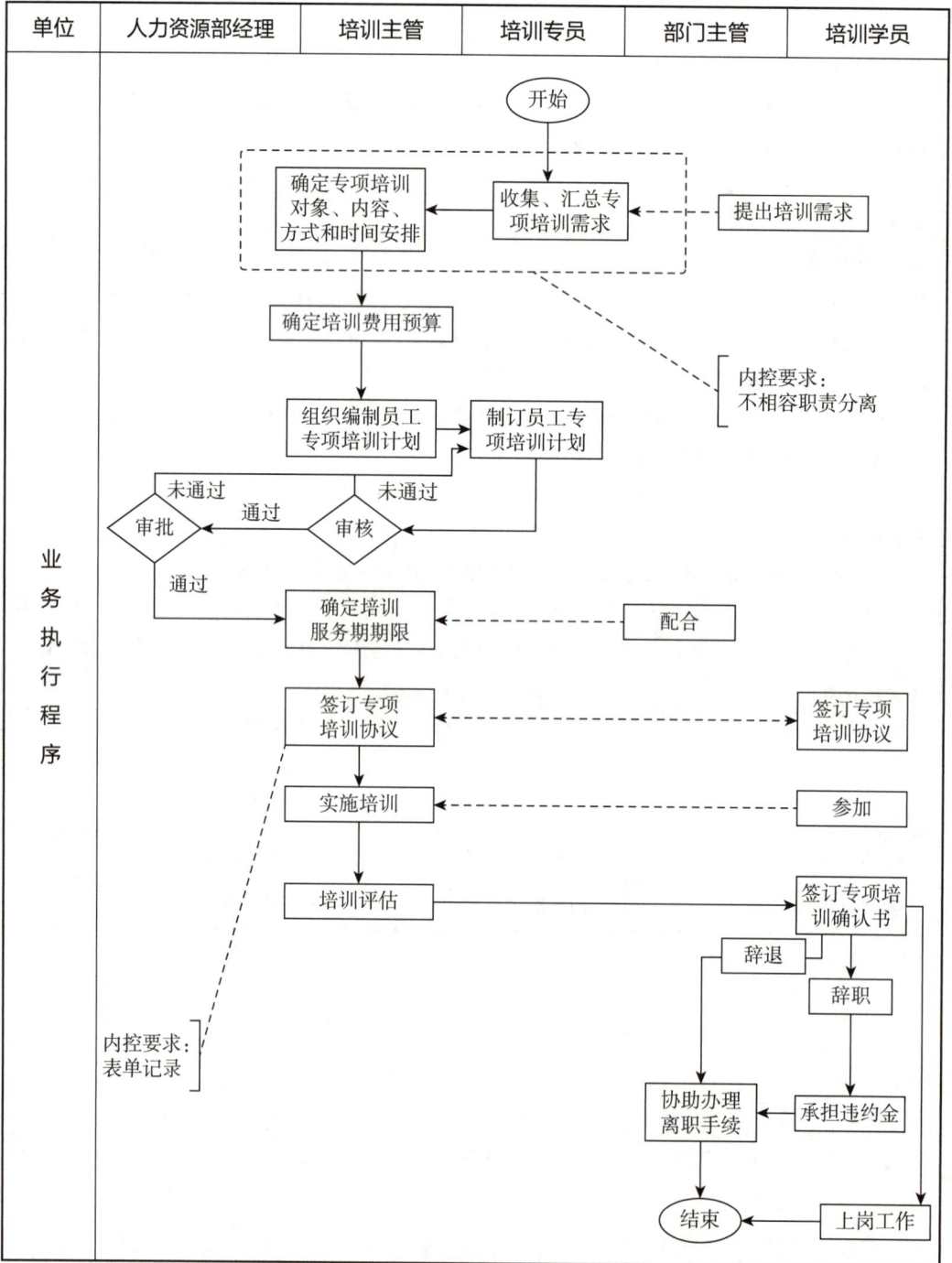

单位	人力资源部经理	培训主管	培训专员	部门主管	培训学员

业务执行程序

开始

确定专项培训对象、内容、方式和时间安排 ← 收集、汇总专项培训需求 ← 提出培训需求

内控要求：不相容职责分离

确定培训费用预算

组织编制员工专项培训计划 → 制订员工专项培训计划

未通过　通过　审批　←　审核　未通过

通过

确定培训服务期期限 ← 配合

签订专项培训协议 ← 签订专项培训协议

实施培训 ← 参加

培训评估

签订专项培训确认书

辞退

辞职

内控要求：表单记录

协助办理离职手续　承担违约金

结束 ← 上岗工作

8.3.2 职责：培训岗岗位职责

1. 培训主管岗位职责

培训主管是为提升公司人力资源价值及实施人力资源开发而设置的岗位，其主要职责是根据公司发展情况和员工特点，制订培训计划，并组织员工培训的实施与评估，进而不断提高员工工作水平，提升公司竞争实力，其具体职责如表8-1所示。

表8-1 培训主管岗位职责

岗位信息	岗位名称	培训主管	所属部门	人力资源部
	上　　级	人力资源经理	下　　级	培训专员
职责细分	职责一：编制培训计划			
	子职责1：根据公司发展规划及当前实际情况，组织开展培训需求调查和分析			
	子职责2：组织编制公司员工培训计划，并报上级领导审核、审批			
	子职责3：监控培训计划的执行情况，并能够合理地调整、完善培训计划			
	职责二：组织开展培训工作			
	子职责1：组织人员做好员工培训准备			
	子职责2：按照培训计划安排、组织开展员工专项培训工作			
	子职责3：负责与培训学员签订培训服务协议			
	职责三：进行培训效果评估			
	子职责1：组织收集和整理相关资料，负责培训效果的评估工作			
	子职责2：总结培训经验，不断提高培训效果			
	职责四：其他管理职责			
	子职责1：组织评估和筛选外部培训机构，并与其建立良好的合作关系			
	子职责2：协助人力资源经理制定培训管理制度及相关实施方案			
	子职责3：负责编制培训预算，并对培训费用进行有效的控制			
	子职责4：负责下属员工的日常管理工作			

2. 培训专员岗位职责

培训专员在培训主管的领导下，负责制订培训计划，并落实培训工作实施等工作，其具体职责如表8-2所示。

表8-2　培训专员岗位职责

岗位信息	岗位名称	培训专员	所属部门	人力资源部
	上　　级	培训主管	下　　级	—
职责细分	职责一：制订员工培训计划			
	子职责1：负责培训需求的调查和分析工作，撰写培训需求调查报告，并报上级领导审批			
	子职责2：参与制订公司年度、季度和月度的员工培训计划			
	职责二：落实员工培训工作			
	子职责1：负责发放培训通知，并做好培训场地的安排与布置工作			
	子职责2：根据培训计划，负责联系外部培训机构，协助培训主管进行培训业务洽谈，确定外部培训的时间、地点、内容、方式等内容			
	子职责3：维护培训秩序，及时解决培训中出现的各种问题，并积极配合培训师开展相应培训工作			
	子职责4：负责记录和收集培训相关资料，协助开展培训效果评估工作			
	职责三：其他工作职责			
	子职责1：协助办理外部培训人员的接待工作			
	子职责2：收集和整理员工培训资料，并进行妥善存档保管			
	子职责3：按时完成上级领导交办的其他事项			

8.4　法律保障

1.《中华人民共和国劳动合同法》

第二十二条　用人单位为劳动者提供专项培训费用，对其进行专业技术培训的，可以与该劳动者订立协议，约定服务期。

劳动者违反服务期约定的，应当按照约定向用人单位支付违约金。违约金的数额不得超过用人单位提供的培训费用。用人单位要求劳动者支付的违约金不得超过服务期尚未履行部分所应分摊的培训费用。

用人单位与劳动者约定服务期的，不影响按照正常的工资调整机制提高劳动者在服务期期间的劳动报酬。

第二十五条　除本法第二十二条和第二十三条规定的情形外，用人单位不得与劳动者约定由劳动者承担违约金。

2.《中华人民共和国劳动法》

第六十八条　用人单位应当建立职业培训制度，按照国家规定提取和使用职业培训经费，根据本单位实际，有计划地对劳动者进行职业培训。

从事技术工种的劳动者，上岗前必须经过培训。

3.《中华人民共和国劳动合同法实施条例》

第十六条　劳动合同法第二十二条第二款规定的培训费用，包括用人单位为了对劳动者进行专业技术培训而支付的有凭证的培训费用、培训期间的差旅费用以及因培训产生的用于该劳动者的其他直接费用。

第十七条　劳动合同期满，但是用人单位与劳动者依照劳动合同法第二十二条的规定约定的服务期尚未到期的，劳动合同应当续延至服务期满；双方另有约定的，从其约定。

第二十六条　用人单位与劳动者约定了服务期，劳动者依照劳动合同法第三十八条的规定解除劳动合同的，不属于违反服务期的约定，用人单位不得要求劳动者支付违约金。

有下列情形之一，用人单位与劳动者解除约定服务期的劳动合同的，劳动者应当按照劳动合同的约定向用人单位支付违约金：

（一）劳动者严重违反用人单位的规章制度的；

（二）劳动者严重失职，营私舞弊，给用人单位造成重大损害的；

（三）劳动者同时与其他用人单位建立劳动关系，对完成本单位的工作任务造成严重影响，或者经用人单位提出，拒不改正的；

（四）劳动者以欺诈、胁迫的手段或者乘人之危，使用人单位在违背真实意思的情况下订立或者变更劳动合同的；

（五）劳动者被依法追究刑事责任的。

8.5   问题清零

8.5.1   问题1：培训费用何人付？

培训费用指因员工参加培训而产生的相关费用，包括住宿费、伙食费、培训场地费、讲课费、培训资料费、交通费及其他费用。由于培训的主要目的是增强员工与用人单位的契合度，提高员工技能水平，使其能更好地为本单位服务，因此，员工培训费用一般由用人单位承担，对此我国相关法律法规也作出了规定。但是在特定情形下，根据培训类别的不同，部分受训员工亦须承担一些培训费用。具体培训费用的支付人如表8-3所示。

表8-3   培训费用支付人说明

培训类别	培训目的	费用支付人	法律依据及说明
职业培训	提高员工与岗位工作的适应性，增强员工与用人单位的契合度	用人单位	◎《中华人民共和国劳动法》第六十八条第一款明确规定："用人单位应当建立职业培训制度，按照国家规定提取和使用职业培训经费，根据本单位实际，有计划地对劳动者进行职业培训。"《中华人民共和国职业教育法》第五十八条第一款也明确规定："企业应当根据国务院规定的标准，按照职工工资总额一定比例提取和使用职工教育经费。" ◎由上看出，用人单位为员工提供职业培训是其应尽的义务，而支付培训费用是用人单位履行义务的表现。因此，用人单位须承担职业培训相关费用，并且不得要求受训员工偿还相关费用
专业技术培训	提高员工技能水平	用人单位，但受训员工出现违约时，用人单位可要求受训员工偿还部分培训费用	◎《中华人民共和国劳动合同法》第二十二条第一款规定："用人单位为劳动者提供专项培训费用，对其进行专业技术培训的，可以与该劳动者订立协议，约定服务期。"由此可以看出，用人单位须为员工的专业技术培训支付专项培训费用 ◎上述法律第二十二条第二款也规定："劳动者违反服务期约定的，应当按照约定向用人单位支付违约金"。此外，《违反〈劳动法〉有关劳动合同规定的赔偿办法》第四条规定，员工违反规定或劳动合同的约定解除劳动合同，对用人单位造成损失的，员工应赔偿用人单位为其支付的培训费用。由此表明接受专业技术培训的员工如出现违反规定或相关合同协议约定的，须向用人单位支付违约金，即承担部分培训费用

8.5.2　问题2：培训服务期如何定？

在《中华人民共和国劳动法》和《中华人民共和国劳动合同法》中，并没有对培训服务期的年限作出具体规定，用人单位须根据培训专项费用的使用情况、相关专业技术培训的特点以及相关工作岗位的工作特点等，与员工共同协商、确定服务期限。在培训服务期约定过程中，用人单位须注意服务期与试用期及劳动合同期之间的关系，以便约定合适的服务期。

1. 培训服务期与试用期出现重合

培训服务期与试用期重合，即在员工试用期间，用人单位为员工提供了专项培训费用及专业技术培训，并约定了培训服务期，使二者出现重合的部分。在培训服务期与试用期重合的情形下，无论用人单位是否与试用期员工约定培训服务期及相关违约赔偿事宜，若员工在试用期内提前三天提出解除劳动合同的要求，用人单位都须为其办理离职手续，并不得要求其赔偿培训服务期违约金及支付该项培训费用。

因此，用人单位在确定培训服务期时，须注意服务期尽量不要与试用期重合，以免出现受训人员在试用期离职，而用人单位难以求偿的情形。如用人单位确实需要为试用期的员工提供相关专业技术培训，可提前为试用期员工办理转正手续，以确保双方约定培训服务期及违约赔偿的有效性。

2. 培训服务期长于劳动合同期

培训服务期长于劳动合同期即劳动合同期已满，但培训服务期未满的情形。在培训服务期长于劳动合同期时，除双方约定外，用人单位和员工可根据《中华人民共和国劳动合同法实施条例》第十七条，即劳动合同期满，但是用人单位与员工依照劳动合同法第二十二条的规定约定的服务期尚未到期的，劳动合同应当续延至培训服务期满。此时，要求员工续延劳动合同已成为用人单位在依约完全履行自己的合同义务后所获得的权利。因此，如果用人单位继续提供工作岗位并要求员工继续服务至培训服务期满，员工须继续履行劳动合同，否则，员工须依约赔付用人单位培训服务期尚未履行部分所应分摊的培训费用。但如果是用人单位放弃对剩余培训服务期的要求的，劳动合同可以终止，此时用人单位不得要求员工承担剩余培训服务期的赔偿责任。

8.5.3　问题3：违约赔偿金如何收？

培训服务期违约赔偿金是指员工在违反培训服务期约定时，须按照与用人单位的事先约定支付给用人单位的违约金。收取违约赔偿金是用人单位为员工提供专业技术培训相关费用，而员工违反培训服务期约定，在服务期离职的一种补偿措施，具体实施要求如下。

1.　明确违约赔偿金核算范围

培训服务期违约赔偿金核算的范围是用人单位用于员工培训的直接费用，根据《中华人民共和国劳动合同法实施条例》第十六条，具体包括用人单位为了对员工进行专业技术培训而支付的有凭证的培训费用、培训期间的差旅费用以及因培训产生的用于该员工的其他直接费用。而对于其他超出违约赔偿金核算范围的费用，用人单位在核算时不得计入其内。

2.　确定违约赔偿金的数额

对于培训服务期违约赔偿金的数额，用人单位可同员工进行商议确定，但是其上限不得超过《中华人民共和国劳动合同法》第二十二条第二款中规定的数额，即违约金的数额不得超过用人单位提供的培训费用。用人单位要求员工支付的违约金不得超过服务期尚未履行部分所应分摊的培训费用。需特别指出的是，用人单位和员工须在法律规定的违约赔偿金赔付上限的限制下，约定具体的赔偿金额和折算方式，具体要求如图8-1所示。

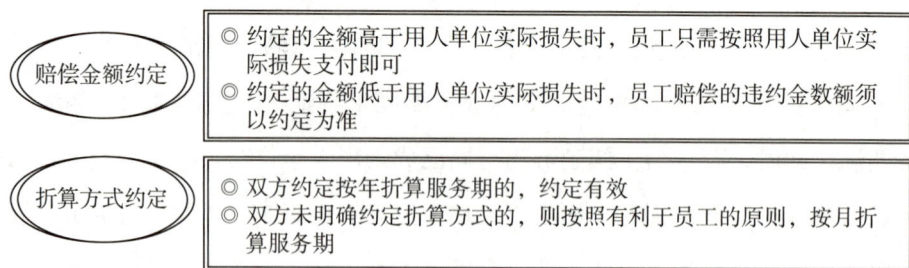

赔偿金额约定	◎ 约定的金额高于用人单位实际损失时，员工只需按照用人单位实际损失支付即可 ◎ 约定的金额低于用人单位实际损失时，员工赔偿的违约金数额须以约定为准
折算方式约定	◎ 双方约定按年折算服务期的，约定有效 ◎ 双方未明确约定折算方式的，则按照有利于员工的原则，按月折算服务期

图8-1　违约赔偿金约定

8.5.4　问题4：员工违反服务期约定，用人单位能否同时主张违约金和培训费用？

《中华人民共和国劳动合同法》第二十二条第一款和第二款规定："用人单位为劳动者提供专项培训费用，对其进行专业技术培训的，可以与该劳动者订立协议，约定服务期。劳动者违反服务期约定的，应当按照约定向用人单位支付违约金。违约金的数额不得超过用人单位提供的培训费用。用人单位要求劳动者支付的违约金不得超过服务期尚未履行部分所应分摊的培训费用。"由该规定可知，若员工违反服务期约定，用人单位只能要求员工支付违约金或者培训费用，而不能同时主张违约金和培训费用。

8.5.5　问题5：劳动合同到期，但培训服务期未满怎么办？

《中华人民共和国劳动合同法实施条例》第十七条规定："劳动合同期满，但是用人单位与劳动者依照劳动合同法第二十二条的规定约定的服务期尚未到期的，劳动合同应当续延至服务期满；双方另有约定的，从其约定。"因此，用人单位与员工在签订培训服务期协议时，如果没有对劳动合同到期而培训服务期未满的情形作任何约定，则劳动合同应当续延至服务期满。

8.5.6　问题6：对义务性培训能否约定服务期？

义务性培训是指用人单位根据法律法规要求，为员工提供的入职培训、转岗培训、安全卫生教育培训等。对员工进行义务性培训是用人单位应当履行的义务，不得约定服务期。用人单位即使与员工约定了服务期，其约定对员工也不产生法律约束力。

09

第 9 章

保密与竞业限制管理

>>>

9.1　风险识别

9.1.1　风险点1：商业秘密的范围界定模糊

风险指数★★★★☆

【风险提示】商业秘密，又称商业机密，是用人单位获得竞争优势的关键。《中华人民共和国反不正当竞争法》第九条第四款规定："本法所称的商业秘密，是指不为公众所知悉、具有商业价值并经权利人采取相应保密措施的技术信息、经营信息等商业信息。"在实践中，很多用人单位虽会与员工签订保密协议，但未对商业秘密的具体范围明确界定。一旦发生侵害商业秘密的纠纷，用人单位有可能因无法举证而导致案件败诉。

【操作指引】用人单位应建立保密制度，并结合自身的实际情况和员工的岗位特点，明确规定商业秘密的具体内容及范围，同时还应加强相关培训，增强员工的保密意识。

9.1.2　风险点2：竞业限制协议未约定经济补偿

风险指数★★★★☆

【风险提示】《最高人民法院关于审理劳动争议案件适用法律问题的解释（一）》第三十六条第一款规定："当事人在劳动合同或者保密协议中约定了竞业限制，但未约定解除或者终止劳动合同后给予劳动者经济补偿，劳动者履行了竞业限制义务，要求用人单位按照劳动者在劳动合同解除或者终止前十二个月平均工资的30%按月支付经济补偿的，人民法院应予支持。"由此可见，用人单位即使在竞业限制协议中未约定经济补偿，只要员工履行了竞业限制义务，用人单位仍须向员工支付补偿金，补偿金按法定标准支付。

【操作指引】用人单位应结合当地法律规定合理约定竞业限制经济补偿金标准。

9.1.3　风险点3：随意扩大竞业限制对象

风险指数★★★★☆

【风险提示】《中华人民共和国劳动合同法》第二十四条第一款规定："竞业限制

的人员限于用人单位的高级管理人员、高级技术人员和其他负有保密义务的人员。"

在竞业限制的适用对象上，用人单位虽然拥有一定的"自由裁量权"，但也不可随意扩大竞业限制对象的范围。否则不仅有可能被人民法院认定该竞业限制协议无效，还会增加用人单位的管理成本。

【操作指引】用人单位应结合相关法律法规制定相应的规章制度，明确竞业限制对象的范围，并结合员工的工作岗位、工作内容等，对竞业限制对象加以定义。

9.1.4　风险点4：提前解除竞业限制协议

风险指数★★★★☆

【风险提示】用人单位在不同的时间解除竞业限制协议的风险是不同的。若是在员工离职之前解除竞业限制协议，则用人单位无须支付任何补偿；若是员工离职后仍处于竞业限制义务期间，则用人单位须额外支付员工三个月的竞业限制经济补偿。

【操作指引】用人单位可以在员工离职前进行审查，审查该员工是否有必要履行竞业限制义务，如果没有必要，用人单位须在员工离职前以书面形式告知对方，此时解除竞业限制协议可免除三个月的补偿金，降低用人成本。

9.1.5　风险点5：未约定竞业限制期限或约定超过两年的竞业限制期限

风险指数★★★★☆

【风险提示】用人单位如果与员工未约定竞业限制期限，虽然不会导致竞业限制无效，但一旦发生劳动争议，用人单位很难举证以达到最终保护商业秘密的初衷。

另外，《中华人民共和国劳动合同法》第二十四条第二款规定："在解除或者终止劳动合同后，前款规定的人员到与本单位生产或者经营同类产品、从事同类业务的有竞争关系的其他用人单位，或者自己开业生产或者经营同类产品、从事同类业务的竞业限制期限，不得超过二年。"由此可见，如果用人单位与员工在竞业限制协议中约定的竞业限制期限超过两年，则超出两年的部分无效，员工离职满两年后无须继续遵守竞业限制义务。

【操作指引】用人单位在签订竞业限制协议时，应对竞业限制期限作出明确约定，且不得超过两年。

9.1.6　风险点6：竞业限制协议中违约金约定不明或过高

风险指数★★★★☆

【风险提示】竞业限制协议中若违约金约定不明，用人单位只能要求员工赔偿所造成的损失，同时还得承担举证责任。

另外，违约金约定过高，也易引发劳动争议，不被法院支持。根据《中华人民共和国民法典》等相关法律的规定，对违约金约定过高的，人民法院会以实际损失为基础，兼顾合同的履行情况、员工的过错程度以及预期利益等综合因素，根据公平原则和诚实信用原则予以衡量，酌情调整。

【操作指引】用人单位在签订竞业限制协议时，不仅要明确违约金数额或者计算方式，以便追责时有据可依，还要综合员工的工作年限、薪资标准、工作岗位等因素合理约定违约金，违约金既不能过高，也不能过低。

9.2　合规管理

9.2.1　制度：保密管理制度

建立健全完善的保密管理制度，是做好保密工作的基础，能确保各项保密工作有据可循、有序开展。保密管理制度是用人单位必备制度之一。以下是保密管理制度，用人单位可根据实际情况做修改使用，仅供参考。

制度名称	保密管理制度	编　号	
		版　本	
第1章　总　则			
第1条　为加强公司保密管理工作，规范员工的保密工作流程，提高员工的保密工作意识，确保员工履行保密的义务，同时维护双方的合法权益，特制定本制度。 第2条　本制度适用于公司保密管理工作。			

第2章　保密范围与原则

第3条　本公司保密范围为由公司提供的或员工在受聘期间了解到的、开发出来的与公司产品有关的、具有商业价值的、非公知的并经公司采取保密措施的所有商业信息，具体内容如下表所示。

商业保密范围一览表

类别	举例
技术开发信息	（1）产品开发计划、产品设计、工艺过程、经验公式、实验数据、样品、目标程序、手册、文档 （2）计算机软件及其算法、设计等方面的信息、资料和图纸
市场营销信息	（1）营销计划、销售方法 （2）供应商、经销商和客户名单，客户的专业需求 （3）未公开的销售、服务网络 （4）公司现有的、正在开发或者构想之中的经营项目等信息
经营管理信息	（1）各类工作计划 （2）生产规模、组织结构、人事、财务、工资福利等情况 （3）公司内部业务规程、管理体系以及各种管理制度文件等
法律关系信息	（1）公司合同履行情况、知识产权许可与转让情况、商标注册情况及诉讼情况等 （2）按照法律和协议，公司对第三方负有保密责任的第三方商业秘密 （3）公司要求员工保密的与公司有关的其他信息

第4条　任何知悉公司秘密信息的人员，无论是在职期间还是离职以后，都必须严格保守公司的所有秘密信息，直至这些秘密信息为公司所公开。

第3章　密级分类

第5条　公司的密级分为三类：绝密、机密和秘密。

第6条　绝密是指与本公司的生存、生产、科研、经营、人事等有重大利益关系，一旦泄露会使公司的安全和利益遭受特别严重损害的事项，主要包括以下内容。

1．公司股份构成，投资情况，新产品、新技术、新设备的开发研制资料，各种产品配方，产品图纸和模具图纸。

2．公司总体发展规划、经营战略、营销策略、商务谈判内容及载体、正式合同和协议文书。

3．按《中华人民共和国档案法》规定属于绝密级别的各种档案。

4．公司重要会议纪要。

第7条　机密是指与本公司的生存、生产、科研、经营、人事等有重要利益关系，一旦泄露会使公司的安全和利益遭受严重损害的事项，主要包括以下内容。

1．尚未确定的公司重要人事调整及安排情况、人力资源部对管理人员的考评材料。

2．公司与外部高层人士、科研人员的来往情况及其载体。

3．公司薪酬制度，财务专用印签、账号，保险柜密码，月度、季度、年度财务预、决算报告及各类财务、统计报表，电脑开启密码。

4．产品的制造工艺、控制标准、原材料标准、成品及半成品检测报告、进口设备、仪器、图纸和相关资料。

5．按《中华人民共和国档案法》规定属于机密级别的各种档案。

第8条　秘密是指与本公司的生存、生产、经营、科研、人事等有较大利益关系，一旦泄露会使公司的安全和利益遭受损害的事项，主要包括以下内容。

1．消费层次调查情况，市场潜力调查、预测情况，未来新产品的市场预测情况及其载体。

2．广告企划、营销企划方案。

3．总经理办公室、财务部、商务部等有关部门所调查的违法违纪事件及责任人情况和载体。

4．生产、技术、财务部门的安全保卫情况。

5．各类设备图纸、说明书、基建图纸、各类仪器资料、各类技术通知及文件等。

6．按《中华人民共和国档案法》规定属于秘密级别的各种档案。

第4章　保密措施

第9条　各密级知晓范围如下。

1．绝密级：董事会成员、总经理、监事会成员以及与绝密内容有直接关系的工作人员。

2．机密级：总监（助理）级别以上管理人员以及与机密内容有直接关系的工作人员。

3．秘密级：部门经理级别以上管理人员以及与秘密内容有直接关系的工作人员。

第10条　员工必须具有保密意识，做到不该问的绝对不问，不该说的绝对不说，不该看的绝对不看。

第11条　总经理负责领导保密的全面工作，各部门负责人为本部门的保密工作负责人，各部门及下属单位必须设立兼职保密员。

第12条　如果在对外交往与合作中需要提供公司秘密信息，应先由总经理批准。

第13条　严禁在公共场合、公用电话、传真上交谈、传递保密事项，不准在私人交往中泄露公司秘密。

第14条　员工发现公司秘密已经泄露或可能泄露时，应立即采取补救措施，并及时报告总经理办公室，总经理办公室应立即作出相应处理。

第15条　董事长、监事会主席、总经理、总监（助理）办公室及各机要部门必须安装防盗门窗，并严格保管钥匙，非本部门人员在获准后方可进入，离开时要落锁，清洁卫生要有专人负责或者在专人监督下进行。

第16条　保密员出现工作变动时应及时办理交接手续，交由主管领导签字。

第17条　司机对领导在车内的谈话内容要严格保密。

第5章　其他相关保密事宜

第18条　员工在公司工作期间，应严格遵守保密管理制度，履行与其工作岗位相适应的保密职责。

第19条　员工在工作期间，因工作需要接触到或使用商业秘密，应按要求的范围和程度使用，员工不得将资料等擅自带离工作岗位。未经公司法务部的书面同意，员工不得随意复制、交流或转移含有本公司商业秘密的资料，不得在学术会议、技术鉴定会等会议活动以及报刊、杂志、信息网络等媒体上披露自己所掌握的商业秘密。

第20条　员工不得利用所掌握的商业秘密为本公司的竞争公司工作或通过任何途径泄露给第三方。

第21条　员工因工作需要或其他原因调离工作岗位时，应将接触到的所有商业秘密的文档、记录、笔记、数据、程序清单、提纲及其他媒介形式的资料如数交回公司，尤其是软件开发资料（包括源程序、文档、目标产品等）应专项移交。

第22条　员工在离开公司后，仍有保守公司商业秘密，不将其泄露给任何第三方的责任。未经公司同意，不得利用公司商业秘密进行新的研发活动，直到这些信息在本行业中成为公知性信息为止。

第23条　当发现本公司的知识产权受到侵害或商业秘密被非法使用或泄露时，员工有义务帮助公司采取合理措施以防止商业秘密被进一步泄露和散失。

第24条　员工在被公司聘用期间，绝不直接或间接从事同本公司业务具有竞争性的业务，绝不同时接受公司竞争对手的聘用，绝不为公司的竞争对手提供咨询服务，也不唆使其他同事接受外界聘用，更不得在离职前抢夺公司的客户以及引诱其他同事离职。

第25条　员工承诺：在履行职务时，绝不擅自使用任何属于其他人的商业秘密，也不擅自实施可能侵犯他人知识产权的行为，如因违反该承诺而导致本公司受到第三方指控时，员工应承担公司为应诉而支付的一切费用。

第26条　公司、员工双方若有违反上述条款的行为，将承担违约的法律责任，并赔偿因其违约行为给对方造成的经济损失。

第6章　员工保密义务

第27条　员工在职期间，必须遵守公司规定的任何成文或不成文的保密规章制度，履行与其工作岗位相应的职责和义务。

1．员工应当依照公司规定妥善保管并正确使用所掌握的保密信息，不得在履行职务之外使用任何公司保密信息，不得利用保密信息为自己或者任何第三方谋取利益。

2．员工不得以任何形式将保密信息公布、泄露或披露给公司以外的任何第三方，包括不应当或无必要知悉公司秘密信息的其他员工。

3．如公司的保密规章制度没有规定或者规定不明确，员工亦应本着谨慎、诚实的态度，采取必要、合理的措施，维护其于任职期间知悉或者持有的任何属于公司的或者虽属于第三方，但公司承诺有保密义务的秘密信息或其他商业秘密信息的机密性。

第28条　对于公司特殊岗位的技术人员或其他接触公司核心技术或较多保密信息的人员，应当与公司签订保密协议或竞业限制协议，具体内容参照协议执行。

第29条　员工在公司任职期间，完成本职工作或公司临时指派的工作时，不得侵犯第三方的知识产权或商业秘密。因员工的侵权行为导致公司蒙受经济或商誉损失的，公司有权要求员工赔偿因此造成的全部经济损失。

第7章　处　罚

第30条　员工的泄密行为违反双方约定或员工利用职务之便和与公司存在竞争关系的同行业人或机构及经济利益关系的第三方私下联合，给公司造成经济或名誉损失的，公司可依约或依法要求员工承担违约责任或赔偿责任。

第31条　员工的泄密行为违反国家刑法或反不正当竞争法的，公司可交由相关行政机关处理。

第8章 附 则				
第32条　本制度在执行过程中如有与法律法规相抵触的地方，以法律法规为准。				
第33条　本制度由人力资源部制定，解释权归人力资源部。				
第34条　本制度自_____年____月____日起生效。				
编制日期		审核日期		批准日期	
修改标记		修改处数		修改日期	

9.2.2　模板1：保密协议

保密协议适用于所有接触用人单位商业秘密的员工，签订该协议有助于保护用人单位的商业秘密，为日后双方发生商业秘密争议提供证据。以下是保密协议模板，用人单位可根据实际情况做修改使用，仅供参考。

文书名称	保密协议	编　号	
		受控状态	

甲方：_____

乙方：_____

甲、乙双方根据《中华人民共和国劳动法》以及国家和地方政府的有关规定，在遵循平等自愿、协商一致、诚实信用的原则下，就甲方商业秘密保密事项达成如下协议。

一、保密内容

甲、乙双方确认，乙方应保守甲方商业秘密的范围包括但不限于以下内容。

1．技术信息，包括技术方案、工程设计、技术报告、检测报告、实验数据、试验结果、图纸和样品等。

2．经营信息，包括经营方针、投资决策意向、产品服务定价、市场分析和广告策略等。

3．乙方依照法律规定或有关协议的约定，对外承担保密义务的事项。

二、甲、乙双方的权利和义务

1．甲方为乙方职务发明、科研成果提供良好的应用和生产条件，并根据创造的经济效益给予奖励。

2．乙方必须按甲方的要求从事经营、生产项目和科研项目的设计与开发，并将生产、经营、设计与开发的成果、资料交予甲方，甲方拥有所有权和处置权。

3．乙方不得打听非本职工作所需要的甲方的商业秘密。

4．未经甲方书面同意，乙方不得利用甲方的商业秘密进行新产品的设计与开发，或者撰写论文向第三方公布。

5．双方解除或终止劳动合同后，乙方不得向第三方公开甲方所拥有的、未被公众知悉的商业秘密。

6．双方协定竞业限制的，解除或终止劳动合同后，在竞业限制期内乙方不得到生产同类或经营同类业务且与甲方有竞争关系的其他用人单位任职，也不得自己生产与甲方有竞争关系的同类产品或经营同类业务。

7．乙方必须严格遵守甲方的保密制度。

8．甲方安排乙方任职涉密岗位，须给予乙方一定的保密津贴。

三、保密期限

乙方承担保密义务的期限为下列第＿＿种。

1．无限期保密，直至甲方宣布解密或者秘密信息实际上已经公开。

2．有限期保密，保密期限自乙方离职之日起＿＿年。

四、保密津贴

甲方同意就乙方离职后承担的保密义务向其支付保密津贴＿＿元/月。

五、离职管理

乙方在职所持或保管的一切承载甲方涉密信息的文件、报告、笔记以及其他形式的载体，均归甲方所有。乙方应当于离职当日，或者于甲方提出要求时，将载体全部返还于甲方。

六、违约责任

乙方违反本协议中的任何条款，视为乙方违约，乙方须承担因其违约行为而给甲方造成的全部直接损失。

七、劳动争议处理

当事人因本协议产生的一切纠纷，由甲、乙双方友好、平等地协商解决，若协商不成，任何一方均有权向人民法院提起诉讼。

八、其他

1．乙方确认，在签署本协议前已仔细审阅过协议内容，完全了解协议各条款的法律含义，并知悉和认可公司保密管理制度。

2．本协议如与甲、乙双方的口头或书面协议有抵触，以本协议为准。本协议的修改必须征得甲、乙双方的书面同意。

3．本协议未尽事宜，按照国家法律或政府主管部门的有关规章、制度执行。

4．本协议一式两份，甲、乙双方各执一份，具有同等法律效力。本协议自甲方授权代表签字并盖公章且乙方签字之日起生效。

甲方（盖章）：　　　　　　　　　　　　　乙方（签名）：

法定代表人（签名）：

＿＿＿＿＿年＿＿月＿＿日　　　　　　　　　＿＿＿＿＿年＿＿月＿＿日

编制人员		审核人员		审批人员	
编制时间		审核时间		审批时间	

9.2.3　模板2：竞业限制协议

竞业限制的约定可以放在劳动合同中，作为劳动合同的一部分，也可以单独拟定竞业限制协议，作为劳动合同的附件。单独拟定竞业限制协议可以有针对性地对工作岗位的特殊性进行约定，增强用人单位用工的可操作性和执行性。以下是竞业限制协议模板，用人单位可根据实际情况做修改使用，仅供参考。

文书名称	竞业限制协议	编　号	
		受控状态	

甲方（用人单位）：_____　　乙方（劳动者）：_____

法人代表：_____　　身份证号：_____

地　　址：_____　　住　　址：_____

电　　话：_____　　电　　话：_____

乙方已同甲方签订劳动合同，且为甲方员工，因工作需要，接触到甲方的商业秘密，为保护甲方的商业秘密及合法权益，确保乙方在职期间和离职后不与甲方竞业，甲、乙双方根据《中华人民共和国劳动合同法》等法律法规，在遵循平等自愿、协商一致、诚实信用的原则下，就乙方对甲方承担的竞业限制义务及甲方因乙方承担竞业限制义务而对乙方的补偿等相关事项达成如下协议。

一、合同服务期内的保密义务

1．乙方在甲方任职期间，必须遵守甲方制定的任何成文或不成文的保密规章制度，履行与其工作岗位相对应的保密责任。

2．未经甲方书面同意，乙方不得以泄露、公布、发布、出版、传授、转让或者其他任何方式使任何第三方（包括不该知悉该项秘密的甲方的其他职员）知悉属于甲方或者虽属于他人但甲方承诺有保密义务的技术秘密或者其他商业秘密信息，也不得在履行职务之外使用这些秘密信息。

3．未经甲方书面同意，乙方不得接受与甲方存在竞争或合作关系的第三方及甲方客户或潜在客户的聘用（包括兼职），更不得直接或间接将甲方的业务推荐或介绍给其他公司。

二、乙方离职后的竞业限制义务

1．不论乙方因何种因素从甲方离职，乙方应立即向甲方移交所有自己掌握的，包含有职务开放中商业秘密的所有文件、记录、信息、资料、器具、数据、笔记、报告、计划、目录、来往信函、说明、图纸、蓝图及纲要（包括但不限于上述内容之任何形式之复制品），并办妥有关手续。所有记录均为甲方绝对的财产，乙方将保证有关信息不外泄，不得以任何形式留存与甲方有关的商业秘密信息，也不得以任何方法再现、复制或传递给任何人，更不得利用前述信息谋取利益。

2．不论乙方因何种原因从甲方离职，离职后两年内不得在与甲方从事的行业相同或相近的公司，以及与甲方有竞争关系的公司内工作。

3．不论乙方因何种原因从甲方离职，离职后两年内不得自办与甲方有竞争关系的公司或者从事与甲方商业秘密有关的产品的生产。

4．在从甲方离职后两年内，乙方不得直接或间接通过任何手段为自己、他人或任何实体的利益与其他人或其他实体联合，如以拉拢、引诱、招用或鼓动之手段使甲方其他成员离职或挖走甲方其他成员。

5．从乙方离职后开始计算竞业限制期时起，甲方应按竞业限制期限向乙方支付一定数额的竞业限制补偿金。补偿金的标准为每月人民币____元。补偿金从_____年____月开始，按月支付，由甲方于每月的____日通过银行支付至乙方。如乙方拒绝领取，甲方可以将补偿金向有关方提存。竞业限制期满，甲方即停止补偿金的支付。

6．乙方应于每次竞业限制补偿金支付前____日向甲方提供（□社保缴费凭证　□失业证　□其他____）等材料的复印件，以证明其符合竞业限制补偿金支付的条件，如乙方无法提供或者未在规定的时间内提供，甲方有权拒付竞业限制补偿金。

提示：第5点是为了避免离职员工恶意拒收竞业限制补偿金；第6点是为了帮助用人单位对离职员工的管控，避免造成用人单位支付了竞业限制补偿金但无法达到竞业限制的目的的情况。

三、违约责任

乙方不履行规定义务的，应当承担违约责任，违约金需一次性向甲方支付，违约金额为乙方离开甲方上年度的薪酬总额的3倍。同时，乙方的违约行为给甲方造成损失的，乙方应当赔偿甲方的损失，并且乙方所获得的收益应当全部归还甲方。

四、争议解决

1．因履行本协议发生的劳动争议，甲、乙双方应以协商为主，如果无法协商解决，争议一方或双方有权向甲方所在地的劳动争议仲裁委员会申请仲裁。

2．任何一方不服仲裁结果的，可向甲方所在地的人民法院提出诉讼。

如乙方与第三方构成共同侵权的，甲方可直接向本合同签订地和合同履行地所在人民法院起诉，本合同签订地和合同履行地为_____。

五、其他

1．本协议提及的技术秘密，包括但不限于：技术方案、工程设计、产品设计、制造方法、产品材料构成、工艺流程、技术指标、计算机软件、数据库、研究开发记录、技术报告、检测报告、实验数据、试验结果、图纸、样品、样机、模型、模具、操作手册、技术文档、相关的函电等。

2．本协议提及的商业秘密，包括但不限于：客户名单、行销计划、采购资料、定价政策、财务资料、进货渠道等。

3．本协议未尽事宜，或与今后国家有关规定相悖的，按有关规定执行。

4．本协议一式两份，甲、乙双方各持一份，具有同等法律效力。

甲方（盖章）：　　　　　　　　　　　　乙方（签名）：

法定代表人（签名）：

日期：_____年____月____日　　　　日期：_____年____月____日

注意：为了避免员工故意不签署，建议用人单位在员工入职时与员工签订该协议。

编制人员		审核人员		审批人员	
编制时间		审核时间		审批时间	

9.3　内部控制

9.3.1　流程1：保密管理流程

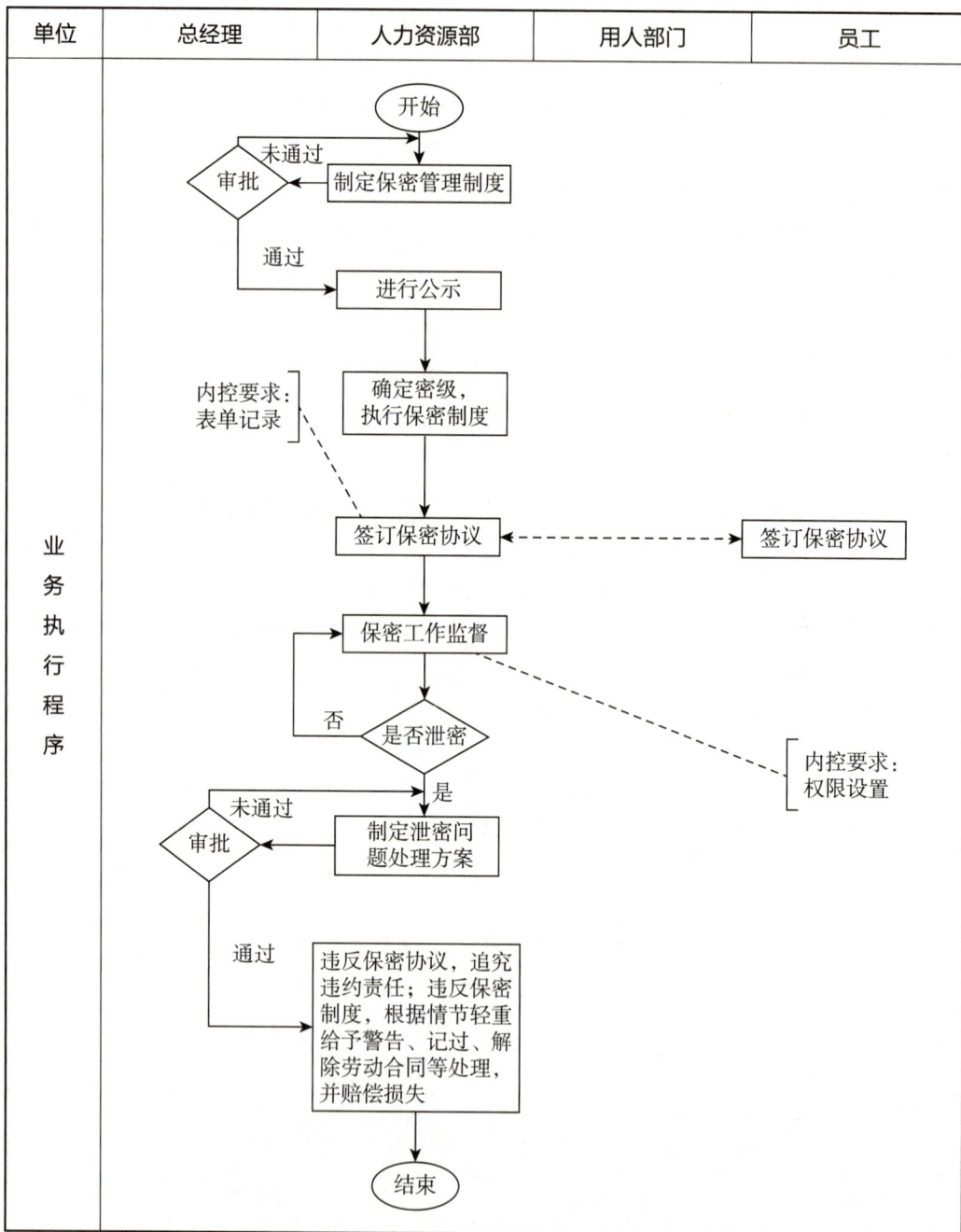

单位	总经理	人力资源部	用人部门	员工

业务执行程序

开始

审批　未通过 ← 制定保密管理制度

通过

进行公示

内控要求：表单记录

确定密级，执行保密制度

签订保密协议 ← 签订保密协议

保密工作监督

内控要求：权限设置

是否泄密　否

是

审批　未通过 ← 制定泄密问题处理方案

通过

违反保密协议，追究违约责任；违反保密制度，根据情节轻重给予警告、记过、解除劳动合同等处理，并赔偿损失

结束

9.3.2　流程2：竞业限制用工流程

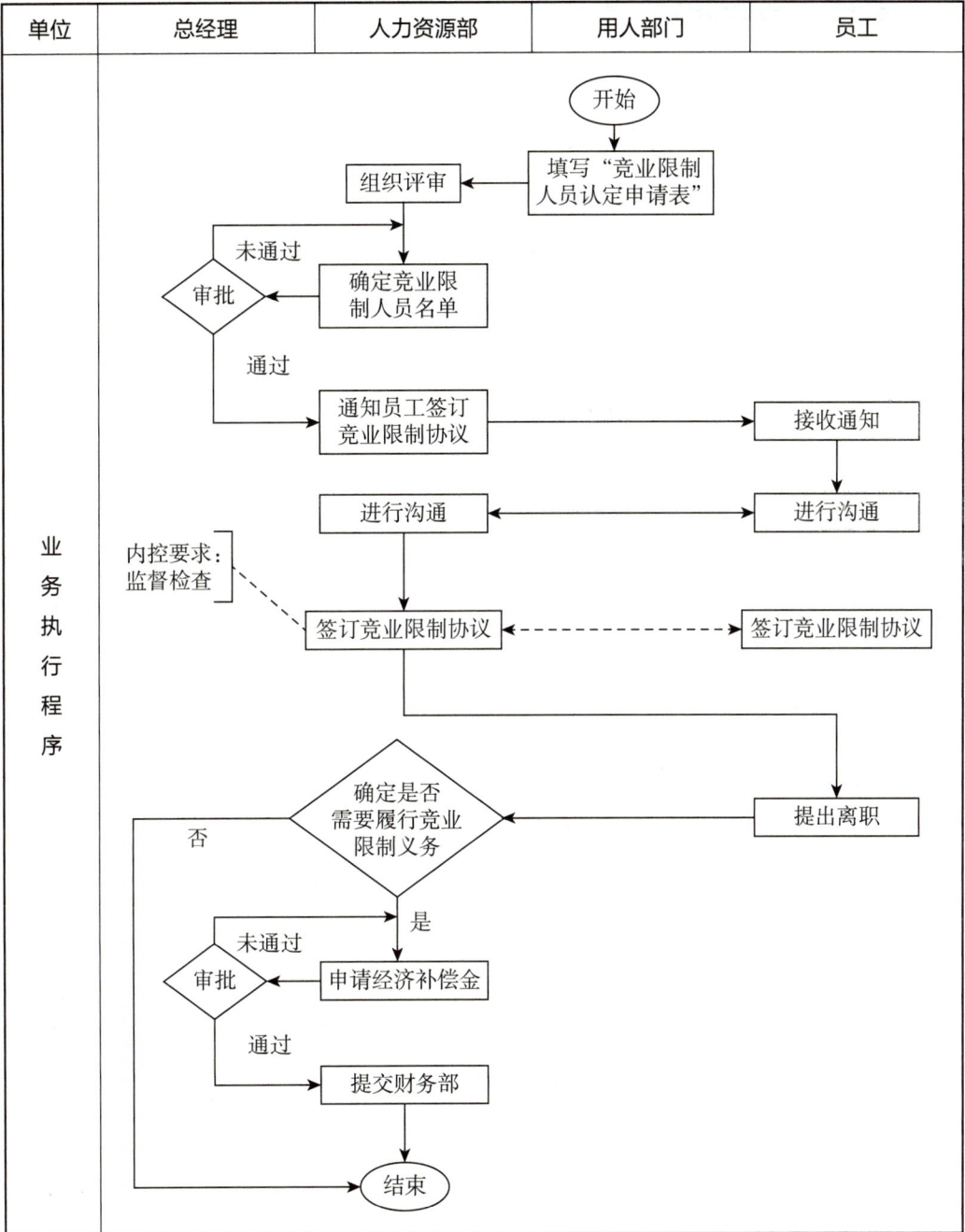

单位	总经理	人力资源部	用人部门	员工

业务执行程序

```
                                              开始
                                                │
                                                ▼
                       组织评审  ◀───────  填写"竞业限制
                          │                 人员认定申请表"
                          ▼
      未通过       确定竞业限
         ┌──────  制人员名单
      审批 ◀─────
         │
       通过
         │
         ▼
      通知员工签订  ─────────────────────────▶  接收通知
      竞业限制协议                                    │
                                                      ▼
      进行沟通  ◀───────────────────────────   进行沟通
         │
   内控要求：
   监督检查
         ┊
      签订竞业限制协议  ◀┄┄┄┄┄┄┄┄┄┄┄   签订竞业限制协议
                                                      │
                                                      ▼
              确定是否
      否      需要履行竞业  ◀───────────────   提出离职
    ┌──────  限制义务
    │            │
    │           是
    │            │
    │            ▼
  未通过     申请经济补偿金
    ┌──── 审批 ◀────
    │      │
    │    通过
    │      │
    │      ▼
    │   提交财务部
    │      │
    │      ▼
    └───▶ 结束
```

9.4 法律保障

1.《中华人民共和国劳动合同法》

第二十三条　用人单位与劳动者可以在劳动合同中约定保守用人单位的商业秘密和与知识产权相关的保密事项。

对负有保密义务的劳动者，用人单位可以在劳动合同或者保密协议中与劳动者约定竞业限制条款，并约定在解除或者终止劳动合同后，在竞业限制期限内按月给予劳动者经济补偿。劳动者违反竞业限制约定的，应当按照约定向用人单位支付违约金。

第二十四条　竞业限制的人员限于用人单位的高级管理人员、高级技术人员和其他负有保密义务的人员。竞业限制的范围、地域、期限由用人单位与劳动者约定，竞业限制的约定不得违反法律、法规的规定。

在解除或者终止劳动合同后，前款规定的人员到与本单位生产或者经营同类产品、从事同类业务的有竞争关系的其他用人单位，或者自己开业生产或者经营同类产品、从事同类业务的竞业限制期限，不得超过二年。

第二十五条　除本法第二十二条和第二十三条规定的情形外，用人单位不得与劳动者约定由劳动者承担违约金。

第九十条　劳动者违反本法规定解除劳动合同，或者违反劳动合同中约定的保密义务或者竞业限制，给用人单位造成损失的，应当承担赔偿责任。

2.《最高人民法院关于审理劳动争议案件适用法律问题的解释（一）》

第三十六条　当事人在劳动合同或者保密协议中约定了竞业限制，但未约定解除或者终止劳动合同后给予劳动者经济补偿，劳动者履行了竞业限制义务，要求用人单位按照劳动者在劳动合同解除或者终止前十二个月平均工资的30%按月支付经济补偿的，人民法院应予支持。

前款规定的月平均工资的30%低于劳动合同履行地最低工资标准的，按照劳动合同履行地最低工资标准支付。

第三十七条　当事人在劳动合同或者保密协议中约定了竞业限制和经济补偿，当事人解除劳动合同时，除另有约定外，用人单位要求劳动者履行竞业限制义务，或者劳动者履行了竞业限制义务后要求用人单位支付经济补偿的，人民法院应予支持。

第三十八条　当事人在劳动合同或者保密协议中约定了竞业限制和经济补偿，劳动合同解除或者终止后，因用人单位的原因导致三个月未支付经济补偿，劳动者请求解除竞业限制约定的，人民法院应予支持。

第三十九条　在竞业限制期限内，用人单位请求解除竞业限制协议的，人民法院应予支持。

在解除竞业限制协议时，劳动者请求用人单位额外支付劳动者三个月的竞业限制经济补偿的，人民法院应予支持。

第四十条　劳动者违反竞业限制约定，向用人单位支付违约金后，用人单位要求劳动者按照约定继续履行竞业限制义务的，人民法院应予支持。

3.《中华人民共和国反不正当竞争法》

第九条　经营者不得实施下列侵犯商业秘密的行为：

（一）以盗窃、贿赂、欺诈、胁迫、电子侵入或者其他不正当手段获取权利人的商业秘密；

（二）披露、使用或者允许他人使用以前项手段获取的权利人的商业秘密；

（三）违反保密义务或者违反权利人有关保守商业秘密的要求，披露、使用或者允许他人使用其所掌握的商业秘密；

（四）教唆、引诱、帮助他人违反保密义务或者违反权利人有关保守商业秘密的要求，获取、披露、使用或者允许他人使用权利人的商业秘密。

经营者以外的其他自然人、法人和非法人组织实施前款所列违法行为的，视为侵犯商业秘密。

第三人明知或者应知商业秘密权利人的员工、前员工或者其他单位、个人实施本条第一款所列违法行为，仍获取、披露、使用或者允许他人使用该商业秘密的，视为侵犯商业秘密。

本法所称的商业秘密，是指不为公众所知悉、具有商业价值并经权利人采取相应保密措施的技术信息、经营信息等商业信息。

第二十五条　经营者违反本法规定从事不正当竞争，有主动消除或者减轻违法行为危害后果等法定情形的，依法从轻或者减轻行政处罚；违法行为轻微并及时纠正，没有造成危害后果的，不予行政处罚。

第二十六条　经营者违反本法规定从事不正当竞争，受到行政处罚的，由监督检查部门记入信用记录，并依照有关法律、行政法规的规定予以公示。

4.《中华人民共和国劳动法》

第一百零二条　劳动者违反本法规定的条件解除劳动合同或者违反劳动合同中约定的保密事项，对用人单位造成经济损失的，应当依法承担赔偿责任。

9.5　问题清零

9.5.1　问题1：如何约定竞业限制期限？

竞业限制是用人单位保护其商业秘密不受侵害的重要手段，但是，用人单位对离职员工就业进行的限制不是无限期的，即用人单位仅可对员工离职后的某一段时间内的就业进行限制。根据《中华人民共和国劳动合同法》第二十四条，竞业限制期最长不得超过二年，即竞业限制起始于员工与用人单位解除或终止劳动合同之时，最长持续时间为二年。当员工离开原用人单位的时间长于竞业限制期时，其就业行为即不受竞业限制的约束。

9.5.2　问题2：未支付或未及时支付竞业限制补偿金，员工是否可以不履行竞业限制义务？

竞业限制补偿金是用人单位为了补偿处于竞业限制期的离职员工因竞业限制所受到的损失，而在竞业限制期内向离职员工支付的经济补偿。《最高人民法院关于审理劳动争议案件适用法律问题的解释（一）》第三十八条规定："当事人在劳动合同或者保密协议中约定了竞业限制和经济补偿，劳动合同解除或者终止后，因用人单位的原因导致三个月未支付经济补偿，劳动者请求解除竞业限制约定的，人民法院应予支持。"因此，用人单位在实施竞业限制时，必须向被限制的离职员工支付补偿金，否则超过三个月未支付的，离职员工有权要求解除竞业限制约定。但若时间尚未超过三个月，在一定时期内，离职员工须继续履行竞业限制义务。

9.5.3　问题3：员工违反竞业限制义务，支付违约金后，是否还须继续履行竞业限制义务？

《最高人民法院关于审理劳动争议案件适用法律问题的解释（一）》第四十条规定："劳动者违反竞业限制约定，向用人单位支付违约金后，用人单位要求劳动者按照约定继续履行竞业限制义务的，人民法院应予支持。"因此，员工违反竞业限制义务，支付违约金后，还须继续履行竞业限制义务。

9.5.4　问题4：商业秘密侵权行为如何处理？

商业秘密侵权行为是行为人侵犯权利人商业秘密的行为，主要指负有保密义务的员工或实施侵权行为的第三人等相关行为人在未获得用人单位许可的情况下，以非法手段获取用人单位商业秘密并进行公开或使用的行为。相关行为人非法获得用人单位商业秘密的途径主要有直接获取和间接获取两种，具体如图9-1所示。

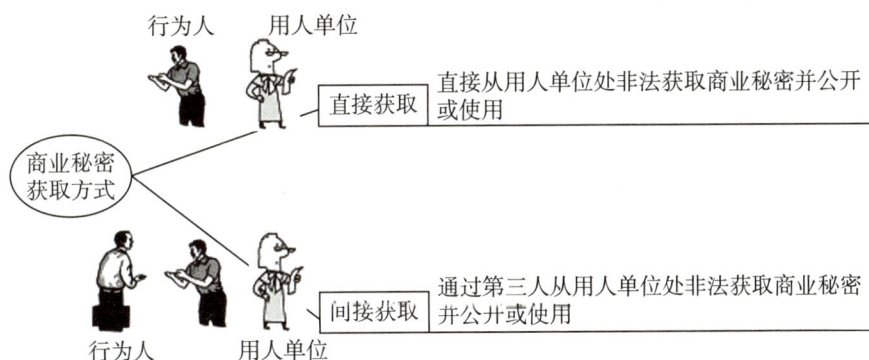

图9-1　商业秘密非法获取方式

商业秘密侵权行为的表现形式有多种。根据《中华人民共和国反不正当竞争法》第九条和《中华人民共和国刑法》第二百一十九条的相关规定，易发生于用人单位的商业秘密侵权行为的表现形式可概括为如图9-2所示四类。

形式1	以盗窃、利诱、胁迫或者其他不正当手段获取用人单位的商业秘密
形式2	披露、使用或者允许他人使用以前项手段获取的用人单位的商业秘密
形式3	违反约定或者违反用人单位有关保守商业秘密的要求，披露、使用或者允许他人使用其所掌握的商业秘密
形式4	第三人明知或者应知前款所列违法行为，仍获取、使用或者披露用人单位的商业秘密，视为侵犯商业秘密

图9-2　商业秘密侵权行为表现形式

针对上述违法侵权行为，用人单位可根据维权需要采取以下措施对相关行为人进行追责及索赔处理。

1. 与相关行为人协商

用人单位发现相关行为人侵犯本单位商业秘密时，可根据事先签订的保密协议或相关法律法规与相关行为人进行协商，确定停止侵权行为及相关赔偿事宜。

《中华人民共和国劳动法》第一百零二条规定："劳动者违反本法规定的条件解除劳动合同或者违反劳动合同中约定的保密事项，对用人单位造成经济损失的，应当依法承担赔偿责任。"

《中华人民共和国民法典》第五百零一条规定："当事人在订立合同过程中知悉的商业秘密或者其他应当保密的信息，无论合同是否成立，不得泄露或者不正当地使用；泄露、不正当地使用该商业秘密或者信息，给对方造成损失的，应当承担损害赔偿责任。"

《违反〈劳动法〉有关劳动合同规定的赔偿办法》第五条规定："劳动者违反劳动合同中约定的保密事项，对用人单位造成经济损失的，按《反不正当竞争法》第二十条的规定支付用人单位赔偿费用。"同时该法第六条规定："用人单位招用尚未解除劳动合同的劳动者，对原用人单位造成经济损失的，除该劳动者承担直接赔偿责任外，该用人单位应当承担连带赔偿责任。其连带赔偿的份额应不低于对原用人单位造成经济损失总额的百分之七十。向原用人单位赔偿下列损失：

（一）对生产、经营和工作造成的直接经济损失；

（二）因获取商业秘密给原用人单位造成的经济损失。

赔偿本条第（二）项规定的损失，按《反不正当竞争法》第二十条的规定执行。"

2. 向市场监督行政部门投诉

用人单位发现商业秘密侵权行为，并与相关行为人协商不成后，用人单位可向市场监督行政部门投诉，申请市场监督行政部门对相关行为人的侵权行为进行查处。如经市场监督行政部门调查确定存在侵权行为时，用人单位可向市场监督行政部门申请禁止侵权人的侵权行为，而对于损害赔偿问题，用人单位可依据《关于禁止侵犯商业秘密行为的若干规定》向工商行政管理机关提交申请，进行调解。

3. 申请仲裁

用人单位发现商业秘密侵权行为，并与相关行为人协商不成或调解不成后，用人单位可向当地劳动争议仲裁委员会提交仲裁申请，申请劳动争议仲裁委员会对相关行为人的侵权行为进行裁决。

4. 提起诉讼

如用人单位对仲裁裁决的结果不服时，用人单位应在接到仲裁结果后，在规定的时间内向人民法院提起诉讼。但当侵权行为造成用人单位损失严重时，用人单位可向人民法院提起诉讼，追究相关行为人的刑事责任，还可附带提起民事诉讼，要求相关行为人赔偿相应损失，其法律依据是《中华人民共和国刑法》第二百一十九条，具体规定为："有下列侵犯商业秘密行为之一，情节严重的，处三年以下有期徒刑，并处或者单处罚金；情节特别严重的，处三年以上十年以下有期徒刑，并处罚金：

（一）以盗窃、贿赂、欺诈、胁迫、电子侵入或者其他不正当手段获取权利人的商业秘密的；

（二）披露、使用或者允许他人使用以前项手段获取的权利人的商业秘密的；

（三）违反保密义务或者违反权利人有关保守商业秘密的要求，披露、使用或者允许他人使用其所掌握的商业秘密的。

明知前款所列行为，获取、披露使用或者允许他人使用该商业秘密的，以侵犯商业秘密论。

本条所称权利人，是指商业秘密的所有人和经商业秘密所有人许可的商业秘密使用人。"

9.5.5　问题5：保密管理和竞业限制是一回事吗？

保密管理与竞业限制不是一回事。保密管理和竞业限制主要有以下不同。

1. 主体不同

（1）保密管理约定的保密义务人，是指因职务或工作原因而知悉用人单位商业秘密和与知识产权相关的保密事项的员工。一般情况下，用人单位应当要求涉密岗位的员工承担保密义务。

（2）竞业限制约定的义务人，是指用人单位的高级管理人员、高级技术人员和其他负有保密义务的人员。承担竞业限制义务应当以负有保密义务为前提，而负有保密义务应当以知悉用人单位的商业秘密或与知识产权相关的保密事项，并且有合同约定为前提。

2. 支付费用不同

（1）对于承担保密义务的员工，用人单位无须支付经济补偿。

（2）对于承担竞业限制义务的员工，用人单位应当支付经济补偿，但有如下限制：第一，只能在劳动合同解除或终止后支付；第二，应当在竞业限制期内按月支付。

3. 侧重点不同

保密管理侧重要求员工不得泄露用人单位的商业秘密或与知识产权相关的保密事项，而竞业限制不仅限制员工泄密，更要求员工不得到竞争单位任职或自营竞争业务。

4. 法律责任不同

员工违反保密义务的违约责任仅为赔偿损失，而违反竞业限制的违约责任则有赔偿违约金和赔偿损失。

5. 期限不同

保密义务的期限取决于保密协议的约定，而竞业限制的期限为自解除或终止劳动合同后不超过两年。

9.5.6　问题6：能否约定竞业限制补偿金在工资中预先支付？

目前，关于上述问题在各地政策及司法实践中尚未形成统一的意见，很多地方还存在不被认可的法律风险。因此，不建议用人单位与员工约定在工资中预先支付竞业限制补偿金，而是应当按照《中华人民共和国劳动合同法》的相关规定，在解除或终止劳动合同后对竞业限制补偿金予以发放，避免与工资产生混淆。

10

离职管理

>>>

10.1　风险识别

10.1.1　风险点1：【协商解除】未签订书面协议

风险指数★★★☆☆

【风险提示】用人单位与员工协商解除劳动合同后未签订书面协议，一旦发生争议，用人单位无法证明解除理由，给员工预留了二次争议的空间。

【操作指引】用人单位务必将双方协商解除劳动合同的约定以书面的形式固定下来，避免发生争议后陷入难以举证的困境。

10.1.2　风险点2：【辞退】解除理由无证据支撑

风险指数★★★☆☆

【风险提示】《最高人民法院关于审理劳动争议案件适用法律问题的解释（一）》第四十四条规定："因用人单位作出的开除、除名、辞退、解除劳动合同、减少劳动报酬、计算劳动者工作年限等决定而发生的劳动争议，用人单位负举证责任。"因此，用人单位辞退员工，需要对辞退的行为负举证责任，若是用人单位的解除理由无证据支撑，很可能被认定为违法解除劳动关系，构成违法辞退员工，用人单位则须向员工支付违法解除劳动关系的赔偿金。

【操作指引】用人单位可以在规章制度中明确严重违反规章制度的情形，并列明哪些情形属于严重违反规章制度，还可以设立兜底性条款，同时，注意保留员工违反规章制度的证据。

10.1.3　风险点3：【辞退】理由不充分、不合理

风险指数★★★★☆

【风险提示】《中华人民共和国劳动合同法》明确规定，用人单位辞退员工必须有充分的依据、证据，若辞退理由不充分、不合理，用人单位将面临违法解除劳动关系的法律风险。

【操作指引】①辞退有过错的员工，用人单位应有事实依据和制度依据。②辞退

无过错的员工，用人单位应当提前通知并支付经济补偿金。③经济性裁员必须符合法定条件并履行法定程序。

10.1.4　风险点4：【辞退】程序存在瑕疵

风险指数★★★★☆

【风险提示】若辞退程序存在瑕疵，因未提前30天通知或者额外支付一个月的工资作为补偿，而立即辞退员工且未通知工会等，用人单位将面临违法解除劳动关系的法律风险。

【操作指引】用人单位应当完善与员工辞退相关的规章制度和流程，还应确保该规章制度已经依法向员工履行公示或告知程序。

10.1.5　风险点5：【辞退】文书送达错误

风险指数★★★★★

【风险提示】用人单位在辞退员工的过程中，有告知的义务，若是因通知文书送达错误，致使劳动关系解除未发生法律效力，用人单位须承担违法解除劳动合同的法律风险。

【操作指引】建议用人单位在选择送达解除通知的方式时，可按照下列顺序进行，将风险降到最低。

（1）对于在职员工应优先采用直接送达的方式，送达的地址须是员工已经确认的地址。

（2）对直接送达被拒收，或者无法直接送达的，应采用邮寄送达的方式，优先选择邮政快递，并对邮寄信息进行拍照或截图，作为证据留存。

（3）在直接送达、邮寄送达方式均无法送达的情况下，应采用公告送达的方式。

10.1.6　风险点6：【辞职】未留下员工主动离职的证据

风险指数★★★★☆

【风险提示】在司法实践中，用人单位若不能提交充分、确切的证据证明员工是主动辞职的，仲裁机构和法院有可能认定用人单位是单方面违法解除劳动合同，此时，用人单位须面临相应的法律风险。

【操作指引】用人单位应建立健全员工辞职管理制度和流程，在制度和流程中明确规定员工辞职须提交书面辞职文件。书面辞职文件中应包括员工主动辞职的原因、辞职时间等要素，一旦发生争议，书面辞职文件可作为证据。

10.1.7　风险点7：【劳动合同终止】未注意到不能终止合同的法定情形

风险指数★★★★☆

【风险提示】用人单位因未注意到不能终止的法定情形而终止劳动合同，属于违法终止劳动合同。《中华人民共和国劳动合同法》第四十八条规定："用人单位违反本法规定解除或者终止劳动合同，劳动者要求继续履行劳动合同的，用人单位应当继续履行；劳动者不要求继续履行劳动合同或者劳动合同已经不能继续履行的，用人单位应当依照本法第八十七条规定支付赔偿金。"

【操作指引】劳动合同到期也不得终止的11种情形。

（1）员工在该用人单位连续工作满十年的。

（2）用人单位初次实行劳动合同制度或者国有企业改制重新订立劳动合同时，员工在该用人单位连续工作满十年且距法定退休年龄不足十年的。

（3）连续订立两次固定期限劳动合同，且员工没有出现《中华人民共和国劳动合同法》第三十九条和第四十条第一项、第二项规定的情形的。

（4）从事接触职业病危害作业的员工未进行离岗前职业健康检查的。

（5）疑似职业病病人在诊断或者医学观察期间的。

（6）在本单位患职业病或者因工负伤并被鉴定为一至六级伤残的。

（7）患病或者非因工负伤，在规定的医疗期内的。

（8）女员工在孕期、产期、哺乳期的。

（9）在本单位连续工作满十五年，且距法定退休年龄不足五年的。

（10）职工一方协商代表在其履行协商代表职责期间劳动合同期满，延续至完成履行协商代表职责之时。

（11）工会专职主席、副主席或者委员的劳动合同期限自动延长的，延长期限相当于其任职期限。

10.1.8　风险点8：【劳动合同终止】未及时续订书面劳动合同

风险指数★★★★☆

【风险提示】员工劳动合同到期时，用人单位如未及时与员工续订书面劳动合同，但员工仍在用人单位工作的，则用人单位将面临以下风险。

（1）从劳动合同期满次日向员工支付未签订劳动合同的两倍工资。

（2）满一年未续订书面劳动合同的，视为与员工订立了无固定期限劳动合同。

【操作指引】用人单位应当完善相关规章制度和流程，安排专人负责劳动合同管理工作，同时还可以设置系统劳动合同到期预警。

10.1.9　风险点9：【劳动合同终止】未固定员工不续订书面劳动合同的意向的证据

风险指数★★☆☆☆

【风险提示】在司法实践中，"员工是否同意续订""续订是否还是原劳动合同的条件"等都需要用人单位承担举证责任，若员工否认自己同意续订，同时用人单位又未固定员工不续订意向的证据，此时，用人单位须向员工支付经济补偿金。

【操作指引】用人单位应当在劳动合同到期前一个月向员工发送续订劳动合同征询意见函，固定证据。

10.1.10　风险点10：【通用】不给员工办理离职手续

风险指数★★★★☆

【风险提示】在实际工作中，用人单位不给员工办理离职手续的情况有很多种，但不管哪种情况，此做法都是错误的。常见的用人单位不给员工办理离职手续的情况有如图10-1所示的四种。

第一种	◎用人单位不想让员工离职，试图用不办理离职手续来留住员工
第二种	◎用人单位采取不合理的手段，故意刁难员工，不为其办理离职手续
第三种	◎员工离职未履行相应的工作交接义务，用人单位不给其办理离职手续
第四种	◎员工违约离职不支付违约金，用人单位不给其办理离职手续

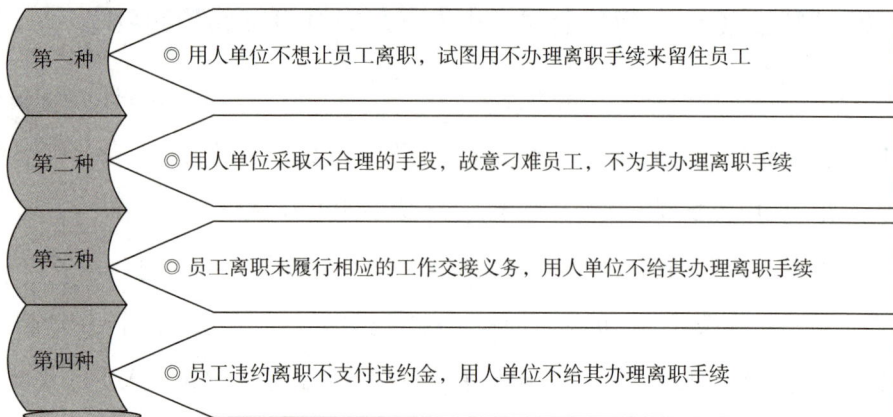

图10-1   用人单位不给员工办理离职手续的情况

上述的四种情况，无论出现哪种情况，用人单位都必须在规定时间内办理员工的离职手续。若未按规定给员工办理离职手续而给员工造成损害的，还应承担赔偿责任。

【操作指引】用人单位应在解除或者终止劳动合同时出具解除或者终止劳动合同的证明，并在十五日内为员工办理档案和社会保险关系转移手续。但如果员工在离职时拖延与用人单位的工作交接，给用人单位造成损失的，用人单位可向仲裁委员会申请仲裁或向法院起诉，要求员工承担损失。同时，若员工未及时完成交接工作，用人单位可以暂时不支付其经济补偿金，可在其完成工作交接时再支付。

10.1.11   风险点11：【通用】员工离职，到工资发放日才结清工资及经济补偿金

风险指数★★☆☆☆

【风险提示】《工资支付暂行规定》第九条规定："劳动关系双方依法解除或终止劳动合同时，用人单位应在解除或终止劳动合同时一次付清劳动者工资。"不同的地方有不同的规定，有些地方规定此情形属于违法行为，有些地方则规定若已有约定，根据约定执行也是可以的。但是一旦被认定属于违法行为，用人单位不仅面临补发工资、支付赔偿金的风险，还有可能构成刑事犯罪。

【操作指引】建议用人单位与员工在解除或终止劳动合同时一次性付清其工资及经济补偿金。

10.1.12　风险点12：【通用】从事接触职业病危害作业的员工未进行离岗前职业健康检查

风险指数★★☆☆☆

【风险提示】根据《中华人民共和国劳动合同法》和《中华人民共和国职业病防治法》的相关规定，用人单位对从事接触职业病危害作业的员工离岗前未进行职业健康检查的，将面临违法解除或违法终止劳动合同的风险。

【操作指引】建议用人单位对从事接触职业病危害作业的员工及时做好相应健康检查工作，建立员工职业健康检查档案，提供劳动保护措施及创造良好的工作环境等，并合法、合规地对员工进行离职管理。

10.2　合规管理

10.2.1　制度：离职管理制度

离职管理制度可让员工离职管理工作的开展有据可依，避免发生一些事先可规避的风险。对用人单位而言，由于发展迅速，扩张很快，导致人员流动很大，为确保员工与用人单位的合法权益，用人单位应就员工离职事项给出明确的规定。以下是离职管理制度，用人单位可根据实际情况做修改使用，仅供参考。

制度名称	离职管理制度	编　号	
		版　本	
第1章　总　则			
第1条　为规范员工的离职管理，让员工离职时能顺利移交工作，保证工作的连续性和稳定性，并确保公司和离职员工的合法权益，特制定本制度。			
第2条　本制度适用于公司内部各级人员离职的申请、审批、移交、结薪过程的管理控制。			
第3条　各部门及员工的职责说明如下。			
1．员工有提前提出离职申请，按规定办理离职手续和工作交接的职责和义务。			
2．部门经理或相关领导负责员工离职的审批，并安排交接工作。			

3．人力资源部负责拟定"员工辞退名单"，开展离职调查、辞职面谈，并组织交接工作。

4．财务部主要负责薪资结算及相关补偿金的核算和支付事宜。

第2章　离职分类说明

第4条　试用期内终止劳动合同的离职，指员工在试用期内，公司或员工个人因正当理由提出终止劳动合同关系。

第5条　劳动合同期满，自然终止劳动合同的离职，指劳动合同期满，公司或员工任何一方不愿续订劳动合同，则双方劳动合同关系自然终止。

第6条　劳动合同期内，提前终止劳动合同关系的离职，包括辞职、辞退、擅自离职。

第7条　辞职：指员工由于自身原因等合法因素，向公司提出提前终止劳动合同关系。

第8条　辞退：因下列原因，公司可在劳动合同期限内，与员工提前终止劳动合同关系。

1．员工有下列情形之一的，公司可以即时解除劳动合同，予以辞退。

（1）在试用期间被证明不符合录用条件的。

（2）严重违反公司规章制度的。

（3）严重失职，营私舞弊，给本公司造成重大损害的。

（4）员工同时与其他用人单位建立劳动关系，对完成本公司的工作任务造成严重影响，或者经用人单位提出，拒不改正的。

（5）以欺诈、胁迫的手段使公司在违背真实意思的情况下订立或者变更劳动合同的。

（6）被依法追究刑事责任的。

2．有下列情形之一的，公司可以提前30日以书面形式通知员工本人解除劳动合同，予以辞退。

（1）员工患病或者非因工负伤，在规定的医疗期满后不能从事原工作，也不能从事由公司另行安排的工作的。

（2）员工不能胜任工作，经过培训或者调整工作岗位，仍不能胜任工作的。

（3）劳动合同订立时所依据的客观情况发生重大变化，致使劳动合同无法履行，经公司与员工协商，未能就变更劳动合同内容达成协议的。

（4）因生产经营环境发生重大变化，须裁减人员的。

第9条　擅自离职：指员工未申请辞职或辞职申请未经批准，或未按公司要求办理离职手续，而擅自离开工作岗位的行为。

第3章　员工辞职与辞退员工的申请

第10条　员工辞职应填写辞职通知书并递交其部门经理或者主管领导，不得越级提交，试用期员工应提前3日，正式员工应提前30日提交辞职通知书。

注意：辞职通知书应由员工本人填写，不得由他人代填，辞职理由须具体、详细，以作为判断员工是自愿离职还是被迫离职的依据。

第11条　若员工越级提交或未在规定的时间内提交辞职通知书，其部门经理或者主管领导有权拒收；若员工因部门经理或主管领导拒收辞职通知书而不按时上班，公司可按旷工处理。

第12条　递交形式仅限于书面提交，公司不接受微信、电子邮件等无纸化递交方式。

第13条　辞退员工由部门经理及以上级别的人员提出申请，如因个人过错，人力资源部可视情况与员工协商后，按法律法规的相关规定，办理员工辞退手续。

第4章　离职审批

第14条　各级员工提出辞职，均须填写"辞职通知书"报本部门经理，并按下列程序进行审批，经审批后报人力资源部。审批权限如下。

1．普通员工离职由其直接主管审核，部门经理审批。

2．主管级员工由部门经理、人力资源总监审核，总经理批准。

3．部门经理级员工离职由人力资源总监、总经理审核，董事长批准。

注意：收到员工提交的辞职通知书，要注意审核辞职通知书中的辞职理由。离职事由要写明白、理清楚。

第15条　人力资源部接到辞职通知书后应在三个工作日内与离职员工进行面谈，并填写离职员工面谈记录表，经员工和部门经理共同签字后，由人力资源部保存。若员工仍然坚持离职，人力资源部应于面谈程序完成后的三个工作日内发放离职通知书、离职交接单等离职资料。

提示：离职前的面谈是为了了解员工辞职的真正原因以及离职后的动向。

第5章　工作和物品的交接

第16条　员工离职的工作交接，人力资源部应安排相应人员进行监督。

注意：人力资源部只对工作交接的过程进行监督管理，保证交接过程合法合规，并不对交接的具体内容负责。

第17条　离职员工应移交的工作及物品至少包括以下五种。

1．所负责的工作任务，包括工作内容、工作完成情况、工作方法和流程等。

2．公司的文件资料、办公用品。

3．离职人员的工作证、钥匙、名片等。

4．公司分配使用的车辆、宿舍钥匙。

5．其他属于公司的财物。

第18条　离职员工未按照或未完全按照本制度要求进行工作交接的，公司有权暂扣相应费用。

提示：该条是离职管理中的常规性内容，必不可少。

第19条　人力资源部根据实际情况及离职员工申请，转调人事关系、档案、保险关系等。

第6章　员工离职财务结算事项

第20条　办理完所有离职手续的考勤日为正式离职日期。

第21条　离职员工离职前，须持经签字认可的"员工离职交接单"到人力资源部核算应结算的当月工资，并签字确认。

提示：如果在员工离职后发现其在职期间的任何工作疏忽，只要给公司造成了损失的，都可以通过"员工离职交接单"固定证据，进行责任认定，并向离职员工追偿。

第22条　公司为员工提供专项培训费用，进行专业技术培训的，若员工违反"培训协议"约定服务期而提出离职的，人力资源部应向离职员工提出违约金的赔偿，违约金不得超过服务期尚未履行部分所应分摊的培训费用。

第23条　公司与员工签订工作保密协议的，在员工解除或者终止劳动合同后，应在竞业限制期限内按月给予离职员工经济补偿。员工违反竞业限制约定的，人力资源部应向离职员工提出赔偿违约金。

第24条　擅自离职人员工资截至其脱岗之日，并暂停发放工资，同时公司保留追究其擅自离职行为给公司造成相关损失的权力。

第7章　劳动争议管理

第25条　发生劳动争议后，人力资源部应力争与离职员工协商解决。

第26条　发生劳动争议的双方不愿协商或协商不成的，可以向当地劳动争议仲裁委员会申请仲裁。对仲裁裁决不服的，可以向法院起诉。

第8章　附　则

第27条　本制度由人力资源部负责制定，相关修改权和解释权均归本公司所有。

第28条　本制度报总经理批准后，自××××年××月××日起施行。

编制日期		审核日期		批准日期	
修改标记		修改处数		修改日期	

10.2.2　办法：奖惩实施管理办法

奖惩实施管理办法是用人单位劳动用工管理制度中的重要组成部分，在实践中，不少用人单位因内部奖惩相关制度的内容或程序违法，给其带来很多不必要的、潜在的法律风险。以下是奖惩实施管理办法，用人单位可根据实际情况做修改使用，仅供参考。

办法名称	奖惩实施管理办法	编　号	
		版　本	

第1章　总　则

第1条　为鼓励员工奋发向上，做出更大业绩，防止和纠正违法、违纪、失职、渎职行为，维护公司正常的经营秩序，提高工作效率和经济效益，根据国家有关劳动法律、法规，特制定本办法。

第2条　本办法适用于公司各类奖励和惩处管理工作。

第3条　公司奖惩遵循公平、公正、公开的原则，以事实为依据，根据事实性质、情节以及对公司的影响程度实施奖惩。

第2章　奖　励

第4条　公司对员工的奖励分为表扬、记功、记大功、通令嘉奖、晋升等。在给予上述奖励时，同时发放一次性奖金，其中表扬为100元，记功为300元，记大功为500元，通令嘉奖为1000元，晋升的奖励标准根据公司薪酬管理制度的规定执行。

第5条　员工有以下事迹之一的，公司予以表扬。

1. 品行端正，诚实可信，工作认真负责，完成工作任务且成绩优良的。

2．积极参与公司各种活动，表现优秀的。

3．发挥模范作用，为公司增添光彩的。

4．热心服务，助人为乐，有感人事迹的。

第6条　员工有以下事迹之一的，公司予以记功。

1．对于公司生产技术或管理制度有积极建议，采纳实施后卓有成效的。

2．遇灾变，勇于保护公司财产的。

3．检举盗窃案件，维护公司利益的。

4．对出卖国家机密或公司商业秘密等行为敢于斗争并及时检举的。

第7条　员工有以下事迹之一的，公司予以记大功。

1．遇重大事故或灾害时奋不顾身，避免公司重大损失的。

2．维护公司利益，避免重大事故发生的。

3．有重大技术改进或管理制度改善，使公司获重大利益的。

4．记功满三次以上，功绩突出的。

第8条　员工有以下特别重大贡献之一的，公司予以通令嘉奖。

1．有创造发明，对公司有重大贡献，使成本剧降、利润突增的。

2．积极挖潜，对解决公司重大困难，避免公司重大损失，有很大贡献的。

3．在市场营销、管理创新、技术改进或者提出合理化建议等方面，取得重大成果或者显著成绩的。

4．在提升公司管理、提高经济效益方面贡献突出、成绩显著的。

5．领导有方，带领员工保质、保量、超额完成各项工作生产任务的。

6．被上级单位表彰或授予荣誉称号，使公司获得较大社会荣誉的。

第9条　员工同时具备以下条件的，可获得晋升，并享受相应的福利待遇。

1．经考核已经具备较高职位所需的业务、管理能力的。

2．具有相关的工作经验和资历的。

3．工作敬业，责任心强，能起模范带头作用的。

4．接受过较高职位所需的相关培训的。

第10条　奖励实施的注意事项如下。

1．通过员工推荐、本人自荐或部门提名三种方式竞选被奖励人员，被推荐或提名人员还要提交书面事迹材料到人力资源部。

2．人力资源部对提交的书面事迹材料进行核实后，编写奖励工作书面报告，并将报告提交人力资源经理审核、总经理审批，经总经理批准后实施。

3．实施奖励的部门应当及时宣传受奖者的先进事迹，以鼓励和教育其他员工。

4．奖励必须根据个人的客观条件、事迹、作用和对公司影响的大小进行全面衡量，按照本办法的奖励种类、条件和程序，及时、正确地实施。

第3章　惩　处

第11条　公司对员工的惩处分为警告、记过、记大过、降职、辞退（开除）等，警告一次扣绩效奖金100元，记过一次扣绩效奖金300元，记大过一次扣绩效奖金500元，降职和辞退（开除）的惩处标准按公司薪酬管理制度的规定执行。

第12条　员工有以下情形之一的，公司给予警告。

1．不遵守公司门卫制度，妨碍安保人员工作，不服从检查、询问的。

2．一个月内累计迟到、早退五次及以上的。

3．随地吐痰、乱扔杂物、在禁烟区域吸烟的。

4．工作时间擅自离岗、上网玩游戏、聊天，影响工作的。

5．因个人工作失误，发生工作错误，情节轻微的。

第13条　员工有以下情形之一的，公司给予记过。

1．在工作场所酗酒滋事，影响生产（工作）秩序的。

2．顶替签到、签离、刷卡、打卡的（包括本人及顶替的人）。

3．未经准许，擅自带非公司员工到工作区域参观的。

4．员工在一年内累计两次受警告处分的。

5．破坏公司的生产经营秩序，情节轻微的。

第14条　员工有以下情形之一的，公司给予记大过。

1．携带违禁品、危险品进入工作场所的。

2．不接受上级领导安排的工作或指挥，消极怠工，经教育无效或对上级有威胁行为的。

3．丢失秘密文件资料或泄露国家机密、公司商业秘密的。

4．隐瞒、虚报事实、事故的。

5．私自把客户介绍给外单位，向客户索取介绍费的。

6．造成严重的债务纠纷、质量问题、服务问题或严重影响公司信誉的直接责任人。

7．员工在一年内累计两次受到记过处分的。

第15条　员工有以下情形之一的（但不仅限于以下情况），公司给予降职。

1．严重违反纪律或者有严重失职行为，使公司蒙受重大损失，不宜继续担任现任职务的。

2．管理水平、技术水平不足以担任的。

3．不主动采取措施或措施不当，影响工作进度，使公司蒙受重大损失的。

4．违背体系运作要求，虽多次纠正，但无有效预防措施或预防不当的。

第16条　员工有以下情形之一的，公司给予辞退（开除）。

1．员工一年内连续旷工三天及以上或累计旷工十天及以上的。

2．怂恿外人闹事，严重影响公司正常生产（工作）秩序的。

3．故意破坏公司财物，损害公司利益的。

4．故意毁损、涂改、窃取重要文档，给公司造成重大损失的。

5．煽动员工怠工，造成生产经营任务没有完成的。

6．故意泄露公司技术、经营管理秘密的。

7．利用公司名义在外招摇撞骗，损坏公司名誉的。

8．玩忽职守，违反技术操作规范、安全规程等规章制度造成事故，使人身、设备、财产遭受重大损失的。

9．触犯国家法律，被追究刑事责任的。

10．员工在一年内累计两次受到记大过处分的。

提示：该条第1点，在司法实践中，旷工可以被认定为严重违规，但需要在制度中对旷工的天数作明确的规定。

第17条　惩处实施的注意事项如下。

1．由直接领导或部门经理负责，对违纪者的违纪事实进行查证，并写书面材料报人力资源部。

2．人力资源部根据情节轻重及对公司的损害程度，提出处罚意见，并报公司总经理批准后实施。

3．给予员工行政处分和经济处罚时，必须弄清事实，取得证据，征求有关部门意见，并允许当事人申辩。

4．员工受到行政处分，应当书面通知员工本人，并记入员工档案。

第4章　领导责任和纪律教育

第18条　各级管理人员应当以身作则，严于律己，严格遵守和执行公司的各项规章制度，对员工进行经常性的纪律教育，增强员工的组织纪律观念。

第19条　各级管理人员必须按照本办法条件和程序，正确地实施奖惩。

第20条　对错误的奖惩，一经发现并核实，应当立即给予纠正和撤销。

第5章　附　则

第21条　本办法由人力资源部负责制定，相关修改权和解释权均归本公司所有。

第22条　本办法报总经理批准后，自××××年××月××日施行。

编制日期		审核日期		批准日期	
修改标记		修改处数		修改日期	

10.2.3　模板：解除劳动合同通知书

　　解除劳动合同通知书是用人单位因《中华人民共和国劳动合同法》第三十九条、第四十条解除劳动合同的法律文件，对劳动争议案件有着不容忽视的影响，同时还能避免因履行程序不当构成违法解除劳动合同的风险。因此，用人单位在制作解除劳动合同通知书时，应当做到行为描述客观、法律界定准确，使其成为劳动争议案件胜诉的助力。以下是解除劳动合同通知书模板，用人单位可根据实际情况做修改使用，仅供参考。

解除劳动合同通知书

_____先生/女士（身份证号：_____）：

本公司与您签订的____期限劳动合同，由于_____，现根据《中华人民共和国劳动合同法》第____条和公司_____，决定自_____年____月____日起，解除与您的劳动合同关系，经济补偿金为下列第____种情况。

（一）无经济补偿金。

（二）经济补偿金为____元。

为了工作交接的顺利进行，请您于_____年____月____日或之前亲自办理好相关的离职手续，完成"员工离职移交清单"。如果您在工作交接过程中有任何疑问，请向您的上级主管或公司人力资源部咨询。

请您将完成的"员工离职移交清单"提交到公司人力资源部。人力资源部在对您的"员工离职移交清单"检查、确认无误后，将为您办理最后工资的发放以及有关社会保险和档案等移交手续。

特此通知。

×× 公司（盖章）

_____年____月____日

（此通知书一式两份，双方各执一份，同等有效）

- -

签收回执单

本人_____（身份证号：_____）已收到公司于_____年____月____日送达的《解除劳动合同通知书》。

员工签名：

_____年____月____日

使用说明有如下几点。

（1）该通知书仅限于用人单位单方面主动与员工解除劳动合同时使用。

（2）该通知书发出前，一定要核实劳动合同签署情况、实际用工单位等信息是否一致。

（3）员工姓名不得出现错字、别字、繁体字，身份证号须与劳动合同一致。

（4）解除劳动合同的原因应当明确，但不宜过细。在陈述解除原因时，建议在末尾加"等"字，一旦发生争议，用人单位还可以再次调整提交的证据。

（5）通知书上列明的理由应与实际的理由一致。

10.3 内部控制

10.3.1 流程1：员工辞职管理流程

单位	总经理	人力资源部	财务部	用人部门	员工

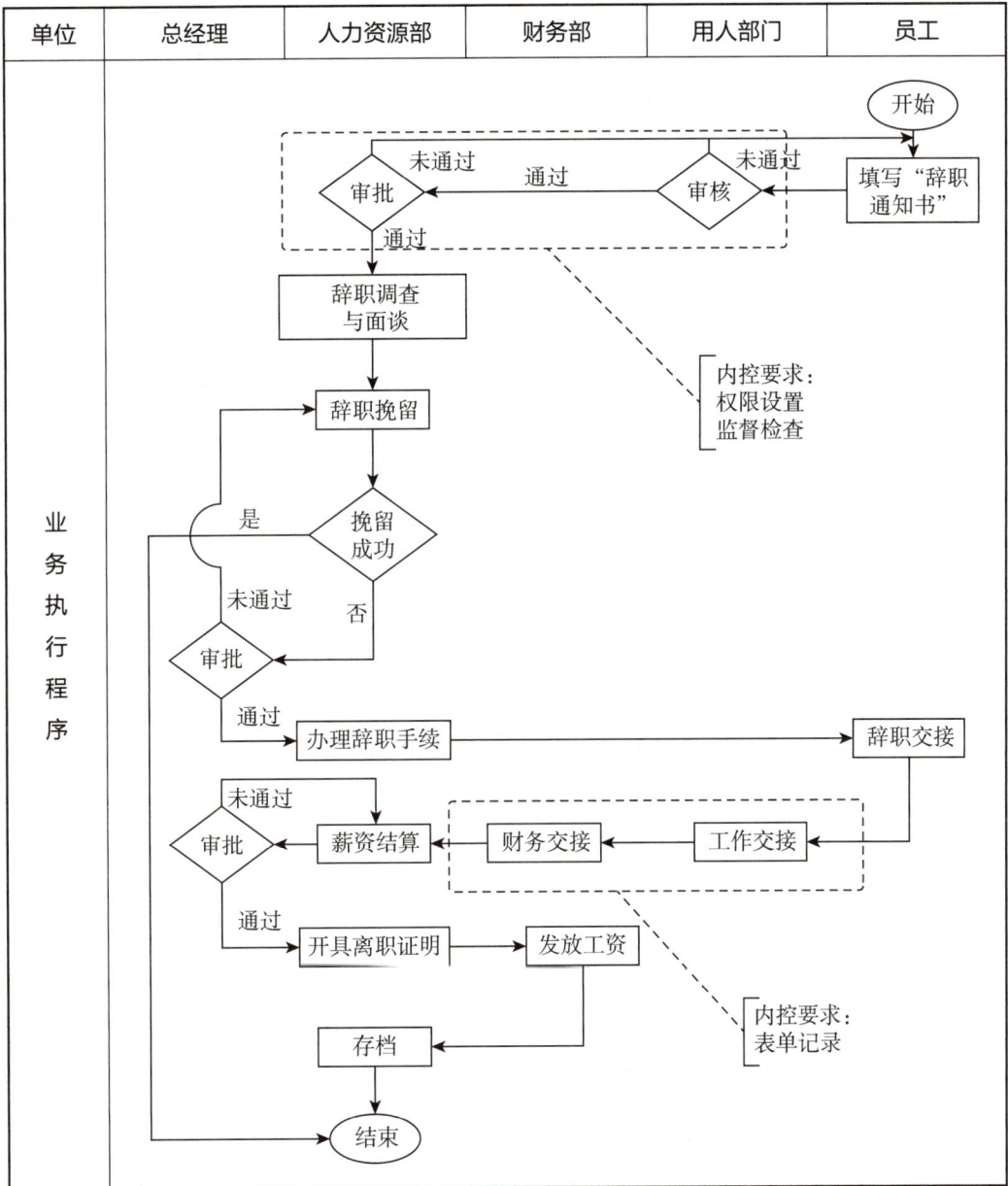

10.3.2　流程2：辞退员工风险控制流程

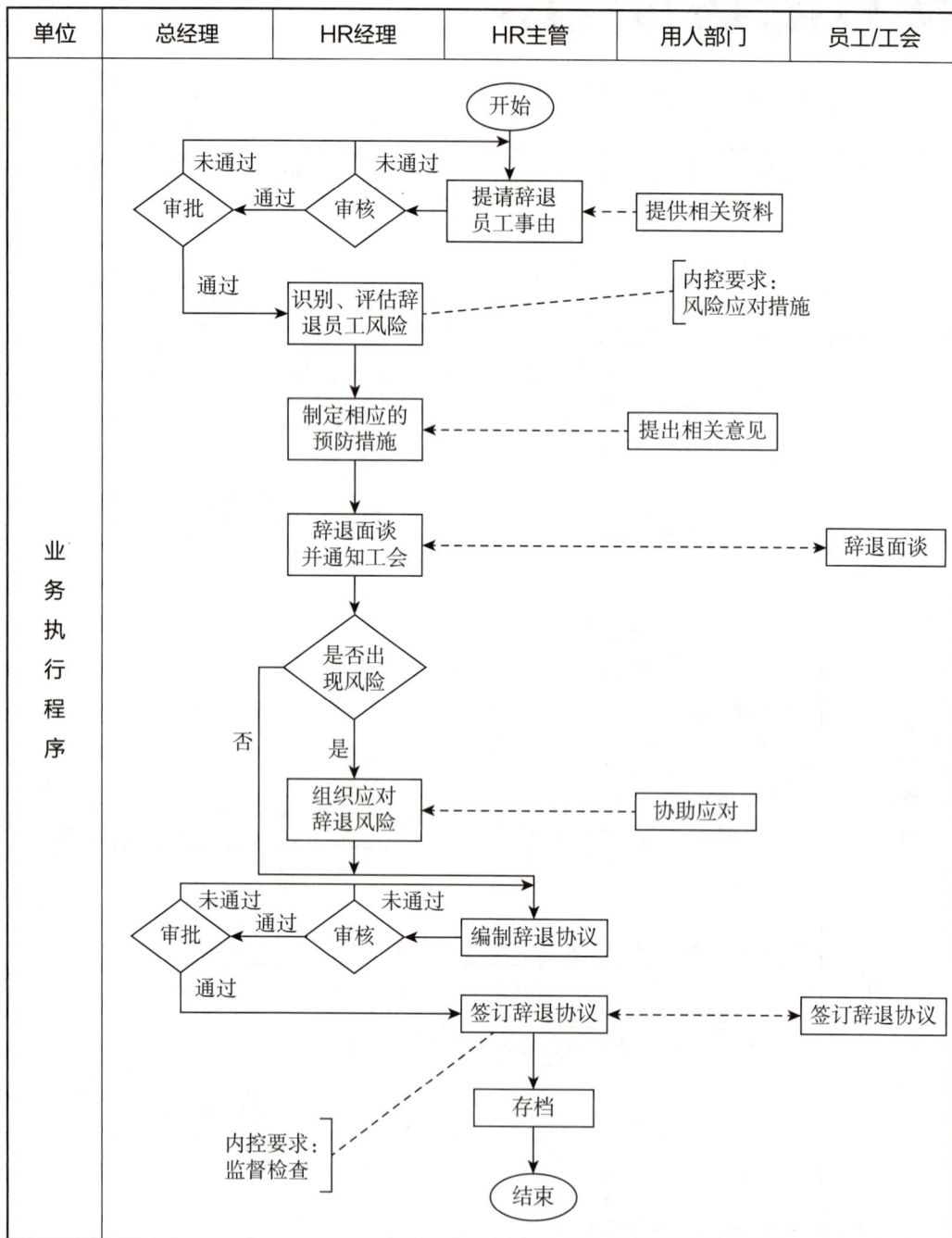

单位	总经理	HR经理	HR主管	用人部门	员工/工会

业务执行程序

```
                              ( 开始 )
                                 │
                                 ▼
  未通过        未通过
  ┌───────┐  通过 ┌───────┐  ┌──────────┐        ┌──────────┐
  │ 审批  │◄─────│ 审核  │◄─│提请辞退  │◄ ─ ─ ─│提供相关资料│
  └───────┘      └───────┘  │员工事由  │        └──────────┘
      │                      └──────────┘
      │ 通过
      ▼
  ┌──────────┐                            ┌──────────────┐
  │识别、评估辞 │ ─ ─ ─ ─ ─ ─ ─ ─ ─ ─ ─ ─ │内控要求：      │
  │退员工风险  │                            │风险应对措施    │
  └──────────┘                            └──────────────┘
      │
      ▼
  ┌──────────┐                            ┌──────────┐
  │制定相应的  │ ─ ─ ─ ─ ─ ─ ─ ─ ─ ─ ─ ─ │提出相关意见│
  │预防措施    │                            └──────────┘
  └──────────┘
      │
      ▼
  ┌──────────┐                                        ┌──────────┐
  │辞退面谈    │ ─ ─ ─ ─ ─ ─ ─ ─ ─ ─ ─ ─ ─ ─ ─ ─ ─ ─│辞退面谈    │
  │并通知工会  │                                        └──────────┘
  └──────────┘
      │
      ▼
  ┌──────────┐
  │是否出      │
  │现风险      │
  └──────────┘
   否 │    │ 是
      │    ▼
      │ ┌──────────┐              ┌──────────┐
      │ │组织应对   │◄ ─ ─ ─ ─ ─│协助应对    │
      │ │辞退风险   │              └──────────┘
      │ └──────────┘
      │    │
  未通过   未通过
  ┌───────┐ 通过┌───────┐  ┌──────────┐
  │ 审批  │◄────│ 审核  │◄─│编制辞退协议│
  └───────┘     └───────┘  └──────────┘
      │ 通过
      ▼
  ┌──────────┐                            ┌──────────┐
  │签订辞退协议│◄ ─ ─ ─ ─ ─ ─ ─ ─ ─ ─ ─ │签订辞退协议│
  └──────────┘                            └──────────┘
      │
      ▼
  ┌──────────┐
  │  存档    │
  └──────────┘
  ┌──────────┐    │
  │内控要求：  │    ▼
  │监督检查    │ ( 结束 )
  └──────────┘
```

10.3.3　流程3：文书通知送达流程

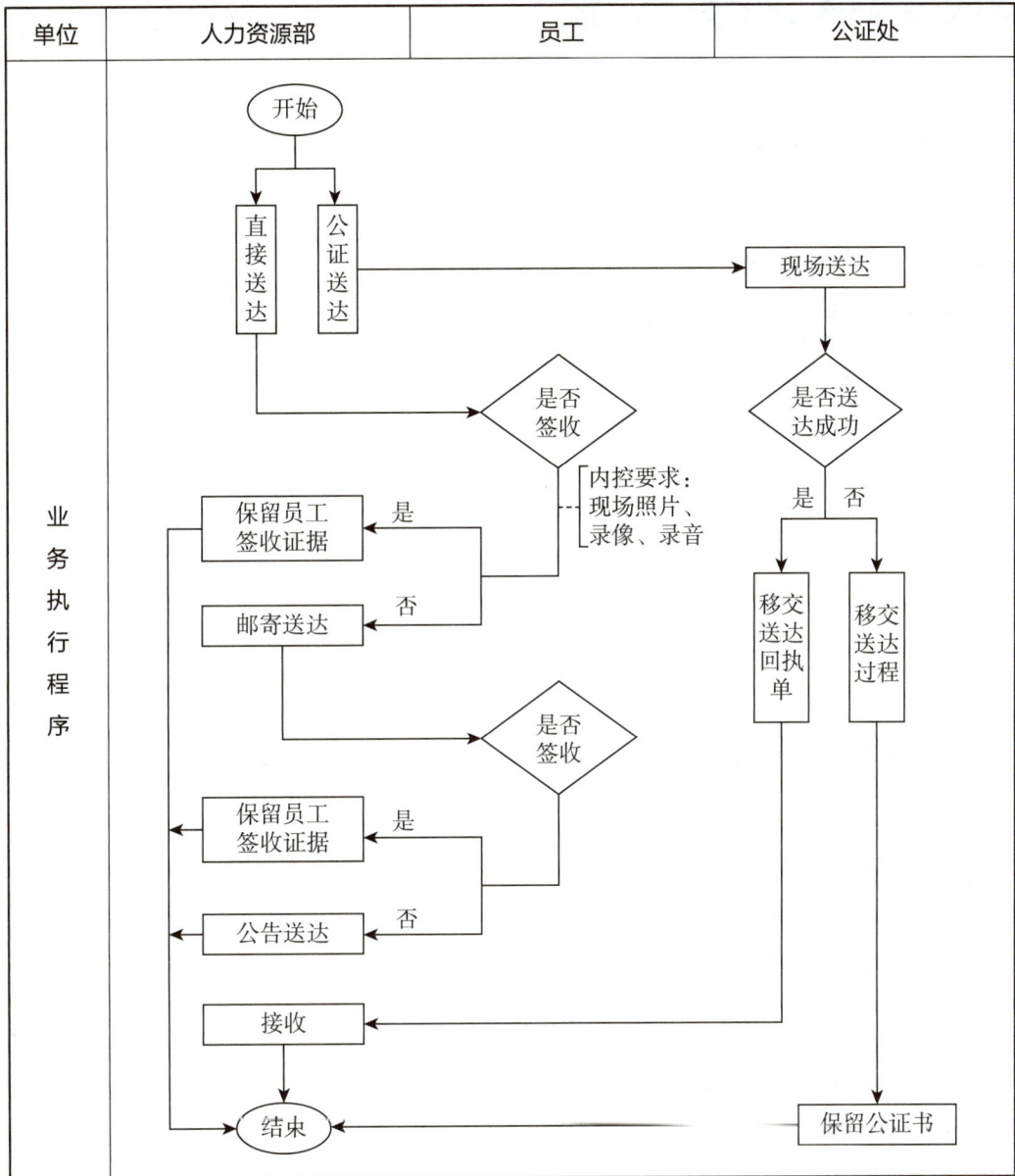

单位	人力资源部	员工	公证处

业务执行程序

开始

直接送达　公证送达

现场送达

是否签收

是否送达成功

内控要求：现场照片、录像、录音

保留员工签收证据　是

邮寄送达　否

移交送达回执单　移交送达过程

是　否

是否签收

保留员工签收证据　是

公告送达　否

接收

结束

保留公证书

10.4   法律保障

1.《中华人民共和国劳动合同法》

第三十六条   用人单位与劳动者协商一致，可以解除劳动合同。

第三十七条   劳动者提前三十日以书面形式通知用人单位，可以解除劳动合同。劳动者在试用期内提前三日通知用人单位，可以解除劳动合同。

第三十九条   劳动者有下列情形之一的，用人单位可以解除劳动合同：

（一）在试用期间被证明不符合录用条件的；

（二）严重违反用人单位的规章制度的；

（三）严重失职，营私舞弊，给用人单位造成重大损害的；

（四）劳动者同时与其他用人单位建立劳动关系，对完成本单位的工作任务造成严重影响，或者经用人单位提出，拒不改正的；

（五）因本法第二十六条第一款第一项规定的情形致使劳动合同无效的；

（六）被依法追究刑事责任的。

第四十条   有下列情形之一的，用人单位提前三十日以书面形式通知劳动者本人或者额外支付劳动者一个月工资后，可以解除劳动合同：

（一）劳动者患病或者非因工负伤，在规定的医疗期满后不能从事原工作，也不能从事由用人单位另行安排的工作的；

（二）劳动者不能胜任工作，经过培训或者调整工作岗位，仍不能胜任工作的；

（三）劳动合同订立时所依据的客观情况发生重大变化，致使劳动合同无法履行，经用人单位与劳动者协商，未能就变更劳动合同内容达成协议的。

第四十一条   有下列情形之一，需要裁减人员二十人以上或者裁减不足二十人但占企业职工总数百分之十以上的，用人单位提前三十日向工会或者全体职工说明情况，听取工会或者职工的意见后，裁减人员方案经向劳动行政部门报告，可以裁减人员：

（一）依照企业破产法规定进行重整的；

（二）生产经营发生严重困难的；

（三）企业转产、重大技术革新或者经营方式调整，经变更劳动合同后，仍需裁减人员的；

（四）其他因劳动合同订立时所依据的客观经济情况发生重大变化，致使劳动合同无法履行的。

裁减人员时，应当优先留用下列人员：

（一）与本单位订立较长期限的固定期限劳动合同的；

（二）与本单位订立无固定期限劳动合同的；

（三）家庭无其他就业人员，有需要扶养的老人或者未成年人的。

用人单位依照本条第一款规定裁减人员，在六个月内重新招用人员的，应当通知被裁减的人员，并在同等条件下优先招用被裁减的人员。

第四十七条　经济补偿按劳动者在本单位工作的年限，每满一年支付一个月工资的标准向劳动者支付。六个月以上不满一年的，按一年计算；不满六个月的，向劳动者支付半个月工资的经济补偿。

劳动者月工资高于用人单位所在直辖市、设区的市级人民政府公布的本地区上年度职工月平均工资三倍的，向其支付经济补偿的标准按职工月平均工资三倍的数额支付，向其支付经济补偿的年限最高不超过十二年。

本条所称月工资是指劳动者在劳动合同解除或者终止前十二个月的平均工资。

第五十条　用人单位应当在解除或者终止劳动合同时出具解除或者终止劳动合同的证明，并在十五日内为劳动者办理档案和社会保险关系转移手续。

劳动者应当按照双方约定，办理工作交接。用人单位依照本法有关规定应当向劳动者支付经济补偿的，在办结工作交接时支付。

用人单位对已经解除或者终止的劳动合同的文本，至少保存二年备查。

第九十七条第三款　本法施行之日存续的劳动合同在本法施行后解除或者终止，依照本法第四十六条规定应当支付经济补偿的，经济补偿年限自本法施行之日起计算；本法施行前按照当时有关规定，用人单位应当向劳动者支付经济补偿的，按照当时有关规定执行。

2.《最高人民法院关于审理劳动争议案件适用法律问题的解释（一）》

第三十五条　劳动者与用人单位就解除或者终止劳动合同办理相关手续、支付工资报酬、加班费、经济补偿或者赔偿金等达成的协议，不违反法律、行政法规的强制性规定，且不存在欺诈、胁迫或者乘人之危情形的，应当认定有效。

前款协议存在重大误解或者显失公平情形，当事人请求撤销的，人民法院应予支持。

10.5　问题清零

10.5.1　问题1：如何处理赔偿金？

赔偿金是指用人单位或者员工因违反合同约定或因自己的故意或过失，给对方造成实际损失且构成侵权行为时，承担支付对方一定数量的金钱的一种责任形式。它是违反劳动合同法行为所要付出的代价，其目的具有惩罚性。经济赔偿金主要包括两方面的赔偿金，一方面是用人单位给员工的赔偿金，另一方面是员工给用人单位的赔偿金。本书将有关法律规定中的赔偿责任条款也划归到赔偿金的范畴进行说明。

1.　用人单位给员工的赔偿金

用人单位需要向员工支付赔偿金最常见的情况就是：违规解除或者终止劳动合同，我国法律对这种情况的赔偿办法进行了规定，具体规定如下。

《中华人民共和国劳动合同法》第四十八条规定："用人单位违反本法规定解除或者终止劳动合同，劳动者要求继续履行劳动合同的，用人单位应当继续履行；劳动者不要求继续履行劳动合同或者劳动合同已经不能继续履行的，用人单位应当依照本法第八十七条规定支付赔偿金。"同时，该法律文件第八十七条规定："用人单位违反本法规定解除或者终止劳动合同的，应当依照本法第四十七条规定的经济补偿标准的二倍向劳动者支付赔偿金。"正因为经济赔偿金具有惩罚性，所以在这里要二倍给付，这也提高了用人单位的违法成本。

《中华人民共和国劳动合同法实施条例》对支付赔偿金后，是否还需要支付经济补偿金进行了明确规定。《中华人民共和国劳动合同法实施条例》第二十五条规定："用人单位违反劳动合同法的规定解除或者终止劳动合同，依照劳动合同法第八十七条的规定支付了赔偿金的，不再支付经济补偿。赔偿金的计算年限自用工之日起计算。"

此外，《中华人民共和国劳动合同法》第八十九条规定："用人单位违反本法规定未向劳动者出具解除或者终止劳动合同的书面证明，由劳动行政部门责令改正；给劳动者造成损害的，应当承担赔偿责任。"

2.　员工给用人单位的赔偿金

《中华人民共和国劳动合同法》第九十条规定："劳动者违反本法规定解除劳动

合同，或者违反劳动合同中约定的保密义务或者竞业限制，给用人单位造成损失的，应当承担赔偿责任。"根据上述规定，员工承担违反劳动合同的赔偿责任，通常应满足下列三个条件。

条件一：具有违反劳动合同的行为。劳动合同有效成立后，员工没有履行其合同义务，以致违反劳动合同。违反劳动合同的方式有两种，一种是非法解除劳动合同，另一种是违反劳动合同约定。

条件二：给用人单位造成实际经济损失。给用人单位造成实际经济损失是员工承担赔偿责任的必备条件，无损失则不构成损害赔偿。

条件三：员工具有主观上的过错。只有员工违反劳动合同的行为存在过错时，才承担相应的赔偿责任。如果违反劳动合同的行为并非出自员工的故意或过失行为，而是由于不可抗力或者意外事件等因素，员工可以不承担赔偿责任。

《违反〈劳动法〉有关劳动合同规定的赔偿办法》第四条规定："劳动者违反规定或劳动合同的约定解除劳动合同，对用人单位造成损失的，劳动者应赔偿用人单位下列损失：

（一）用人单位招收录用其所支付的费用；

（二）用人单位为其支付的培训费用，双方另有约定的按约定办理；

（三）对生产、经营和工作造成的直接经济损失；

（四）劳动合同约定的其他赔偿费用。"

10.5.2　问题2：如何处理代通知金？

代通知金即代替通知金，是指用人单位在提出解除或终止劳动合同时应该提前一个月通知员工的情况下，如果用人单位没有依法提前一个月通知员工的，应给付员工一个月工资作为代替。

1. 支付代通知金的情形

《中华人民共和国劳动合同法》第四十条规定："有下列情形之一的，用人单位提前三十日以书面形式通知劳动者本人或者额外支付劳动者一个月工资后，可以解除劳动合同：

（一）劳动者患病或非因工负伤，在规定的医疗期满后不能从事原工作，也不能从事由用人单位另行安排的工作的；

（二）劳动者不能胜任工作，经过培训或者调整工作岗位，仍不能胜任工作的；

（三）劳动合同订立时所依据的客观情况发生重大变化，致使劳动合同无法履行，经用人单位与劳动者协商，未能就变更劳动合同内容达成协议的。"

由此可知，法律明确规定，适用代通知金的情形只有以上三种情形，而不是只要用人单位解除劳动合同没有提前一个月通知，就应当向员工支付金额为员工一个月工资的代通知金。

2. 代通知金的支付标准

《中华人民共和国劳动合同法实施条例》第二十条规定："用人单位依照劳动合同法第四十条的规定，选择额外支付劳动者一个月工资解除劳动合同的，其额外支付的工资应当按照该劳动者上一个月的工资标准确定。"

一般情况下，用人单位支付代通知金是按照员工上个月的工资标准进行支付的。但若员工上月工资标准过高或过低，则既有可能对用人单位不利，也有可能对员工不利。对此，有些地方法规进行了详细规定，如上海市高级人民法院印发的《关于适用〈劳动合同法〉若干问题的意见》规定，员工上月工资标准过高或过低的，可按照解除劳动合同之前员工12个月的平均工资标准进行支付。

10.5.3　问题3：如何计算经济补偿金？

1. 经济补偿金计算公式

经济补偿金计算公式为：经济补偿金=基数×年限。

2. 经济补偿金计算标准

《中华人民共和国劳动合同法》第四十七条第一款规定："经济补偿按劳动者在本单位工作的年限，每满一年支付一个月工资的标准向劳动者支付。六个月以上不满一年的，按一年计算；不满六个月的，向劳动者支付半个月工资的经济补偿。"

3. 经济补偿金基数实行封顶

《中华人民共和国劳动合同法》第四十七条第二款规定："劳动者月工资高于用人单位所在直辖市、设区的市级人民政府公布的本地区上年度职工月平均工资三倍的，向其支付经济补偿的标准按职工月平均工资三倍的数额支付，向其支付经济补偿的年限最高不超过十二年。"此处所称月工资是指劳动者在劳动合同解除或者终止前12个月的平均工资。

4. 经济补偿金计算基数

经济补偿金中的月平均工资是指员工在解除劳动合同前12个月的月实际平均工资，而不仅仅是劳动合同中约定的基本工资。《关于贯彻执行〈中华人民共和国劳动法〉若干问题的意见》第53条规定："'工资'是指用人单位依据国家有关规定或劳动合同的约定，以货币形式直接支付给本单位员工的劳动报酬，一般包括计时工资、计件工资、奖金、津贴和补贴、延长工作时间的工资报酬以及特殊情况下支付的工资等。"

5. 经济补偿金计算年限

《中华人民共和国劳动合同法实施条例》第十条规定："劳动者非因本人原因从原用人单位被安排到新用人单位工作的，劳动者在原用人单位的工作年限合并计算为新用人单位的工作年限；原用人单位已经向劳动者支付经济补偿的，新用人单位在依法解除、终止劳动合同计算支付经济补偿的工作年限时，不再计算劳动者在原用人单位的工作年限。"

6. 经济补偿金分段计算

在《中华人民共和国劳动合同法》施行前订立，施行后解除或终止的劳动合同，依照《中华人民共和国劳动合同法》第四十六条规定应当支付经济补偿的，经济补偿年限自2008年1月1日起计算，劳动合同法施行前按照当时有关规定执行。

10.5.4　问题4：协商解除劳动合同是否必须支付经济补偿金？

协商解除劳动合同并非必须支付经济补偿金。根据《中华人民共和国劳动合同法》，如果是用人单位先行向员工提出解除劳动合同的，用人单位应当支付经济补偿金；如果是员工先行向用人单位提出解除劳动合同的，则用人单位无须支付经济补偿。

10.5.5　问题5：和员工达成的协商解除劳动合同的协议中约定的相关补偿标准低于法律规定的标准，该约定是否有效？

《最高人民法院关于审理劳动争议案件适用法律问题的解释（一）》第三十五条

规定："劳动者与用人单位就解除或者终止劳动合同办理相关手续、支付工资报酬、加班费、经济补偿或者赔偿金等达成的协议，不违反法律、行政法规的强制性规定，且不存在欺诈、胁迫或者乘人之危情形的，应当认定有效。前款协议存在重大误解或者显失公平情形，当事人请求撤销的，人民法院应予支持。"

由此可见，用人单位和员工达成的协商解除劳动合同的协议中约定的相关补偿标准低于法律规定的标准，有可能被认定为无效，用人单位须补足其差额部分。但如果用人单位在协议中明确注明或告知员工相关法律规定的标准，同时员工表明放弃该权利时，则该约定是有效的。

10.5.6　问题6：未建立工会应如何履行单方辞退员工程序？

用人单位尚未建立工会时，可以通过告知并听取职工代表的意见的方式或者向当地总工会征求意见的方式来履行告知义务这一法定程序。

10.5.7　问题7：员工辞职是否需要用人单位批准？

《中华人民共和国劳动合同法》第三十七条规定："劳动者提前三十日以书面形式通知用人单位，可以解除劳动合同。劳动者在试用期内提前三日通知用人单位，可以解除劳动合同。"

由此可见，员工提前三十日以书面形式通知用人单位解除劳动合同，无须征得用人单位的同意。超过三十日，员工向用人单位提出办理解除劳动合同的手续，用人单位应予以办理。

10.5.8　问题8：员工不辞而别或提出辞职即离岗该如何处理？

员工不辞而别，是指员工在未请假、未与用人单位协商或未提前一个月通知用人单位解除劳动合同的情况下，不到工作岗位上工作的情形。根据相关法律法规，员工不辞而别不是法律法规规定的劳动关系终止的情形之一。因此，员工与用人单位的劳动关系不会自动解除。

在面对不辞而别的员工时，用人单位不能放任不管，而应及时依法处理，否则，在劳动关系存续的情况下，用人单位将可能面临巨大的用工风险。

1. 与不辞而别员工解除劳动合同

当发现员工未履行请假手续且没有按时到岗工作时，用人单位应当立即处理，否则将损害本单位利益，甚至可能给本单位带来风险。面对不辞而别的员工，用人单位最常采取的措施是与其解除劳动合同。鉴于此时员工一般不在工作岗位，用人单位可以按照以下程序与其解除劳动合同。

（1）联系员工本人。用人单位应立刻联系员工本人，询问相关情况，掌握其不辞而别的真正原因。如果用人单位无法与不辞而别的员工正常取得联系，用人单位应会同工会组织委派专人到员工入职时提供的居住地登门了解情况。根据了解到的情况，用人单位可分别作如下处理。

①如果员工确有不得已的苦衷，用人单位应要求其立即来单位补假，否则将按多次旷工，严重违纪处理。

②如果该员工有离职的打算，用人单位可与其协商，尽量让其递交一份书面解除劳动合同的申请。此时，用人单位可以为该员工提供解除劳动合同申请样本，写明"本人因个人原因，向×××公司提出于××××年××月××日解除劳动合同"，然后让其签字确认，这样就能规避用人单位在法律上的潜在风险。

③如果该员工既不打算离职，也对回单位工作的时间含混不清，此时用人单位可通知其在限定日期内到岗上班履行劳动合同，否则将按多次旷工，严重违纪处理。根据《中华人民共和国劳动合同法》第三十九条第二项，若员工旷工达到用人单位规章制度规定的严重违纪程度，用人单位可给予解除劳动合同处理。

（2）送达处理文件。用人单位未联系到员工本人，且到员工居住地探访仍未找到员工，此时用人单位也不能坐以待毙，而是要立刻通过EMS特快专递方式寄送"催告函"。对于拒绝签收或者无人签收而被退回的特快专递，用人单位应该完整保存，不得拆封，并作为证据留存。

此后用人单位也可以通过EMS特快专递方式寄送"解除劳动合同通知书"，对于拒绝签收或者无人签收而被退回的特快专递，仍须保留好相关证据。同时用人单位要公告送达"解除劳动合同通知书"，公告送达方式包括通过当地较有影响力的新闻报纸通知，以及在宣传栏张贴公告，公告送达后用人单位应该保存该报纸及宣传栏公告。公告自发出之日起，经过三十日，即视为送达。经过此程序后，用人单位应当及时按照劳动规章制度办理解除劳动合同手续。

此外，为了防范、处理因文件无法有效送达而给用人单位带来的法律风险，用人单位在与员工签订劳动合同时，应在劳动合同中增加"送达"条款。"送达"条款的具体说明如图10-2所示。

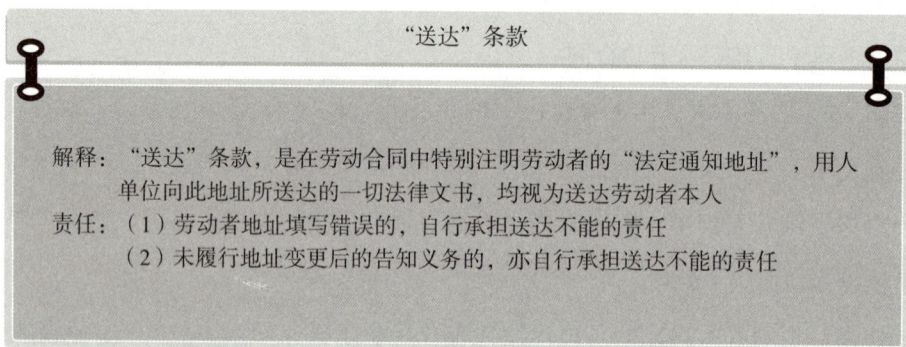

> "送达"条款
>
> 解释："送达"条款，是在劳动合同中特别注明劳动者的"法定通知地址"，用人
>   　　单位向此地址所送达的一切法律文书，均视为送达劳动者本人
> 责任：（1）劳动者地址填写错误的，自行承担送达不能的责任
>   　　（2）未履行地址变更后的告知义务的，亦自行承担送达不能的责任

图10-2　"送达"条款说明

此条款的目的在于，当员工不辞而别，用人单位可向员工填写的法定通知地址邮寄解除劳动合同证明等法律文书，就视为向其本人送达，这样可避免在员工不辞而别的情况下，用人单位的劳动合同解除通知单无人签收，导致员工不承认已送达的情况发生。增加这一条款后，劳动合同就具有了一定的可操作性，当劳动者不辞而别时，用人单位也能够进行有效的应对，并依据考勤确定旷工情形的存在，再依据旷工达到一定天数的情节，对其作出解除劳动合同等处理，然后再将处理决定文件邮寄到条款中的地址，即可解决双方之间送达不能的问题。

2. 对不辞而别员工其他情况的处理

对于不辞而别员工给用人单位造成损失，或者与用人单位签订特殊协议的，用人单位向员工主张赔偿，具体的处理办法如下。

（1）员工的不辞而别给用人单位造成损失的，用人单位可以根据《中华人民共和国劳动合同法》第九十条要求员工承担赔偿责任。

（2）员工在不辞而别前曾与用人单位签订"服务期协议"，但未履行服务期约定的，用人单位可以根据《中华人民共和国劳动合同法》第二十二条要求员工支付违约金。

（3）员工在不辞而别前曾与用人单位签订"竞业限制协议"的，该协议并不因员工不辞而别而免除，根据《中华人民共和国劳动合同法》第二十三条第二款，员工违反竞业限制约定的，用人单位可要求其支付违约金，若是用人单位拟放弃竞业限制义务的，应向员工履行告知程序。

10.5.9　问题9：员工未提前通知突然辞职，用人单位能否扣除其一个月工资作为赔偿？

根据《中华人民共和国劳动合同法》第二十五条的相关规定，除了员工违反竞业限制义务或者服务期约定的情形，用人单位不得要求员工承担违约金。但是如果员工突然辞职给用人单位造成了实际损失，用人单位可要求员工承担相应的赔偿责任，同时，用人单位也要承担举证责任，但不能扣除员工一个月工资作为赔偿。

10.5.10　问题10：经济性裁员应如何实施？

在金融危机之下，用人单位集体裁员屡见不鲜。《中华人民共和国劳动法》第二十七条第一款规定："用人单位濒临破产进行法定整顿期间或者生产经营状况发生严重困难，确需裁减人员的，应当提前三十日向工会或者全体职工说明情况，听取工会或者职工的意见，经向劳动行政部门报告后，可以裁减人员。"这一规定所称的情形即为经济性裁员。

经济性裁员，是用人单位一次性单方与部分员工解除劳动合同，以此改善自己的经营状况，暂渡难关，保护自身生存能力的一种手段。

1. 经济性裁员的许可条件

经济性裁员的许可条件是法律明确规定的可以裁员的情形，用人单位需要在相关法律法规许可的经济性裁员的条件下才能实施裁员。《中华人民共和国劳动合同法》第四十一条对经济性裁员的许可条件进行了明确规定，其情形如图10-3所示。

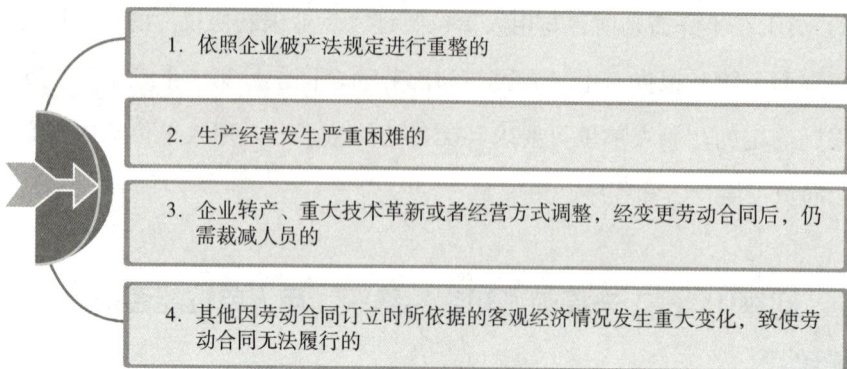

1. 依照企业破产法规定进行重整的

2. 生产经营发生严重困难的

3. 企业转产、重大技术革新或者经营方式调整，经变更劳动合同后，仍需裁减人员的

4. 其他因劳动合同订立时所依据的客观经济情况发生重大变化，致使劳动合同无法履行的

图10-3 经济性裁员的许可条件

2. 经济性裁员的限制条件

考虑到一些本身存在生活困难的员工的特殊情况，如果将其裁掉，则必将雪上加霜。因此，《中华人民共和国劳动合同法》在第四十一条中还规定了一定的限制条件。其限制条件主要包括优先留用和优先招用两个方面，限制条件的具体说明如表10-1所示。

表10-1 经济性裁员的限制条件

限制条件	具体说明
优先留用	◎优先留用制度是《中华人民共和国劳动合同法》的一项制度，即用人单位需要对两类人员特别照顾，并优先留用： 一类是合同期限较长的人员，指与用人单位订立较长固定期限劳动合同和订立无固定期限劳动合同的劳动者 另一类是家庭经济困难人员，这类人员的具体界定标准是家庭无其他就业人员，有需要扶养的老人或者未成年人，这主要是考虑到该类人员的经济负担往往比较重
优先招用	◎优先招用制度也是《中华人民共和国劳动合同法》规定里的一项制度，它沿用了《中华人民共和国劳动法》规定的优先招用制度 ◎《中华人民共和国劳动合同法》规定，用人单位在六个月内重新招用人员的，应当通知被裁减的人员，并在同等条件下优先招用被裁减的人员

3. 经济性裁员的禁止条件

为了加大对劳动群体中处于明显弱势地位的劳动者的保护，《中华人民共和国劳动合同法》第四十二条明确规定以下六类情形不得列入经济性裁员的范围。

（1）从事接触职业病危害作业的劳动者未进行离岗前职业健康检查，或者疑似职业病病人在诊断或者医学观察期间的。

（2）在本单位患职业病或者因工负伤并被确认丧失或者部分丧失劳动能力的。

（3）患病或者非因工负伤，在规定的医疗期内的。

（4）女职工在孕期、产期、哺乳期的。

（5）在本单位连续工作满十五年，且距法定退休年龄不足五年的。

（6）法律、行政法规规定的其他情形。

4. 经济性裁员的程序

依据《中华人民共和国劳动合同法》第四十一条、《中华人民共和国劳动法》第二十七条和《企业经济性裁减人员规定》（劳部发〔1994〕447号）第四条，用人单位确须裁减人员的，应按下列程序进行。

（1）提前三十日向工会或全体职工说明情况，并提供有关生产经营状况的资料。

（2）提出裁减人员方案，内容包括：被裁减人员名单、裁减时间及实施步骤，符合法律、法规规定和集体合同约定的被裁减人员经济补偿办法。

（3）将裁减人员方案征求工会或者全体职工的意见，并对方案进行修改和完善。

（4）向当地劳动行政部门报告裁减人员方案以及工会或者全体职工的意见，并听取劳动行政部门的意见。

（5）由用人单位正式公布裁减人员方案，与被裁减人员办理解除劳动合同手续，按照有关规定向被裁减人员本人支付经济补偿金，并出具裁减人员证明书。

经济性裁员作为用人单位单方集体解除劳动合同的行为，所涉及的员工众多，裁员期内员工的情绪往往不稳定。此时，用人单位应当严格按照法律规定的条件和程序，处理好与被裁减人员的关系，积极主动沟通，避免冲突。同时用人单位也应积极改善自身经营状况，早日摆脱经济困境，当经营得到改善后，通过重新招用等方式回报被裁减人员的牺牲。

10.5.11　问题11：在什么情形下需要支付经济补偿金？

经济补偿金是指用人单位与劳动者解除劳动合同时，给予劳动者的经济补偿。根据我国相关法律法规，用人单位需要支付经济补偿金的情形如下。

1. 当劳动者解除劳动合同时

劳动者解除劳动合同，用人单位应当支付经济补偿金的10种情形如下。

（1）用人单位未按照劳动合同约定提供劳动保护或者劳动条件的。（《中华人民共和国劳动合同法》第三十八条第一款第一项）

（2）用人单位未及时足额支付劳动报酬的。（《中华人民共和国劳动合同法》第三十八条第一款第二项）

（3）用人单位未依法为劳动者缴纳社会保险费的。（《中华人民共和国劳动合同法》第三十八条第一款第三项）

（4）用人单位的规章制度违反法律、法规的规定，损害劳动者权益的。（《中华人民共和国劳动合同法》第三十八条第一款第四项）

（5）用人单位以欺诈、胁迫的手段或者乘人之危，使劳动者在违背真实意思的情况下订立或者变更劳动合同，致使劳动合同无效的。（《中华人民共和国劳动合同法》第三十八条第一款第五项及第二十六条第一款第一项）

（6）用人单位免除自己的法定责任、排除劳动者权利，致使劳动合同无效的。（《中华人民共和国劳动合同法》第三十八条第一款第五项及第二十六条第一款第二项）

（7）用人单位订立劳动合同违反法律、行政法规强制性规定，致使劳动合同无效的。（《中华人民共和国劳动合同法》第三十八条第一款第五项及第二十六条第一款第三项）

（8）法律、行政法规规定劳动者可以解除劳动合同的其他情形。（《中华人民共和国劳动合同法》第三十八条第一款第六项）

（9）用人单位以暴力、威胁或者非法限制人身自由的手段强迫劳动者劳动的。（《中华人民共和国劳动合同法》第三十八条第二款第一种情形）

（10）用人单位违章指挥、强令冒险作业危及劳动者人身安全的。（《中华人民共和国劳动合同法》第三十八条第二款第二种情形）

2. 当用人单位解除劳动合同时

用人单位解除劳动合同，应当向劳动者支付经济补偿金的8种情形如下。

（1）用人单位与劳动者协商一致的。（《中华人民共和国劳动合同法》第三十六条）

（2）劳动者患病或者非因工负伤，在规定的医疗期满后不能从事原工作，也不能从事由用人单位另行安排的工作的。（《中华人民共和国劳动合同法》第四十条第一项）

（3）劳动者不能胜任工作，经过培训或者调整工作岗位，仍不能胜任工作的。（《中华人民共和国劳动合同法》第四十条第二项）

（4）劳动合同订立时所依据的客观情况发生重大变化，致使劳动合同无法履行，经用人单位与劳动者协商，未能就变更劳动合同内容达成协议的。（《中华人民共和国劳动合同法》第四十条第三项）

（5）用人单位依照企业破产法规定进行重整，依法裁减人员的。（《中华人民共和国劳动合同法》第四十一条第一款第一项）

（6）用人单位生产经营发生严重困难，依法裁减人员的。（《中华人民共和国劳动合同法》第四十一条第一款第二项）

（7）用人单位转产、重大技术革新或者经营方式调整，经变更劳动合同后，仍需裁减人员，用人单位依法定程序裁减人员的。（《中华人民共和国劳动合同法》第四十一条第一款第三项）

（8）用人单位存在其他因劳动合同订立时所依据的客观经济情况发生重大变化，致使劳动合同无法履行，用人单位依法定程序裁减人员的。（《中华人民共和国劳动合同法》第四十一条第一款第四项）

3. 当用人单位终止劳动合同时

用人单位终止劳动合同，应当向员工支付经济补偿金的3种情形如下。

（1）劳动合同期满，员工同意续订劳动合同而用人单位不同意续订劳动合同，由用人单位终止固定期限劳动合同的。（《中华人民共和国劳动合同法》第四十四条第一项）

（2）因用人单位被依法宣告破产而终止劳动合同的。（《中华人民共和国劳动合同法》第四十四条第四项）

（3）因用人单位被吊销营业执照、责令关闭、撤销或者用人单位决定提前解散而终止劳动合同的。（《中华人民共和国劳动合同法》第四十四条第五项）

4. 其他

法律、行政法规规定的其他2种情形如下。

（1）用人单位自用工之日起超过一个月不满一年，劳动者不与用人单位订立书面劳动合同，用人单位书面通知劳动者终止劳动关系的。（《中华人民共和国劳动合同法实施条例》第六条）

（2）以完成一定工作任务为期限的劳动合同因任务完成而终止的。（《中华人民共和国劳动合同法实施条例》第二十二条）

10.5.12　问题12：如何理解N、$N+1$、$2N$的经济补偿金？

1.　N经济补偿金

N是代表核算经济补偿金所依据的员工工作年限。《中华人民共和国劳动合同法》第四十七条第一款规定："经济补偿按劳动者在本单位工作的年限，每满一年支付一个月工资的标准向劳动者支付。六个月以上不满一年的，按一年计算；不满六个月的，向劳动者支付半个月工资的经济补偿。"其须支付经济补偿金的情形如下。

（1）双方协商一致解除劳动合同的。（《中华人民共和国劳动合同法》第三十六条）

（2）因用人单位过失使员工被迫辞职的。（《中华人民共和国劳动合同法》第三十八条）

（3）用人单位无过失性辞退但未提前三十日以书面形式通知员工本人的。（《中华人民共和国劳动合同法》第四十条）

（4）用人单位经济性裁员的。（《中华人民共和国劳动合同法》第四十一条）

（5）员工劳动合同期满，用人单位不续签的。（《中华人民共和国劳动合同法》第四十四条第一项）

（6）用人单位被依法宣告破产、被吊销营业执照、责令关闭、撤销或者用人单位决定提前解散的。（《中华人民共和国劳动合同法》第四十四条第四项和第五项）。

2.　$N+1$经济补偿金

$N+1$中的"1"俗称"代通知金"，是员工无过错性被辞退，用人单位未提前三十天书面通知，而解除劳动合同的，须支付给员工一个月工资的补偿。其支付经济补偿金的情形依据《中华人民共和国劳动合同法》第四十条，具体如下。

（1）劳动者患病或者非因工负伤，在规定的医疗期满后不能从事原工作，也不能从事由用人单位另行安排的工作的。

（2）劳动者不能胜任工作，经过培训或者调整工作岗位，仍不能胜任工作的。

（3）劳动合同订立时所依据的客观情况发生重大变化，致使劳动合同无法履行，经用人单位与劳动者协商，未能就变更劳动合同内容达成协议的。

3. 2N经济补偿金

2N是指用人单位违法解除或终止劳动合同后的赔偿金，须以经济补偿金为标准，双倍支付的相应赔偿金。用人单位违法解除合同后的赔偿金，是经济补偿标准的二倍。

10.5.13　问题13：用人单位若违法跟员工解除或者终止劳动合同会怎么样？

《中华人民共和国劳动合同法》第四十八条规定："用人单位违反本法规定解除或者终止劳动合同，劳动者要求继续履行劳动合同的，用人单位应当继续履行；劳动者不要求继续履行劳动合同或者劳动合同已经不能继续履行的，用人单位应当依照本法第八十七条规定支付赔偿金。"

该法第八十七条规定："用人单位违反本法规定解除或者终止劳动合同的，应当依照本法第四十七条规定的经济补偿标准的二倍向劳动者支付赔偿金。"

该法第四十七条规定："经济补偿按劳动者在本单位工作的年限，每满一年支付一个月工资的标准向劳动者支付。六个月以上不满一年的，按一年计算；不满六个月的，向劳动者支付半个月工资的经济补偿。劳动者月工资高于用人单位所在直辖市、设区的市级人民政府公布的本地区上年度职工月平均工资三倍的，向其支付经济补偿的标准按职工月平均工资三倍的数额支付，向其支付经济补偿的年限最高不超过十二年。本条所称月工资是指劳动者在劳动合同解除或者终止前十二个月的平均工资。"

由此可见，用人单位违法跟员工解除或者终止劳动合同，若员工要求继续履行劳动合同的，用人单位应当继续履行；若员工不要求继续履行劳动合同或者劳动合同已经不能继续履行的，用人单位须向员工支付两倍的经济补偿金。

11

第 11 章

灵活用工管理

>>>

11.1　风险识别

11.1.1　风险点1：【非全日制用工】劳动报酬低于最低工资标准

风险指数★★★★★

【风险提示】非全日制用工的劳动报酬低于当地最低工资标准的，员工可以向当地劳动行政部门举报或投诉，根据《中华人民共和国劳动合同法》第八十五条，由劳动行政部门责令用人单位限期支付差额部分，若用人单位逾期仍不支付的，劳动行政部门有权按应付金额百分之五十以上百分之一百以下的标准责令用人单位向劳动者加付赔偿金。

【操作指引】用人单位在定薪时，要注意非全日制用工的小时计酬标准是否低于用人单位所在地人民政府规定的最低小时工资标准，同时还须时刻关注有关政府部门发布的数据，以及时调整。

11.1.2　风险点2：【非全日制用工】约定试用期

风险指数★★☆☆☆

【风险提示】《中华人民共和国劳动合同法》第七十条规定："非全日制用工双方当事人不得约定试用期。"由此可见，用人单位与非全日制员工约定试用期属于违法行为，将会被劳动行政部门责令改正。违法约定的试用期已经履行的，由用人单位以员工试用期满月工资为标准，按已经履行的试用期的期间向员工支付赔偿金。

【操作指引】用人单位应制定相应的规章制度，明确规定与非全日制员工不得约定试用期，同时还可以制定统一的协议模板。

11.1.3　风险点3：【非全日制用工】未缴纳工伤保险费

风险指数★★★★★

【风险提示】用人单位未按规定为非全日制员工缴纳工伤保险费的，一旦该员工在工作期间因工作因素受到事故伤害或患职业病，用人单位将承担全部工伤保险待遇赔付责任。

【操作指引】用人单位应当按照法律规定为非全日制员工缴纳工伤保险费，对无法单独为非全日制员工缴纳工伤保险费的，用人单位可为其购买雇主责任险等商业保险。

11.1.4　风险点4：【非全日制用工】按月发放工资

风险指数★★★☆☆

【风险提示】《中华人民共和国劳动合同法》第七十二条第二款规定："非全日制用工劳动报酬结算支付周期最长不得超过十五日。"因此，若用人单位给非全日制员工按月发放工资，将存在被认定为全日制用工的风险。

【操作指引】用人单位对非全日制员工的工资支付周期最长不得超过十五日，若只能按月发放工资的，用人单位应取得非全日制员工的同意并做好书面约定。

11.1.5　风险点5：【非全日制用工】工作时间超时

风险指数★★★★★

【风险提示】根据《中华人民共和国劳动合同法》第六十八条，非全日制用工的劳动者平均每日工作时间不超过四小时，每周工作时间累计不超过二十四小时。一旦用人单位超过法律规定的非全日制用工的工作时间，将存在被认定为全日制用工的风险。

【操作指引】用人单位应当根据双方非全日制用工协议书中约定的工作时间严格执行，每日工作时间不超过四小时，每周工作时间累计不超过二十四小时，并要求员工在出勤单上签字确认，保留或固定证据。

11.1.6　风险点6：【共享用工】双方权重分担模糊不清

风险指数★★★☆☆

【风险提示】"共享用工"是员工富余单位与缺工单位之间开展的用工余缺调剂合作的一种有效方式，其目的是分摊用工成本，提升人力资源配置效率。但若是双方权重分担模糊不清，缺工单位极有可能被认定为与共享员工存在事实劳动关系，进而承担一系列用工主体责任的风险。

【操作指引】缺工单位应与员工富余单位签订"共享用工合作协议"，明确双方的权利义务，以便通过协议内容认定缺工单位与共享员工的法律关系。

11.1.7　风险点7：【共享用工】名为共享用工，实为劳务派遣用工

风险指数★★★☆☆

【风险提示】"共享用工"模式与"劳务派遣用工"模式非常相似，在实际操作中，稍有不慎就有可能被认定为是以共享用工名义违法开展劳务派遣和规避劳务派遣有关规定，用工单位将被依法追究相应法律责任。

【操作指引】"共享用工"模式与"劳务派遣用工"模式最大的区别是派遣单位以劳务派遣为经营业务，以派遣费为盈利。因此，为了规避此类风险，用工单位应避免共享用工合作协议与劳务派遣协议的相关条款相似，杜绝在协议中出现"劳务派遣""管理费"等字眼和描述。

11.1.8　风险点8：【共享用工】未审查共享员工与原单位的劳动关系

风险指数★★★★☆

【风险提示】在司法实践中，若是共享员工与原单位之间不存在劳动关系或者在共享用工期间双方的劳动关系终止或者解除，一旦缺工单位与共享员工之间发生争议，缺工单位往往会因存在事实用工行为，而被劳动仲裁机构或人民法院认定为与共享员工存在事实劳动关系。若被认定为存在事实劳动关系，缺工单位将承担用人单位的法律责任，包括为员工缴纳社会保险费、支付工资以及经济赔偿等事项。

【操作指引】缺工单位在签订共享用工合同协议前应注意审查共享员工与原单位之间的劳动关系，可要求原单位提供共享员工的劳动合同、社会保险缴费证明等资料。同时，还可以在共享用工合同协议中注明，若原单位与共享员工之间不存在劳动关系时应承担违约责任的条款。

11.1.9　风险点9：【劳务派遣用工】不符合三性和比例原则

风险指数★★★★☆

【风险提示】"三性"是指临时性、辅助性和替代性。临时性工作岗位是指存续时间不超过六个月的岗位；辅助性工作岗位是指为主营业务岗位提供服务的非主营业务岗位；替代性工作岗位是指在用工单位的劳动者因脱产学习、休假等原因无法工作的一定期间内，可以由其他劳动者替代工作的岗位。

用工单位若在非"三性"岗位使用劳务派遣用工，不仅存在承担限期改正、罚款缴纳、损害赔偿等法律责任的风险，还存在劳务派遣被认定为事实劳动关系的风险。

用工单位若超比例使用劳务派遣用工，将面临行政监管和处罚的风险。

【操作指引】

（1）"三性"岗位。用工单位可建立劳务派遣用工台账，对"三性"岗位进行表格化管理；对不符合"三性"岗位应及时进行处理；对不确定的岗位可询问劳动行政主管部门后再进行处理。

（2）用工比例。用工单位应当按照法律法规要求，严格控制劳务派遣用工数量，使用的被派遣用工数量不得超过其用工总量的10%。若是被派遣用工数量超过其用工总量的10%，用工单位可制定或调整用工方案，采取有效措施积极调整用工方式，逐步达到规定要求。

11.1.10　风险点10：【劳务派遣用工】劳务派遣公司不具备派遣资质

风险指数★★★★★

【风险提示】劳务派遣公司在不具备派遣资质的情形下，经营派遣业务，用工单位可能需要承担以下风险。

（1）用工单位不知道劳务派遣公司不具备派遣资质。在这种情况下，用工单位将面临承担用人单位法律责任的风险。

（2）用工单位知道劳务派遣公司不具备派遣资质。在这种情况下，用工单位除了有承担用人单位法律责任的风险，若造成被派遣员工损失的，还存在承担连带赔偿责任的风险。

【操作指引】用工单位在选择劳务派遣公司时应注意审查其是否具备派遣资质、信誉及口碑情况、是否曾被行政处罚等因素。同时，还可以在劳务派遣协议中注明，若劳务派遣公司不具备派遣资质时应承担违约责任的条款。

11.1.11　风险点11：【劳务派遣用工】随意退回被派遣员工

风险指数★★★★★

【风险提示】根据《中华人民共和国劳动合同法》第六十五条第二款、《劳务派遣暂行规定》第十二条的相关规定，须满足法定情形或者用人单位与用工单位双方在不违反法律法规政策的前提下约定可以退回的情形，用工单位才能把劳务派遣员工退回，否则属于违法退回，用工单位须承担违约责任，劳动行政部门责令改正但逾期不改正的，以每人五千元以上一万元以下的标准处以罚款，若给被派遣员工造成损失的，还须承担连带赔偿责任。

【操作指引】用工单位在劳务派遣协议中对退回被派遣员工的情形应作明确的约定，同时还须保留退回用工依据的相关证据。

11.1.12　风险点12：【劳务派遣用工】逆向劳务派遣

风险指数★★★★★

【风险提示】用工单位采用"逆向"劳务派遣被认为是规避法律责任，侵害员工利益，进而被认定为劳务派遣无效，与员工之间的劳动关系仍然存在。

【操作指引】用人单位要想通过劳务派遣用工的方式实现用工目的，应注意以下几点。

（1）解除或终止与员工劳动关系，并依法支付经济补偿金或赔偿金。

（2）选择具有劳务派遣资质的劳务派遣公司，并由劳务派遣公司与员工建立新的劳动关系。

（3）劳务派遣的岗位为临时性、辅助性或者替代性的工作岗位，而非主要业务岗位。

（4）劳务派遣公司在法律上是独立运营的，且与用人单位无任何控股关系。

11.1.13　风险点13：【实习生用工】超期限实习

风险指数★★☆☆☆

【风险提示】根据《关于贯彻执行〈中华人民共和国劳动法〉若干问题的意见》第12条，在校生利用业余时间勤工助学的，不视为就业，未建立劳动关系，可以不签订劳动合同，而一旦毕业取得毕业证书就具备了劳动者主体资格，若用人单位仍继续将其作为实习生管理，双方很可能被认定为存在事实劳动关系。此时，用人单位将面临支付未签订劳动合同的双倍工资，支付经济补偿金或赔偿金，补缴社会保险费的风险。

【操作指引】用人单位应当安排专人管理实习生，密切关注实习生的毕业时间，在该实习生取得毕业证书之前及时确定是否予以留用。若是用人单位希望继续留用该实习生的，一旦该实习生取得毕业证书，应及时与其签订劳动合同，并为其办理社会保险等手续。

11.1.14　风险点14：【实习生用工】未缴纳工伤保险费

风险指数★★★★★

【风险提示】用人单位未为实习生缴纳工伤保险费，一旦该实习生在实习期间因工作原因受到事故伤害或患职业病，用人单位将面临依据《中华人民共和国侵权责任法》进行偿付的风险。

【操作指引】用人单位应及时为实习生缴纳工伤保险费，对有些地区无法缴纳工伤保险费的，用人单位可以为实习生购买雇主责任险等商业保险。同时，在工作安排上，应避免安排实习生从事高强度、高压力等工作，以减少发生事故和患病的风险，并建立完善的实习生培训制度，加强能提高实习生安全意识的培训。

11.1.15　风险点15：【外包用工】假外包，真派遣

风险指数★★★★☆

【风险提示】外包用工若是被认定为劳务派遣，用工单位将面临以下2个方面的法律风险。

（1）与外包单位承担连带责任。根据《中华人民共和国劳动合同法》第九十二条的规定，用工单位给被派遣劳动者造成损害的，劳务派遣单位与用工单位将承担连带赔偿责任。

（2）与外包人员被认定为存在事实劳动关系。若是外包单位与外包人员未签订劳动合同，或者劳动合同已经到期但未续签，使得此时用工单位按照劳务派遣用工模式使用外包人员的，在司法实践中，用工单位与外包人员很可能被认定为存在事实劳动关系。此时，用工单位将面临支付未签订劳动合同的双倍工资，支付经济补偿金或赔偿金的风险。

【**操作指引**】用人单位在选择外包用工模式时，应注意业务外包用工模式与劳务派遣用工模式的区别，避免被认定为"假外包，真派遣"，具体如表11-1所示。

表11-1　业务外包与劳务派遣的区别

方面	业务外包	劳务派遣
法律关系	发包单位与承包单位之间的承揽合同关系；承包单位与劳动者的劳动合同关系	劳务派遣单位与用工单位之间的劳务派遣合同关系；劳务派遣单位与被派遣劳动者之间的劳动合同关系；用工单位与被派遣劳动者之间的实际用工关系
适用法律	《中华人民共和国民法典》合同编	《中华人民共和国劳动法》《中华人民共和国劳动合同法》《劳务派遣暂行规定》
经营资质	外包的项目不涉及国家规定的特许内容，无须办理行政许可，没有特别的资质要求	用人单位须取得《劳务派遣经营许可证》后方可经营劳务派遣业务
工作成果衡量标准	发包单位根据外包业务的完成情况向承包单位支付外包费用，与承包单位使用的劳动者数量、工作时间等没有直接关系	用工单位根据劳务派遣单位派遣的劳动者数量、工作内容和时间等与被派遣劳动者直接相关的要素，向劳务派遣单位支付服务费
岗位要求	没有特殊限定和要求	临时性、辅助性或者替代性岗位
用工管理	发包方不参与管理，由承包方直接对外包人员进行管理	用工单位直接管理被派遣人员

11.1.16　风险点16：【异地用工】劳动关系与社会保险关系脱离

风险指数★★★☆☆

【**风险提示**】根据《中华人民共和国社会保险法》第五十七条，用人单位通过异地第三机构为异地员工代为缴纳员工社会保险费是违法的，不能取代其在社会保险登记地依法应当承担的社会保险费缴纳义务。一旦员工提起诉讼，用人单位将可能被认定为未按规定缴纳社会保险，承担相应的法律风险。

【**操作指引**】目前，不同地区对异地缴纳社会保险费的问题的政策态度不同，但为了降低异地代缴社会保险费的风险，用人单位可以在异地成立分支机构，由分支机构在当地为员工缴纳社会保险费，还可以通过实际工作地的第三方人力资源服务机构以劳务派遣或劳务外包等方式提供劳务服务。

11.2　合规管理

11.2.1　模板1：非全日制用工协议

非全日制用工协议是非全日制用工合规管理的重要工具，通过该协议可以明确用工单位和非全日制员工双方的劳动关系，降低发生劳动争议的概率。一旦发生劳动争议，可做到有据可依。以下是非全日制用工协议模板，用人单位可根据实际情况做修改使用，仅供参考。

文书名称	非全日制用工协议	编　号	
		受控状态	

甲方（用人单位）：＿＿＿＿＿＿＿＿＿＿＿＿＿

统一社会信用代码：＿＿＿＿＿＿＿＿＿＿＿＿＿

法定代表人（主要负责人）或委托代理人：＿＿＿＿＿＿＿＿＿＿＿＿＿

注　册　地：＿＿＿＿＿＿＿＿＿＿＿＿＿

经　营　地：＿＿＿＿＿＿＿＿＿＿＿＿＿

联系电话：＿＿＿＿＿＿＿＿＿＿＿＿＿

乙方（劳动者）：＿＿＿＿＿＿＿＿＿＿＿＿＿

居民身份证号码：＿＿＿＿＿＿＿＿＿＿＿＿＿

（或其他有效证件名称＿＿＿＿＿＿＿＿＿＿证件号：＿＿＿＿＿＿＿＿＿＿）

户籍地址：＿＿＿＿＿＿＿＿＿＿＿＿＿

经常居住地（通信地址）：＿＿＿＿＿＿＿＿＿＿＿＿＿

联系电话：＿＿＿＿＿＿＿＿＿＿＿＿＿

根据《中华人民共和国劳动合同法》有关非全日制用工的规定，甲、乙双方遵循合法、公平、平等自愿、协商一致、诚实信用的原则订立本协议。

一、协议期限

本协议自＿＿＿＿＿年＿＿月＿＿日起至＿＿＿＿＿年＿＿月＿＿日止。

提示：不得约定试用期。

二、工作内容和工作地点

乙方工作岗位是＿＿＿＿＿＿＿＿＿＿＿＿＿，岗位职责为＿＿＿＿＿＿＿＿＿＿＿＿＿，工作地点为＿＿＿＿＿＿＿＿＿＿＿＿＿。

提示：工作地点应为具体的，不应只约定为"××省"等区域。

乙方应爱岗敬业、诚实守信，保守甲方商业秘密，遵守甲方依法制定的劳动规章制度，认真履行岗位职责，按时保质完成工作任务。若乙方违反劳动纪律，甲方可依据依法制定的劳动规章制度进行相应处理。

三、用工形式

甲、乙双方的用工形式为非全日制用工。

四、工作时间

乙方向甲方提供劳动，平均每日工作时间不超过＿＿＿小时，每周工作时间累计不超过＿＿＿小时，具体工作时间由甲方安排。

注意：法律规定，非全日制用工平均每日工作时间不超过四小时，每周工作时间累计不超过二十四小时，一旦超过这个规定，将存在被认定为全日制用工的风险。

五、劳动报酬

1. 甲方按小时计酬方式，以货币形式支付乙方劳动报酬，标准为每小时＿＿＿元。甲方向乙方支付劳动报酬的周期不得超过15日。

注意：非全日制用工小时计酬标准不得低于用人单位所在地人民政府规定的最低小时工资标准。

2. 工资发放时间为＿＿＿＿＿＿＿，发放方式为＿＿＿＿＿＿＿（直接发放/委托银行代发）。

3. 乙方在法定节假日工作不视为加班，甲方按照本协议第五点第一项的标准向乙方支付劳动报酬。

提示：对非全日制用工加班无地方规定的省市，可加入用以明确法定节假日是否需要支付加班费的规定。

4. 支付劳动报酬的其他约定：＿＿＿＿＿＿＿＿＿＿＿＿＿＿＿＿。

六、社会保险和福利待遇

1. 甲方应当按本市相关规定为乙方缴纳工伤保险费，但不承担有关缴纳养老保险、医疗保险、生育保险以及失业保险费的义务。

2. 因政策原因，甲方无法单独为乙方缴纳工伤保险费的，应为乙方购买雇主责任险。

七、劳动保护、劳动条件和职业培训

1. 甲方应对乙方进行工作岗位所必需的培训。乙方应主动学习，积极参加甲方组织的培训，提高职业技能。

2. 甲方应当严格执行劳动安全卫生相关法律法规，落实国家关于女职工、未成年工的特殊保护规定，建立健全劳动安全卫生制度，对乙方进行劳动安全卫生教育和操作规程培训，并为乙方提供必要的安全防护设施和劳动保护用品，努力改善劳动条件，减少职业危害。乙方从事接触职业病危害作业的，甲方应依法告知乙方工作过程中可能产生的职业病危害及其后果，并提供职业病防护措施，在乙方上岗前、在岗期间和离岗时对乙方进行职业健康检查。

3. 乙方应当严格遵守安全操作规程，不违章作业。乙方对甲方管理人员违章指挥、强令冒险作业的行为，有权拒绝执行。

八、协议的变更、解除、终止

1. 甲、乙双方协商一致，可以变更本协议的内容，并以书面形式确定。

2．甲、乙双方任何一方可以随时通知对方终止用工，但须提前＿＿日以书面形式通知对方。一旦终止用工，甲方无须向乙方支付经济补偿金。

3．甲、乙双方解除、终止本协议的，乙方应当配合甲方办理工作交接手续。

提示：协议的变更、解除、终止为必备条款，主要是约定协议的变更、解除、终止的情形。

九、双方约定事项

1．乙方工作涉及甲方商业秘密和与知识产权相关的保密事项的，甲方可以与乙方依法协商约定保守商业秘密或竞业限制的事项，并签订保守商业秘密协议或竞业限制协议。

2．甲方出资对乙方进行专业技术培训，要求与乙方约定服务期的，应当征得乙方同意，并签订协议，明确双方权利义务。

3．双方约定的其他事项：＿＿＿＿＿＿＿＿＿＿＿。

十、劳动争议处理

甲、乙双方因本协议发生劳动争议时，可以按照法律法规的相关规定，进行协商、申请调解或仲裁。对仲裁裁决不服的，可以依法向有管辖权的人民法院提起诉讼。

提示：劳动争议处理为必备条款，主要是约定解决劳动争议的方式。

十一、其他

1．本协议中记载的乙方联系电话、通信地址为劳动合同期内通知相关事项和送达书面文书的联系方式、送达地址。如发生变化，乙方应当及时告知甲方。

2．双方确认：均已详细阅读并理解本协议内容，清楚各自的权利、义务。本协议未尽事宜，按照有关法律法规和政策规定执行。

3．乙方可同时与其他用人单位订立用工协议，但后订立的用工协议不得影响本协议的履行。

4．本协议一式两份，甲、乙双方各执一份，自双方签字（盖章）之日起生效，双方应严格遵照执行。

甲方（盖章）：　　　　　　　　　　　　乙方（签字）：

法定代表人（主要负责人）：

或委托代理人（签字或盖章）：

＿＿＿＿年＿＿月＿＿日　　　　　　　　　＿＿＿＿年＿＿月＿＿日

编制人员		审核人员		审批人员	
编制时间		审核时间		审批时间	

使用说明有如下几点。

（1）协议内容应使用蓝、黑钢笔或签字笔填写，字迹清楚，文字简练、准确，不得涂改。确须涂改的，双方应在涂改处签字或盖章确认。

（2）甲方应加盖公章，法定代表人（主要负责人）或委托代理人签字或盖章；乙方应由本人签字，不得由他人代签。协议由甲、乙双方各执一份，应交乙方的协议不得由甲方代为保管。

11.2.2　模板2：共享用工合作协议

　　共享用工合作协议是原单位和缺工单位之间确立共享用工关系，明确双方权利和义务的载体，一旦发生争议，可做到有据可依。以下是共享用工合作协议模板，用人单位可根据实际情况做修改使用，仅供参考。

文书名称	共享用工合作协议	编　　号	
		受控状态	

甲方（员工富余单位）：_____

统一社会信用代码：_____

法定代表人（主要负责人）或委托代理人：_____

单位所在地：_____

联系电话：_____

乙方（缺工单位）：_____

统一社会信用代码：_____

法定代表人（主要负责人）或委托代理人：_____

单位所在地：_____

联系电话：_____

根据《中华人民共和国劳动法》《中华人民共和国劳动合同法》等法律、法规及《人力资源和社会保障部办公厅关于做好共享用工指导和服务的通知》（人社厅发〔2020〕98号），甲、乙双方就单位间共享用工合作事宜，本着平等自愿、协商一致的原则，经过友好协商，达成如下协议并共同遵守。

第一章　共享用工合作内容

第一条　共享用工期限

1．本协议共享用工期限自_____年____月____日起至_____年____月____日止。

2．本协议共享用工期限届满前一个月，经甲、乙双方协商一致，可以延长合作期限，并重新签订或续签本协议。

提示：共享用工期限不应超过劳动者与原单位订立的劳动合同剩余期限。

第二条　调剂劳动者人数及相关要求

1．甲方承诺从本单位劳动合同制的劳动者中调剂_____名劳动者，完成乙方_____工作内容。

2．甲方调剂的劳动者符合乙方要求，具体标准为：_____。

3．乙方根据实际工作需要，对劳动者工作岗位进行合理安排，工作地点为：_____。

4．劳动者到岗后，乙方应向其明确岗位职责和相关要求，进行必要的岗前培训以及技能提升培训。

提示：劳动者非由甲方安排而自行到其他单位工作的，不属于共享用工情形。

第二章 费用支付约定

第三条 费用支付

乙方应按时足额向甲方支付相关费用，甲方可将其用于支付共享员工劳动报酬，为其缴纳社会保险费等，不得克扣劳动者的劳动报酬和以任何名目从中收取费用。

1．相关费用标准约定：_____。

2．支付方式及支付时间约定：_____。

3．交通、用餐、住宿等约定：_____。

第四条 工伤补偿约定

基金支付部分由甲方负责申报，乙方协助甲方完成工伤申请等工作。承担部分经甲方、乙方协商一致，责任划分和补偿办法约定如下：_____。

第三章 甲方的权利和义务

第五条 甲方的权利

1．甲方有权知道乙方有关共享用工劳动者的工作内容、工作条件、工作地点、职业危害、安全生产状况、劳动报酬、单位规章制度、_____等内容。

2．甲方应与乙方签订合作协议，明确共享用工期间甲方、乙方的权利义务关系及劳动者权益保护等事项。

第六条 甲方的义务

1．不得将在本单位工作的被派遣劳动者以共享用工的名义安排到乙方工作；不得以共享用工的名义违法开展劳务派遣和规避劳务派遣的有关规定。

2．进行共享用工前应充分征求劳动者的意见，与其协商一致，并按照协商内容变更劳动合同，不改变与劳动者之间的劳动关系。变更后的劳动合同应明确新的工作地点、工作岗位、工作时间、休息休假、劳动报酬、劳动条件以及乙方依法制定的规章制度等。

3．共享用工期限不得超过劳动者的劳动合同剩余期限。劳动者不同意共享用工的，不得强制共享用工。

4．按时足额支付共享用工劳动者劳动报酬，依法为其缴纳社会保险费，并依据乙方所在行业风险类别为共享用工劳动者缴纳工伤保险费。共享用工期间，不得克扣劳动者的劳动报酬或以营利为目的从中收取费用。

5．跟踪了解劳动者在乙方的工作情况和有关诉求，及时帮助其解决在工作中遇到的困难和问题。

6．劳动者在乙方工作期间发生工伤事故的，按照《工伤保险条例》第四十三条第三款的规定，由甲方承担工伤保险责任，补偿办法与乙方在本协议中进行约定。

7．因乙方未按照约定提供劳动保护，劳动者要求返回的，或者乙方按照约定退回劳动者的，应及时予以接收安排。

8．共享用工合作期满，应及时接收安排劳动者。

第四章　乙方的权利和义务

第七条　乙方的权利

1. 劳动者符合以下情形的，乙方可将其退回甲方。

（1）在乙方工作期间被证明不能胜任工作的。

（2）严重违反乙方规章制度的。

（3）严重失职、营私舞弊，给乙方造成重大损害的。

（4）被依法追究刑事责任的。

（5）法律、法规规定的其他情形。

2. 乙方有权监督甲方按时足额支付劳动者的劳动报酬，并督促甲方为劳动者缴纳社会保险费。

3. 乙方有权掌握劳动者个人基本情况及职业技能。

第八条　乙方的义务

1. 如实告知劳动者共享用工期间的工作内容、工作条件、工作地点、职业危害、安全生产状况、劳动报酬、单位规章制度和劳动者需要了解的其他情况。

2. 完善对共享用工劳动者的管理制度和考勤制度，合理为其安排工作时间和工作任务，保障其休息、休假权利，为其提供符合国家规定的劳动安全卫生条件和必要的劳动防护用品。

3. 劳动者在共享用工期间发生工伤事故的，乙方应协助甲方完成工伤申请等工作，并按照约定给予相应的补偿。

4. 招用尚未与甲方解除、终止劳动合同的劳动者，给甲方造成损失的，应当承担连带赔偿责任。

第五章　协议的履行、变更、解除和终止

第九条　履行义务

甲、乙方按照本协议的约定，依法、全面履行各自的义务，享受各自的权利。

第十条　内容变更

甲、乙方变更名称、法定代表人、主要负责人或者投资人等事项，不影响本协议的履行，以书面形式变更相关内容。

第十一条　协议变更

甲、乙方发生合并或者分立等情况，本协议继续有效，由承继单位继续履行，以书面形式变更本协议甲、乙方的名称。

第十二条　协商变更

经甲、乙方协商一致，可以变更本协议约定的内容，并以书面形式确定。

第十三条　协议解除、终止

解除、终止本协议，应当经甲、乙方协商一致。提出解除、终止本协议给对方造成损失的，应当承担赔偿责任。

第六章　争议处理和违约责任

第十四条　争议处理

甲、乙方因履行本协议发生争议的，双方可协商解决。协商不成的，甲、乙双方任何一方可以向乙方所在地的人民法院提起诉讼。

第十五条　违约责任

本协议履行期间，任何一方违反约定内容给对方造成损失的，应支付违约金，具体为：_____。

第七章　其他事项

第十六条　本协议的附件

1．共享用工劳动者花名册。

2．_____。

第十七条　双方约定的其他事项

_____

_____。

第十八条　未尽事宜

本协议未尽事宜，按国家和省、市有关规定执行。

第十九条　生效条件

本协议自甲、乙双方法定代表人或主要负责人签字，并加盖单位公章之日起生效，甲、乙双方各执一份。

甲方（盖章）　　　　　　　　　　乙方（盖章）

法定代表人：　　　　　　　　　　法定代表人：

（主要负责人）　　　　　　　　　（主要负责人）

签字日期：_____年___月___日　　签字日期：_____年___月___日

附件：

附件：共享用工劳动者花名册

序号	姓名	性别	身份证号	手机号码	原劳动合同期限	
					起	止

编制人员		审核人员		审批人员	
编制时间		审核时间		审批时间	

使用说明有如下几点。

（1）签订共享用工合作协议，由甲、乙双方法定代表人或主要负责人签字，并加盖单位公章，方可生效。

（2）本协议空白部分的内容须经甲、乙双方协商一致后填写。甲、乙双方协商增加条款的，可以在相应位置增加。

（3）本协议空白部分的内容原则上不进行手写。确须手写的，应使用蓝、黑钢笔或签字笔填写，填写时要做到字迹清楚，文字简练、准确。双方应在手写内容处盖章确认。

11.2.3　模板3：劳务派遣协议

劳务派遣协议是用工单位与劳务派遣单位签订的协议，该协议对劳务派遣的派遣岗位和派遣人员数量、派遣期限、劳动报酬和社会保险费的数额与支付方式以及违反协议的责任等条款应予以明确约定，一旦发生争议，可做到有据可依。以下是劳务派遣协议模板，用人单位可根据实际情况做修改使用，仅供参考。

| 文书名称 | 劳务派遣协议 | 编　号 | |
| | | 受控状态 | |

甲方（用工单位）：＿＿＿＿＿＿＿＿＿＿＿＿＿＿＿

统一社会信用代码：＿＿＿＿＿＿＿＿＿＿＿＿＿＿

法定代表人（主要负责人）或委托代理人：＿＿＿＿＿＿＿＿＿＿＿＿＿

单位所在地：＿＿＿＿＿＿＿＿＿＿＿＿＿＿

联系电话：＿＿＿＿＿＿＿＿＿＿＿＿

乙方（劳务派遣单位）：＿＿＿＿＿＿＿＿＿＿＿＿＿＿

统一社会信用代码：＿＿＿＿＿＿＿＿＿＿＿＿＿＿

法定代表人（主要负责人）或委托代理人：＿＿＿＿＿＿＿＿＿＿＿＿＿

单位所在地：＿＿＿＿＿＿＿＿＿＿＿＿＿＿

联系电话：＿＿＿＿＿＿＿＿＿＿＿＿＿

根据《中华人民共和国劳动法》《中华人民共和国劳动合同法》等有关法律、法规，甲、乙双方经平等自愿、协商一致、公平公正、诚实信用的原则签订本协议，共同遵守本协议所列条款。

一、协议期限

本协议自＿＿＿＿年＿＿月＿＿日起至＿＿＿＿年＿＿月＿＿日止。

二、派遣岗位、人数和期限

1. 甲方需要接受劳务派遣人员的岗位和人员数量如下。

岗位：＿＿＿＿＿，人数：＿＿＿＿＿人，工作内容：＿＿＿＿＿＿＿＿＿＿＿＿＿，工作地点：＿＿＿＿＿＿＿＿＿＿＿，派遣期限自＿＿＿＿年＿＿月＿＿日起至＿＿＿＿年＿＿月＿＿日止。

注意：不得将连续用工期限分割并订立成数个短期劳务派遣协议；劳务派遣用工数量不得超过用工总量的10%；除临时性岗位的派遣时间约定为6个月外，劳务派遣协议约定的其他岗位的派遣时间尽量控制在1年半左右。

2．乙方按照甲方用工需求，负责推荐符合需求的劳务派遣人员供甲方择优使用。乙方承担劳务派遣人员的用人单位义务，甲方承担对接受的劳务派遣人员的用工单位连带责任义务。

3．甲方承诺，以上岗位工种符合国家关于劳务派遣一般在临时性、辅助性或者替代性的工作岗位上实施的要求，并保证没有将连续用工期限分割并订立成数个短期劳务派遣协议的情形。

三、工作时间和休息休假

1．工作时间：被派遣员工在甲方实行（□标准、□综合计算、□不定时）工时工作制。其中，标准工时工作制度为每天工作____小时，每周休息日为____；实行综合计算工时工作制或不定时工时工作制的，由甲方负责向乙方提供经劳动行政部门批准的行政许可决定，并告知劳务派遣人员。

提示：标准工时工作制一般适用办公室类、工厂内固定工作时间的。而综合计算工时工作制和不定时工时工作制，实际上是为无限加班、义务加班制造了合同依据。

2．休息休假：按国家和甲方的____规定执行。

3．甲方负责保障被派遣员工享有法定休息休假的权利。甲方因工作需要安排被派遣员工延长工作时间或在节假日加班的，应当征得其同意，并依法安排调休或支付加班费。

四、劳动报酬

1．被派遣员工享有与甲方相同或相近岗位劳动者同工同酬和相同福利待遇的权利。乙方不得克扣甲方支付给被派遣员工的劳动报酬。

2．乙方与甲方商定的被派遣员工工资发放日为每月____日，工资发放形式为（□由乙方发放　□由甲方直接发放　□由乙方或甲方委托银行发放）。

3．乙方与甲方协商确定，被派遣员工的工资标准采用下列第____种方式。

（1）实行月薪制，每月为____元，具体办法按照甲方规定执行。

（2）实行基本工资和绩效奖金相结合的工资分配办法，基本工资为每月____元；绩效奖金考核发放办法根据甲方规定执行。

（3）实行计件工资制，计件工资的劳动定额管理按照甲方的规定执行，定额单价为____元。

五、社会保险

被派遣员工的社会保险由乙方负责，乙方应当给被派遣员工按时足额缴纳各项社会保险费，其中被派遣员工应缴纳的社会保险费由乙方代扣代缴。

六、劳动保护、劳动条件和职业危害防护

1．甲方保证执行国家劳动标准，提供相应的劳动条件和劳动保护。甲、乙双方共同负责教育被派遣员工遵守于国家和甲方规定的劳动安全规程。

2．甲方安排被派遣员工的工作若属于国家规定有毒、有害、特别繁重或者其他特种作业的，甲方负责定期安排被派遣员工进行职业健康检查。

3．被派遣员工因工作遭受事故伤害或患职业病，甲、乙双方均有负责及时救治，保障其依法享受各项工伤保险及相关待遇的义务。乙方应按规定为被派遣员工申请工伤认定和劳动能力鉴定。

4. 被派遣员工患病或非因工负伤，甲、乙双方共同承担保证其享受国家规定的医疗期和相应的医疗待遇的义务。

七、派遣员工退回

1. 有下列情况之一的，在派遣期间，甲方不得退回被派遣员工。派遣期满的，应当续延至相应的情形消失时终止。

（1）从事接触职业病危害作业的被派遣员工未进行离岗前职业健康检查，或者疑似职业病病人在诊断或者医学观察期间的。

（2）被派遣员工在本单位患职业病或者因工负伤，并被确认丧失或者部分丧失劳动能力的。

（3）被派遣员工患病或者非因工负伤，在规定的医疗期内的。

（4）被派遣女员工在孕期、产期、哺乳期的。

（5）法律、行政法规规定的其他情形。

2. 有下列情况之一的，甲方可以退回被派遣员工或要求乙方更换被派遣员工，且不用支付赔偿金。

（1）被派遣员工在试用期间被证明不符合录用条件的。

（2）被派遣员工严重违反甲方的规章制度的。

（3）被派遣员工严重失职、营私舞弊，给甲方造成重大损害的。

（4）被派遣员工被依法追究刑事责任的。

（5）被派遣员工派遣期满的。

3. 有下列情况之一的，甲方可以退回被派遣员工，但应当提前30日通知乙方和被派遣员工本人。符合法律法规关于辞退员工须支付经济补偿的情形的，甲方应按照相关法律法规的标准支付相应的经济补偿。

（1）甲方濒临破产进行法定整顿期间或者生产经营状况发生变化，确须裁减人员的。

（2）被派遣员工患病或者非因工负伤，在规定的医疗期满后不能从事原工作，也不能从事由甲方另行安排的工作的。

（3）被派遣员工不能胜任工作，经过培训或者调整工作岗位，仍不能胜任工作的。

八、劳务派遣服务相关费用

甲方应承担的相关费用主要有以下几项。

1. 支付乙方的劳务派遣服务费，标准为每人每月＿＿元。甲方支付给乙方的劳务派遣服务费，乙方必须开具正式发票。

2. 被派遣员工的劳动报酬和福利待遇。

3. 甲方应承担的被派遣员工工伤事故费用。

4. 由甲方因素导致被派遣员工被裁减或辞退而发生的经济补偿金。

九、协议解除与终止

任何一方若提前解除或终止协议，应提前一个月以书面形式通知对方，经对方同意后方可执行，并协助对方处理相关善后事宜。

十、争议处理

1．甲、乙双方对本协议若有争议，应本着友好协商和妥善处理的原则加以解决，如协商不成，则由本协议履行地的人民法院裁决。

2．甲方与被派遣员工发生劳务争议，应先由甲方与被派遣员工协商；如果双方协商不成，由甲方、乙方和被派遣员工三方协商；如果三方协商不成，乙方负责处理与劳动、司法等部门的相关事宜。

十一、违约责任

1．甲方无故拖欠乙方费用的，每日应按拖欠费用部分＿＿＿%的标准向乙方支付违约金。若甲方拖欠时间在一个月以上，乙方有权解除本协议，并依法追回欠缴金额及违约金。

2．甲方拖欠费用导致被派遣员工薪酬未能结算时所产生的相关责任由甲方承担。

3．乙方因违约须承担违约金和经济赔偿的，由甲方提供证明材料，经乙方核实同意后，甲方可在费用中直接扣减。

十二、其他

1．本协议一式两份，甲、乙双方各执一份，自双方签字盖章之日起生效。

2．本协议未尽事宜，按国家和省、市有关规定执行。

甲方（盖章）　　　　　　　　　　　　乙方（盖章）

法定代表人：　　　　　　　　　　　　法定代表人：

（主要负责人）　　　　　　　　　　　（主要负责人）

签字日期：＿＿＿＿＿年＿＿月＿＿日　　签字日期：＿＿＿＿＿年＿＿月＿＿日

编制人员		审核人员		审批人员	
编制时间		审核时间		审批时间	

使用说明有如下几点。

（1）本协议文本供劳务派遣单位与用工单位使用。

（2）以上内容应使用蓝、黑钢笔或签字笔填写，填写时应做到字迹清楚，文字简练、准确，不得涂改。确须涂改的，双方应在涂改处签字或盖章确认。

（3）本协议由甲、乙双方法定代表人或主要负责人签字，并加盖公司公章。

11.2.4　模板4：实习协议

在实际劳动用工中，实习生用工是目前最普遍的用工方式，虽然用人单位与实习生之间是劳务关系，但若操作不慎，用人单位仍有可能面临法律风险。因此，用人单位在实习生实习前应与其签订实习协议，以免发生不必要的纠纷。而一旦发生纠纷，也可做到有据可依。以下是实习协议模板，用人单位可根据实际情况做修改使用，仅供参考。

文书名称	实习协议	编　号	
		受控状态	

甲方（实习单位）：_____

统一社会信用代码：_____

法定代表人（主要负责人）或委托代理人：_____

注　册　地：_____

经　营　地：_____

联系电话：_____

乙方（实习学生）：_____

身份证号码：_____

学生证号：_____

所在学校名称：_____

联系地址：_____

联系电话：_____

为明确实习学生与实习单位的权利与义务，根据有关法律、法规，本着平等自愿的原则，经甲、乙双方协商一致，签订本协议。

一、实习期限

乙方到甲方实习，实习时间自_____年____月____日起至_____年____月____日止。

提示：实习期限设定不宜过长，尽量控制在实习学生拿到毕业证之前。

二、实习内容和实习地点

1．甲方根据自身工作需要和乙方的实际情况，安排乙方从事_____工作。经甲、乙双方协商同意，可以变更工作岗位。

2．乙方在实习期间应按照甲方的要求，按时完成规定的工作任务，并达到规定的工作标准。

3．根据甲方的工作需要，乙方同意在甲方安排的工作地点_____从事工作。经甲、乙双方协商同意，可以变更工作地点。

三、实习时间

1．乙方的工作时间和休息休假与在职员工享受同等待遇。

2．甲方保证乙方按国家和本市有关规定享受各种休息休假。

四、实习津贴

1．甲、乙双方一致确认，甲方每月____日以法定货币或转账形式向乙方支付实习津贴，月津贴为____元。

2．甲方依据规章制度对乙方的实习进行考核，并根据考核结果给予乙方适当的生活补贴。乙方按照实习计划或甲方规定完成实习内容的，甲方按时足额支付乙方生活补贴，补贴标准为____元/月。

3．甲方参照其工资发放制度，在次月____日前支付乙方的上月生活补贴。乙方日常的交通、住宿、用餐均由乙方在补贴费用中自由支配。

4．乙方实习期间因从事实习范围内的工作所产生的正常费用，经甲方认可后，可凭票据实时报销。

注意：该项条款中应尽量避免使用"工资"等词汇，以避免被认定为劳动关系。

五、甲、乙双方的权利和义务

1．实习期间，乙方应遵守国家的法律法规，遵守甲方制定的各项合法的规章制度。如有违反，甲方可以根据情节轻重给予必要的处分或终止实习。

2．实习期间，乙方造成甲方财产、经济损失的，按甲方相关规定处理。

3．乙方必须严守甲方及其客户的商业秘密，不得利用商业秘密为个人及其家庭谋取私利，不得将甲方资料、机密等资讯透露给他人。一经发现，甲方有权即时解除本协议，并要求乙方赔偿相应的损失及承担相应的法律责任。

建议：对商业秘密，必要时可签订保密协议。

六、劳动保护

1．甲方须为乙方提供符合国家规定的安全卫生的工作环境，保证其在人身安全不受危害的环境条件下工作。

2．甲方根据乙方岗位实际情况，按国家规定为其提供必需的劳动防护用品。

3．乙方应遵守劳动操作规程，若因违反规程操作而致自身受到安全、健康的伤害时，甲方不承担责任。

4．乙方患职业病、工伤事故的按《工伤保险条例》相关规定执行。

建议：为避免实习单位的赔偿责任，建议实习单位为实习学生购买雇主责任险。

七、协议解除或变更

1．乙方在本协议履行期间有特殊情况可提前____天向甲方提出终止实习协议，并做好工作交接，否则应承担相关责任。实习期间，甲方如发现乙方不符合实习要求或不适宜该工种工作等情况的，可以向乙方提出终止实习，并在支付实习期间的工资后，解除本协议。

2．甲方以暴力、威胁、监禁或非法限制人身自由的手段强迫乙方劳动的，或甲方不能按照本协议规定支付给乙方实习工资的，乙方可以随时通知甲方解除本协议。

3．订立本协议所依据的法律、行政法规等发生变化，致使本协议无法履行时，经甲、乙双方协商同意，可以变更本协议相关内容。

八、争议处理

本协议未尽事宜由双方本着互利原则协商解决，若协商不成可由甲方所在地劳动仲裁部门解决。

九、其他

1．甲、乙双方充分理解在本协议下所建立的实习关系，不构成劳动合同关系。甲方不承担用人单位的义务。

2．实习期间，乙方在履行工作职责时或利用甲方的物质技术条件所取得的知识产权成果，归甲方所有。甲方给予乙方一定的奖励。

3．甲方在乙方实习期满，可以根据乙方表现，决定是否正式录用乙方。

4．本协议一式三份，甲、乙双方各执一份，另一份交予乙方学校，自双方签字（盖章）之日起生效，双方应严格遵照执行。

甲方（盖章）：　　　　　　　　　　　　乙方（签名或盖章）：

法定代表人签名：

_____年___月___日　　　　　　　　　_____年___月___日

编制人员		审核人员		审批人员	
编制时间		审核时间		审批时间	

使用说明有如下几点。

（1）本协议供实习单位与实习学生使用。

（2）本协议内容应使用蓝、黑钢笔或签字笔填写，填写时要做到字迹清楚，文字简练、准确，不得涂改。确须涂改的，双方应在涂改处签字或盖章确认。

（3）签署协议之前，最好要求实习学生提供学生证复印件或者学校出具的在校证明。

（4）签署协议之前，要慎重审核实习学生年龄，未满18周岁的学生不得安排参加跟岗实习、顶岗实习，若是安排，须提前取得经学生监护人签字的知情同意书。

11.2.5　模板5：业务外包合同

业务外包合同是目前用人单位主要的用工模式之一，是指用人单位利用专业化分工优势，将日常经营中的部分业务委托给本单位以外的专业服务机构或其他经济组织完成的经营行为。它既可以节省资金，也可以将风险转接到承包方，降低自身经营风险，但若操作不慎，用人单位仍有可能面临法律风险，如被认定为与外包人员存在事实上的劳动关系或者劳务派遣关系。因此，用人单位为了避免发生不必要的纠纷，应与承包方签订业务外包合同，明确发包方（用人单位）、承包方（第三方服务机构）及外包人员之间的关系。以下是人力资源服务外包合同模板，用人单位可根据实际情况做修改使用，仅供参考。

文书名称	人力资源服务外包合同	编　　号	
		受控状态	

甲方：＿＿＿＿＿＿＿＿＿＿＿＿＿＿（以下简称"甲方"）

法定代表人：＿＿＿＿＿＿＿＿＿＿＿＿

地址：＿＿＿＿＿＿＿＿＿＿＿＿＿

邮编：＿＿＿＿＿＿＿＿＿＿＿＿

联系电话：＿＿＿＿＿＿＿＿＿＿＿＿

乙方：＿＿＿＿＿＿＿＿＿＿＿＿人力资源公司（以下简称"乙方"）

法定代表人：＿＿＿＿＿＿＿＿＿＿＿＿

地址：＿＿＿＿＿＿＿＿＿＿＿＿＿

邮编：＿＿＿＿＿＿＿＿＿＿＿＿

联系电话：_____

根据《中华人民共和国民法典》等有关法律法规的规定，遵循公平、自愿、诚实信用的原则，甲、乙双方经协商一致，就甲方的人力资源外包服务事宜达成本合同，并自愿共同恪守。

一、总则

1．本合同鉴于乙方接受甲方的委托，为甲方员工提供_____服务。

（1）社保代办服务。代办社会保险；代办甲方结算其单位职工社保基数；代办甲方报送其单位职工社会保险相关表格；代办甲方员工医疗费用报销；代办甲方员工生育津贴领取；代办甲方机房员工工伤认定……

（2）……

（3）……

2．乙方提供的外包服务仅适用于甲方委托乙方办理人事外包业务所涉及的员工。

二、合同期限

本合同期限自_____年____月____日起至_____年____月____日止。若其中一方提前____天以书面形式提出变更或者终止本合同后，合同期间形成的未尽义务，双方仍应按照约定履行。

三、服务标准

（略。）

四、外包服务的人数、有关费用及支付方式

1．甲、乙双方本着便捷、有效的原则处理所发生的费用往来。甲方委托乙方所涉及的甲方员工共____人，合同履行过程中发生变化的，以乙方服务的实际人数为准。甲方应将每人每月____元的服务费支付乙方。甲方委托乙方服务的人数不足____人的，应按____元/月向乙方支付服务费。

提示：合同中的收费应当明确为"服务费"，不要使用"劳务费""劳动报酬"等字样，避免与乙方的外包服务人员形成事实劳动关系。

2．乙方指定以下银行账号收取服务费：

户　　名：_____人力资源公司

银行账号：_____

开户银行：_____

税　　号：_____

3．甲方每次付款前，乙方应提前____个工作日按照甲方要求开具适用____%税率（征收率）的合法增值税专用发票，否则甲方有权拒付且不承担违约责任，且乙方应继续履行本合同的各项义务和责任；若乙方开具的增值税专用发票为虚假、违法、无效或过期的，乙方应按照开票金额____%支付违约金，造成甲方损失的，乙方须承担赔偿责任。

4．若甲方未按时提供数据信息或确认乙方提供的账单，未按时足额付款造成业务处理延误的，相关责任由甲方承担。

5．若乙方提供账单有误而导致甲方付款延误的，或者乙方收到甲方按时足额的付款后，因乙方因素造成业务处理延误的，相关责任由乙方承担。

五、甲方的权利与义务

1．甲方应全面、客观、及时地向乙方提供与人力资源外包事务有关的各种情况、文件、资料。

2．甲方指定＿＿＿为人力资源外包服务的联系人，负责转达甲方的指示和要求，为乙方提供文件和资料等。若甲方更换联系人，应当及时通知乙方。

3．甲方如认为乙方的外包服务工作存在问题，有权随时要求乙方予以说明；如果甲方所反映的问题确实存在，并且不违反规定，乙方应及时与甲方沟通，并予以纠正。

4．甲方应按时、足额向乙方支付代发工资款和人力资源外包服务费。

5．甲方有权要求乙方提供外包服务人员的相关资料，包括但不限于参加社会保险缴费证明、劳动合同等资料。

提示：该条款在甲方与外包人员发生争议时，可作为证明甲方与外包人员无劳动关系的证据。

六、乙方的权利与义务

1．乙方应依照双方约定的服务内容与服务标准完成外包服务工作。

2．乙方应依据相关法律法规作出判断，尽最大努力维护甲方利益。

3．乙方应在取得甲方提供的文件资料后，及时完成委托事项，并应甲方要求通报工作进程。

4．乙方对甲方业务应当单独建档，并保存完整的工作记录，对涉及甲方的原始数据、法律文件和财务情况的资料进行妥善保管。

5．乙方在从事人力资源外包服务期间，不得对甲方员工个人提供任何不利于甲方的咨询意见。

6．乙方对其获知的甲方商业秘密负有保密职责，非由法律规定或者甲方同意，不得向第三方披露。

七、保密协议

任何一方以书面、口头或者电子的形式提供另一方的任何信息或者数据，包括但不限于商业秘密、商业计划、客户信息、财务数据、双方订立的协议及全部附件、资料等保密信息。一方未经另一方事先书面同意，不得以任何形式将保密信息的部分或者全部披露给任何第三方和无知悉必要的内部雇员，否则违约方需要承担受害方带来的相关损失。

八、其他

1．甲、乙双方可就本合同的未尽事项订立补充协议，与本合同具有同等的法律效力。

2．甲、乙双方任何一方未完全履行本合同的，应承担由此给另一方造成的损失；在履行本合同过程中发生争议的，双方应当协商解决；协商不成的，任何一方均可向＿＿＿方所在地人民法院诉讼解决。

3．本协议书一式两份，甲、乙双方各持一份；双方代表签字或盖章后生效。

甲方（盖章）   乙方（盖章）

负责人签字：   负责人签字：

签订日期：   签订日期：

编制人员		审核人员		审批人员	
编制时间		审核时间		审批时间	

使用说明如下。

本合同空白部分的内容原则上不进行手写。确须手写的，应使用蓝、黑钢笔或签字笔填写，填写时要做到字迹清楚，文字简练、准确。双方应在手写内容处盖章确认。

11.3 内部控制

11.3.1 流程1：非全日制用工管理流程

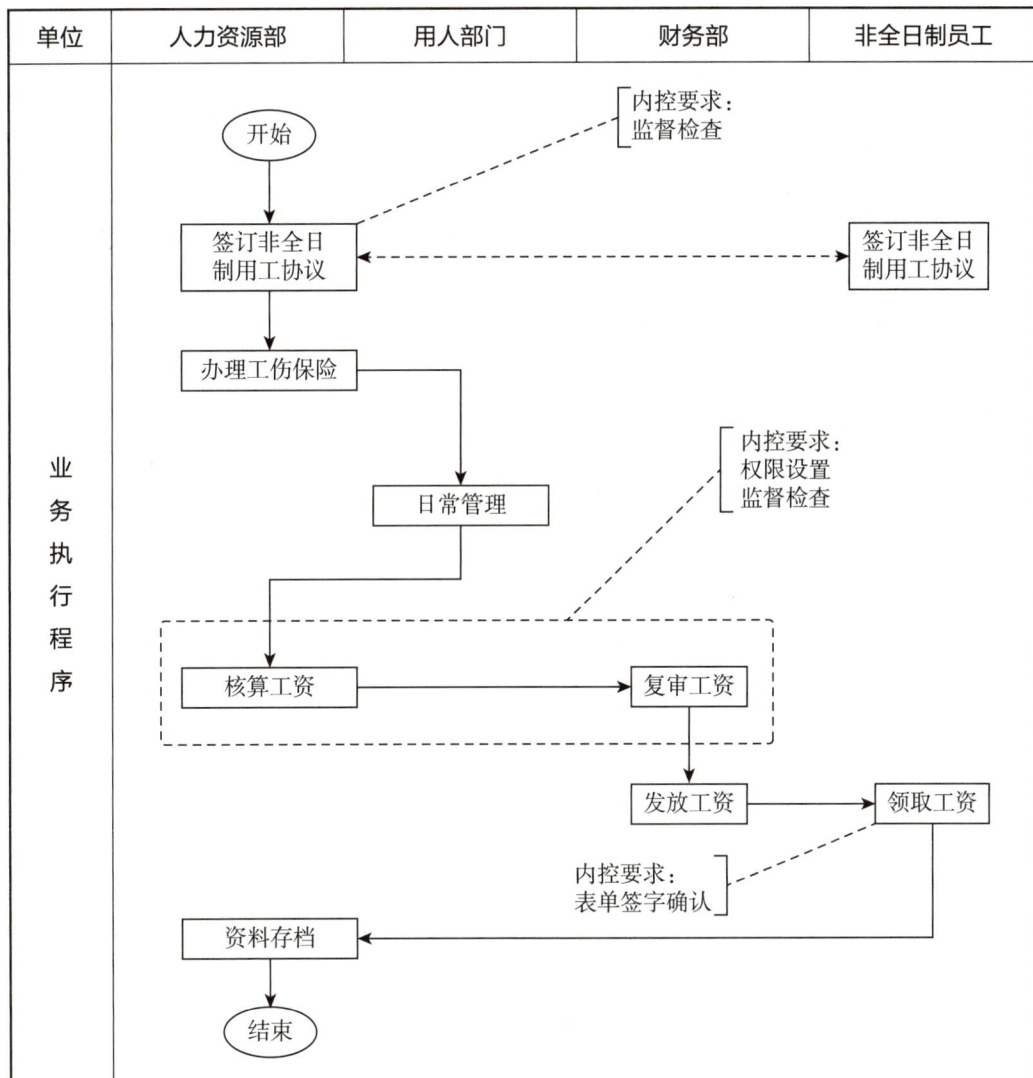

单位	人力资源部	用人部门	财务部	非全日制员工

业务执行程序

开始

内控要求：
监督检查

签订非全日制用工协议 ←---→ 签订非全日制用工协议

办理工伤保险

日常管理

内控要求：
权限设置
监督检查

核算工资 → 复审工资

发放工资 → 领取工资

内控要求：
表单签字确认

资料存档

结束

11.3.2　流程2：共享用工管理流程

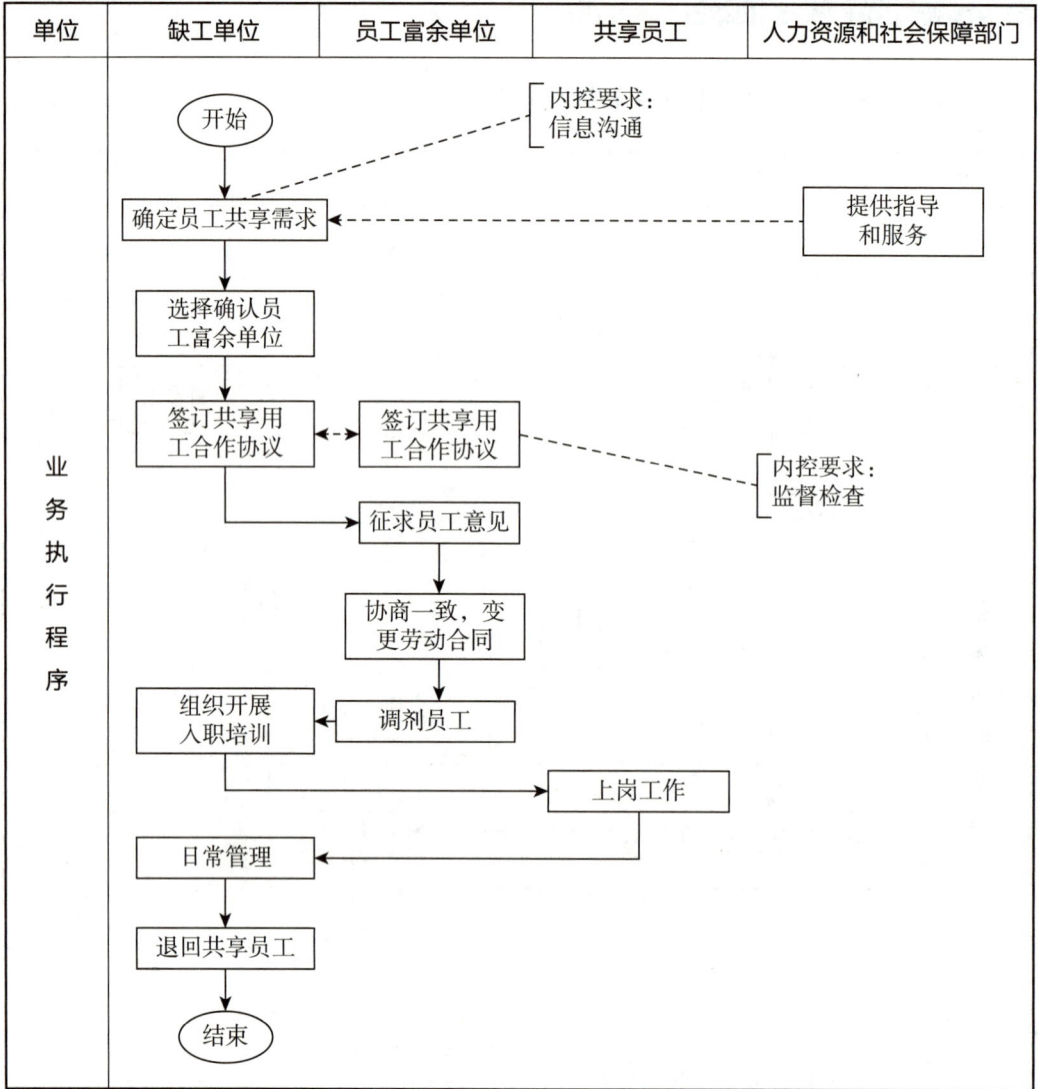

单位	缺工单位	员工富余单位	共享员工	人力资源和社会保障部门
业务执行程序	开始　↓　确定员工共享需求　↓　选择确认员工富余单位　↓　签订共享用工合作协议　↓　组织开展入职培训　↓　日常管理　↓　退回共享员工　↓　结束	签订共享用工合作协议　→　征求员工意见　↓　协商一致，变更劳动合同　↓　调剂员工	上岗工作	内控要求：信息沟通　　提供指导和服务　　内控要求：监督检查

11.3.3　流程3：劳务派遣管理流程

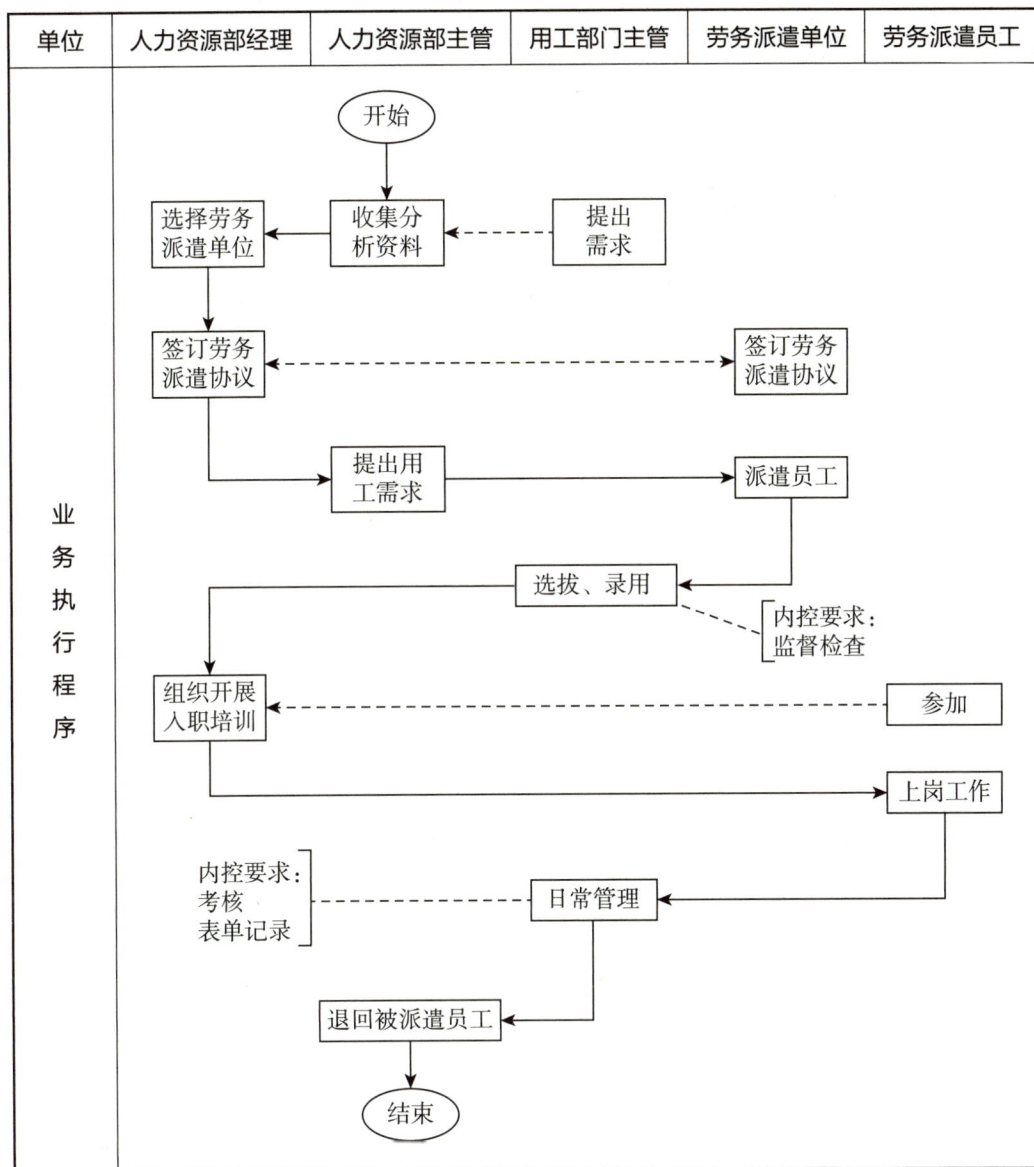

单位	人力资源部经理	人力资源部主管	用工部门主管	劳务派遣单位	劳务派遣员工

业务执行程序

开始

收集分析资料 ← 提出需求

选择劳务派遣单位 ← 收集分析资料

签订劳务派遣协议 ← ← ← 签订劳务派遣协议

提出用工需求 → 派遣员工

选拔、录用 ← 派遣员工

内控要求：监督检查

组织开展入职培训 ← ← ← 参加

上岗工作

内控要求：考核 表单记录 ← 日常管理 ← 上岗工作

退回被派遣员工 ← 日常管理

结束

11.3.4 流程4：实习生管理流程

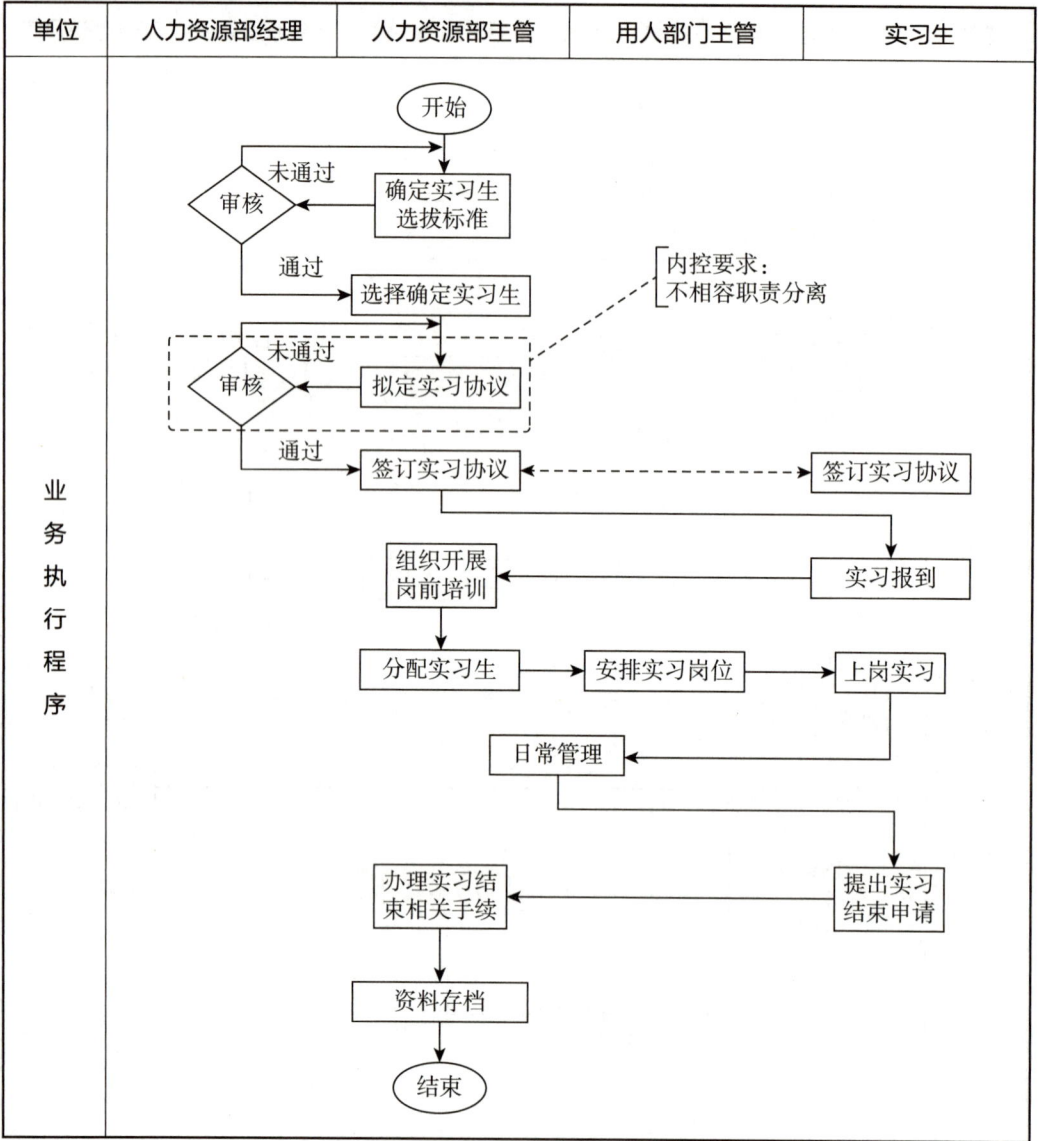

单位	人力资源部经理	人力资源部主管	用人部门主管	实习生
业务执行程序				

开始

审核 —— 未通过 —— 确定实习生选拔标准

审核 —— 通过 —— 选择确定实习生

内控要求：不相容职责分离

审核 —— 未通过 —— 拟定实习协议

审核 —— 通过 —— 签订实习协议 ⟷ 签订实习协议

组织开展岗前培训 ← 实习报到

分配实习生 → 安排实习岗位 → 上岗实习

日常管理

办理实习结束相关手续 ← 提出实习结束申请

资料存档

结束

11.3.5 流程5：业务外包管理流程

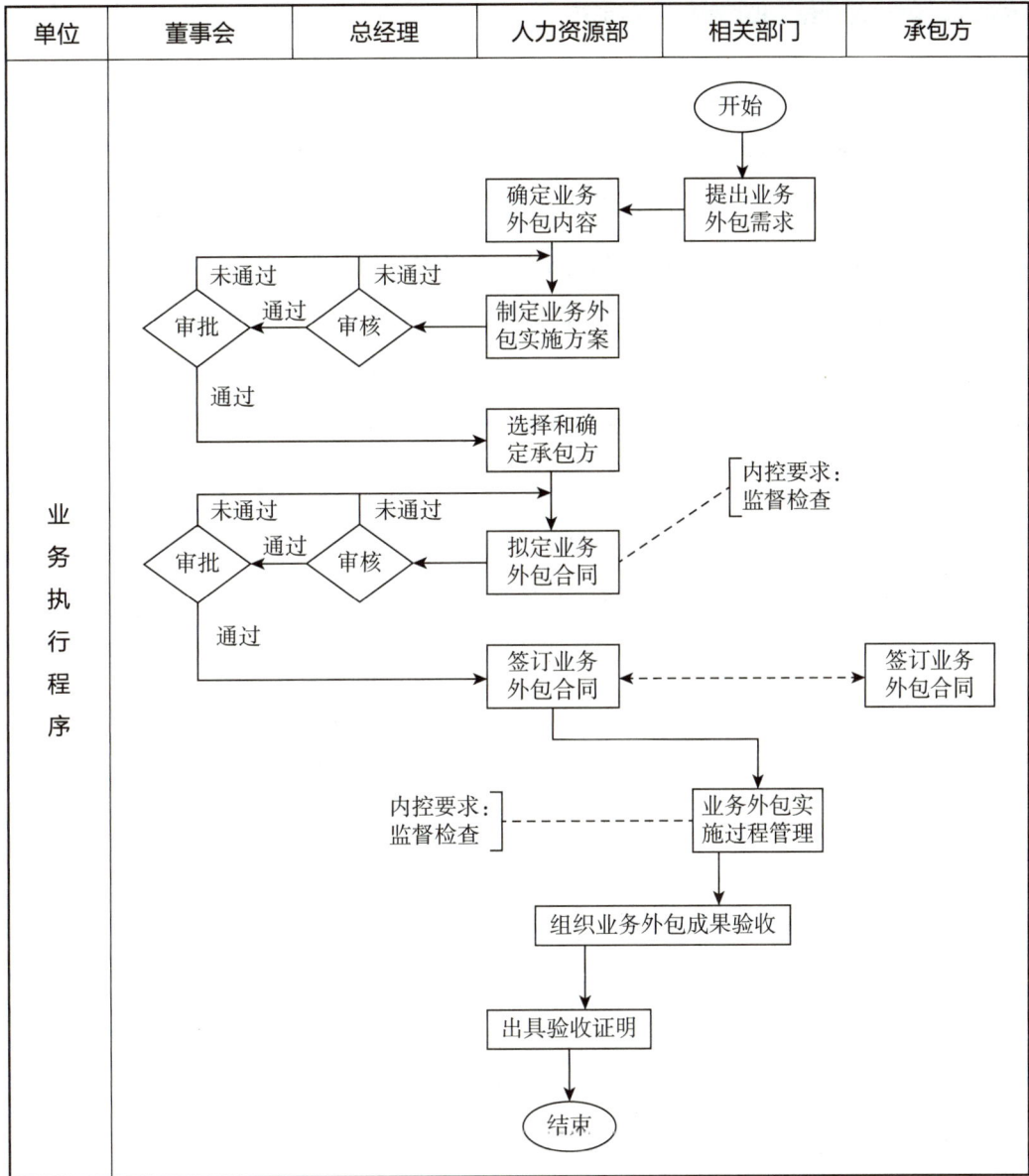

单位	董事会	总经理	人力资源部	相关部门	承包方

业务执行程序

开始

提出业务外包需求

确定业务外包内容

制定业务外包实施方案

审核　未通过／通过

审批　未通过／通过

选择和确定承包方

拟定业务外包合同

内控要求：监督检查

审核　未通过／通过

审批　未通过／通过

签订业务外包合同

签订业务外包合同（承包方）

内控要求：监督检查

业务外包实施过程管理

组织业务外包成果验收

出具验收证明

结束

11.4　法律保障

1.《中华人民共和国劳动合同法》

第五十八条　劳务派遣单位是本法所称用人单位，应当履行用人单位对劳动者的义务。劳务派遣单位与被派遣劳动者订立的劳动合同，除应当载明本法第十七条规定的事项外，还应当载明被派遣劳动者的用工单位以及派遣期限、工作岗位等情况。

劳务派遣单位应当与被派遣劳动者订立二年以上的固定期限劳动合同，按月支付劳动报酬；被派遣劳动者在无工作期间，劳务派遣单位应当按照所在地人民政府规定的最低工资标准，向其按月支付报酬。

第五十九条　劳务派遣单位派遣劳动者应当与接受以劳务派遣形式用工的单位（以下称用工单位）订立劳务派遣协议。劳务派遣协议应当约定派遣岗位和人员数量、派遣期限、劳动报酬和社会保险费的数额与支付方式以及违反协议的责任。

用工单位应当根据工作岗位的实际需要与劳务派遣单位确定派遣期限，不得将连续用工期限分割订立数个短期劳务派遣协议。

第六十条　劳务派遣单位应当将劳务派遣协议的内容告知被派遣劳动者。

劳务派遣单位不得克扣用工单位按照劳务派遣协议支付给被派遣劳动者的劳动报酬。

劳务派遣单位和用工单位不得向被派遣劳动者收取费用。

第六十一条　劳务派遣单位跨地区派遣劳动者的，被派遣劳动者享有的劳动报酬和劳动条件，按照用工单位所在地的标准执行。

第六十二条　用工单位应当履行下列义务：

（一）执行国家劳动标准，提供相应的劳动条件和劳动保护；

（二）告知被派遣劳动者的工作要求和劳动报酬；

（三）支付加班费、绩效奖金，提供与工作岗位相关的福利待遇；

（四）对在岗被派遣劳动者进行工作岗位所必需的培训；

（五）连续用工的，实行正常的工资调整机制。

用工单位不得将被派遣劳动者再派遣到其他用人单位。

第六十三条　被派遣劳动者享有与用工单位的劳动者同工同酬的权利。用工单位应当按照同工同酬原则，对被派遣劳动者与本单位同类岗位的劳动者实行相同的劳动报酬分配办法。用工单位无同类岗位劳动者的，参照用工单位所在地相同或者相近岗位劳动者的劳动报酬确定。

劳务派遣单位与被派遣劳动者订立的劳动合同和与用工单位订立的劳务派遣协议，载明或者约定的向被派遣劳动者支付的劳动报酬应当符合前款规定。

第六十五条　被派遣劳动者可以依照本法第三十六条、第三十八条的规定与劳务派遣单位解除劳动合同。

被派遣劳动者有本法第三十九条和第四十条第一项、第二项规定情形的，用工单位可以将劳动者退回劳务派遣单位，劳务派遣单位依照本法有关规定，可以与劳动者解除劳动合同。

第六十六条　劳动合同用工是我国的企业基本用工形式。劳务派遣用工是补充形式，只能在临时性、辅助性或者替代性的工作岗位上实施。

前款规定的临时性工作岗位是指存续时间不超过六个月的岗位；辅助性工作岗位是指为主营业务岗位提供服务的非主营业务岗位；替代性工作岗位是指用工单位的劳动者因脱产学习、休假等原因无法工作的一定期间内，可以由其他劳动者替代工作的岗位。

用工单位应当严格控制劳务派遣用工数量，不得超过其用工总量的一定比例，具体比例由国务院劳动行政部门规定。

第六十七条　用人单位不得设立劳务派遣单位向本单位或者所属单位派遣劳动者。

第六十八条　非全日制用工，是指以小时计酬为主，劳动者在同一用人单位一般平均每日工作时间不超过四小时，每周工作时间累计不超过二十四小时的用工形式。

第六十九条　非全日制用工双方当事人可以订立口头协议。

从事非全日制用工的劳动者可以与一个或者一个以上用人单位订立劳动合同；但是，后订立的劳动合同不得影响先订立的劳动合同的履行。

第七十条　非全日制用工双方当事人不得约定试用期。

第七十一条　非全日制用工双方当事人任何一方都可以随时通知对方终止用工。终止用工，用人单位不向劳动者支付经济补偿。

第七十二条　非全日制用工小时计酬标准不得低于用人单位所在地人民政府规定的最低小时工资标准。

非全日制用工劳动报酬结算支付周期最长不得超过十五日。

2.《中华人民共和国劳动法实施条例》

第三十条　劳务派遣单位不得以非全日制用工形式招用被派遣劳动者。

3.《人力资源社会保障部办公厅关于做好共享用工指导和服务的通知》（人社厅发〔2020〕98号）

各省、自治区、直辖市及新疆生产建设兵团人力资源社会保障厅（局）：

企业之间开展共享用工，进行用工余缺调剂合作，对解决用工余缺矛盾、提升人力资源配置效率和稳就业发挥了积极作用。为加强对共享用工的指导和服务，促进共享用工有序开展，进一步发挥共享用工对稳就业的作用，现就有关事项通知如下：

一、支持企业间开展共享用工

各级人力资源社会保障部门要支持企业间开展共享用工，解决稳岗压力大、生产经营用工波动大的问题。重点关注生产经营暂时困难、稳岗意愿强的企业，以及因结构调整、转型升级长期停工停产企业，引导其与符合产业发展方向、短期内用人需求量大的企业开展共享用工。对通过共享用工稳定职工队伍的企业，阶段性减免社保费、稳岗返还等政策可按规定继续实施。

二、加强对共享用工的就业服务

各级人力资源社会保障部门要把企业间共享用工岗位供求信息纳入公共就业服务范围，及时了解企业缺工和劳动者富余信息，免费为有用工余缺的企业发布供求信息，按需组织专场对接活动。鼓励人力资源服务机构搭建共享用工信息对接平台，帮助有需求的企业精准、高效匹配人力资源。加强职业培训服务，对开展共享用工的劳动者需进行岗前培训、转岗培训的，可按规定纳入技能提升培训范围。对开展共享用工的企业和劳动者，免费提供劳动用工法律政策咨询服务，有效防范用工风险。

三、指导开展共享用工的企业及时签订合作协议

各级人力资源社会保障部门要指导开展共享用工的企业签订合作协议，明确双方的权利义务关系，防范开展共享用工中的矛盾风险。合作协议中可约定调剂劳动者的数量、时间、工作地点、工作内容、休息、劳动保护条件、劳动报酬标准和支付时间与方式、食宿安排、可以退回劳动者的情形、劳动者发生工伤后的责任划分和补偿办法以及交通等费用结算等。

四、指导企业充分尊重劳动者的意愿和知情权

各级人力资源社会保障部门要指导员工富余企业（原企业）在将劳动者安排到缺

工企业工作前征求劳动者意见，与劳动者协商一致。共享用工期限不应超过劳动者与原企业订立的劳动合同剩余期限。要指导缺工企业如实告知劳动者工作内容、工作条件、工作地点、职业危害、安全生产状况、劳动报酬、企业规章制度以及劳动者需要了解的其他情况。企业不得将在本单位工作的被派遣劳动者以共享用工名义安排到其他单位工作。

五、指导企业依法变更劳动合同

原企业与劳动者协商一致，将劳动者安排到缺工企业工作，不改变原企业与劳动者之间的劳动关系。劳动者非由其用人单位安排而自行到其他单位工作的，不属于本通知所指共享用工情形。各级人力资源社会保障部门要指导原企业与劳动者协商变更劳动合同，明确劳动者新的工作地点、工作岗位、工作时间、休息休假、劳动报酬、劳动条件以及劳动者在缺工企业工作期间应遵守缺工企业依法制定的规章制度等。

六、维护好劳动者在共享用工期间的合法权益

各级人力资源社会保障部门要指导和督促缺工企业合理安排劳动者工作时间和工作任务，保障劳动者休息休假权利，提供符合国家规定的劳动安全卫生条件和必要的劳动防护用品，及时将劳动者的劳动报酬结算给原企业。要指导和督促原企业按时足额支付劳动者劳动报酬和为劳动者缴纳社会保险费，并不得克扣劳动者的劳动报酬和以任何名目从中收取费用。要指导和督促原企业跟踪了解劳动者在缺工企业的工作情况和有关诉求，及时帮助劳动者解决工作中的困难和问题。劳动者在缺工企业工作期间发生工伤事故的，按照《工伤保险条例》第四十三条第三款规定，由原企业承担工伤保险责任，补偿办法可与缺工企业约定。

七、保障企业用工和劳动者工作的自主权

劳动者在缺工企业工作期间，缺工企业未按照约定履行保护劳动者权益的义务的，劳动者可以回原企业，原企业不得拒绝。劳动者不适应缺工企业工作的，可以与原企业、缺工企业协商回原企业。劳动者严重违反缺工企业规章制度、不能胜任工作以及符合合作协议中约定的可以退回劳动者情形的，缺工企业可以将劳动者退回原企业。共享用工合作期满，劳动者应回原企业，原企业应及时予以接收安排。缺工企业需要、劳动者愿意继续在缺工企业工作且经原企业同意的，应当与原企业依法变更劳动合同，原企业与缺工企业续订合作协议。原企业不同意的，劳动者应回原企业或者依法与原企业解除劳动合同。劳动者不回原企业或者违法解除劳动合同给原企业造成

损失的，应当依法承担赔偿责任。缺工企业招用尚未与原企业解除、终止劳动合同的劳动者，给原企业造成损失的，应当承担连带赔偿责任。

八、妥善处理劳动争议和查处违法行为

各级人力资源社会保障部门要指导开展共享用工的企业建立健全内部劳动纠纷协商解决机制，与劳动者依法自主协商化解劳动纠纷。加强对涉共享用工劳动争议的处理，加大调解力度，创新仲裁办案方式，做好调裁审衔接，及时处理因共享用工引发的劳动争议案件。要进一步畅通举报投诉渠道，加大劳动保障监察执法力度，及时查处共享用工中侵害劳动者合法权益的行为。对以共享用工名义违法开展劳务派遣和规避劳务派遣有关规定的，依法追究相应法律责任。

各级人力资源社会保障部门要按照本通知要求，结合当地实际，采取有效措施加强对企业开展共享用工的指导和服务，引导共享用工健康发展。

人力资源社会保障部办公厅

2020年9月30日

11.5　问题清零

11.5.1　问题1：是否需要为非全日制员工缴纳社会保险费？

根据劳动和社会保障部《关于非全日制用工若干问题的意见》，用人单位只需为非全日制员工缴纳工伤保险费，无须为其缴纳养老保险、医疗保险、生育保险以及失业保险有关费用。

11.5.2　问题2：无故解约非全日制员工是否需要支付经济补偿？

《中华人民共和国劳动合同法》第七十一条规定："非全日制用工双方当事人任何一方都可以随时通知对方终止用工。终止用工，用人单位不向劳动者支付经济补偿。"因此，用人单位终止非全日制用工，无需理由，也无须支付经济补偿。

11.5.3　问题3：非全日制用工需要签订劳动合同吗？

《中华人民共和国劳动合同法》第六十九条规定："非全日制用工双方当事人可以订立口头协议。从事非全日制用工的劳动者可以与一个或者一个以上用人单位订立劳动合同；但是，后订立的劳动合同不得影响先订立的劳动合同的履行。"由此可见，非全日制用工可不签订书面劳动合同。

11.5.4　问题4：被派遣员工在无工作期间，劳务派遣单位应当如何支付劳动报酬？

根据《中华人民共和国劳动合同法》第五十八条第二款，被派遣员工在无工作期间，劳务派遣单位应当按照所在地人民政府规定的最低工资标准，向其按月支付报酬。

11.5.5　问题5：用工单位安排被派遣员工加班，应当由谁支付加班工资？

根据《中华人民共和国劳动合同法》第六十二条第一款第三项，用工单位安排被派遣员工加班，应当向被派遣员工支付加班费、绩效奖金，提供与工作岗位相关的福利待遇。

11.5.6　问题6：疫情期间，被派遣员工是否享有与用工单位的正式员工同工同酬的权利？

根据《中华人民共和国劳动合同法》第六十三条第一款，被派遣员工享有与用工单位的劳动者同工同酬的权利。在疫情期间，用工单位应当按照同工同酬原则，对被派遣员工与本单位同类岗位的员工实行相同的劳动报酬分配办法。若用工单位无同类岗位劳动者的，参照用工单位所在地相同或者相近岗位员工的劳动报酬确定。

11.5.7   问题7：被派遣员工发生工伤、职业病后应如何处理？

劳务派遣是一种特殊的用工方式，它将传统的"用人"与"用工"一体的两方法律关系转化为劳务派遣单位、用工单位和被派遣员工之间的三方法律关系。在劳务派遣实践中，被派遣员工发生工伤或患职业病后，劳务派遣单位与用工单位之间责任主体不清，经常相互推诿，导致被派遣员工的工伤保险权益得不到有效保障。因此，根据《劳务派遣暂行规定》第十条第一款，被派遣员工在用工单位因工作遭受事故伤害的，劳务派遣单位应当依法申请工伤认定，用工单位应当协助工伤认定的调查核实工作。劳务派遣单位承担工伤保险责任，但可以与用工单位约定补偿办法。

同时，再根据《劳务派遣暂行规定》第十条第二款，被派遣员工在申请进行职业病诊断、鉴定时，用工单位应当负责处理职业病诊断、鉴定事宜，并如实提供职业病诊断、鉴定所需的被派遣员工职业史和职业危害接触史、工作场所职业病危害因素检测结果等资料；劳务派遣单位应当提供被派遣员工职业病诊断、鉴定所需的其他材料。

11.5.8   问题8：对跨地区劳务派遣的社会保险问题该如何解决？

根据《劳务派遣暂行规定》第十八条和第十九条，劳务派遣单位应当在用工单位所在地为被派遣员工参加社会保险，按照用工单位所在地的规定缴纳社会保险费。劳务派遣单位在用工单位所在地设立分支机构的，由分支机构为被派遣员工办理参保手续，缴纳社会保险费；未在用工单位所在地设立分支机构的，由用工单位代劳务派遣单位为被派遣员工办理参保手续，缴纳社会保险费。

11.5.9   问题9：对共享用工如何认定劳动关系？

共享用工是指原用人单位与员工在自愿、协商一致的情况下，将员工安排到缺工单位工作的用工模式。根据《人力资源社会保障部办公厅关于做好共享用工指导和服务的通知》（人社厅发〔2020〕98号）第五条，原用人单位与员工协商一致，将员工安排到缺工单位工作，不改变原用人单位与员工之间的劳动关系。

11.5.10　问题10：共享员工发生工伤由谁承担？

根据《工伤保险条例》第四十三条第三款，共享员工被借调期间受到工伤事故伤害的，由原用人单位承担工伤保险责任，但原用人单位与借调单位可以约定补偿办法。

原用人单位依据缺工单位所在行业风险类别为共享员工缴纳工伤保险费。若共享员工在共享用工期间发生工伤事故，基金支付部分由原用人单位负责申报，缺工单位协助原用人单位完成工伤申请等工作，并承担按照协议约定的补偿责任和其他责任。

11.5.11　问题11：共享用工期限是否有限制？

《人力资源社会保障部办公厅关于做好共享用工指导和服务的通知》（人社厅发〔2020〕98号）第四条规定："共享用工期限不应超过劳动者与原企业订立的劳动合同剩余期限。"

11.5.12　问题12：可以跨地区共享用工吗？

可以跨地区共享用工，但应注意的是，《中华人民共和国劳动合同法实施条例》第十四条规定："劳动合同履行地与用人单位注册地不一致的，有关劳动者的最低工资标准、劳动保护、劳动条件、职业危害防护和本地区上年度职工月平均工资标准等事项，按照劳动合同履行地的有关规定执行；用人单位注册地的有关标准高于劳动合同履行地的有关标准，且用人单位与劳动者约定按照用人单位注册地的有关规定执行的，从其约定。"

11.5.13　问题13：骑手发生交通事故导致他人伤亡，外卖平台是否应承担责任？

根据相关法律法规，再结合外卖平台与骑手之间的用工管理模式，外卖平台与骑手之间属于雇佣关系，而雇员在从事雇佣活动中致人损害的，雇主应当承担赔偿责任，雇员因故意或者是重大过失致人损害的，应当与雇主承担连带赔偿责任。所以当骑手发生交通事故导致他人伤亡时，外卖平台也应承担相应的责任。

11.5.14　问题14：用人单位能招用不满16周岁的实习生吗？

《职业学校学生实习管理规定》第四十七条第二款规定："对违反本规定安排、介绍或者接收未满16周岁学生在境内岗位实习的，由人力资源社会保障行政部门依照国家关于禁止使用童工法律法规进行查处；构成犯罪的，依法追究刑事责任。"

12

第12章

特殊员工管理

>>>

12.1　风险识别

12.1.1　风险点1：【三期女员工】不按照法律规定给予假期

风险指数★★★☆☆

【风险提示】用人单位不按照法律规定给予女员工"三期"假期的，涉嫌违反法律法规，可由劳动行政部门责令改正，并给予警告。同时，给员工造成损害的，还应当承担赔偿责任。

【操作指引】用人单位应当严格遵循法律规定的标准，给予女员工"三期"假期，不得有任何限制，对于需要用人单位批准才能休假的，如产前假和哺乳假，用人单位可要求在工作安排允许的情况下，经女员工本人申请，相关主管人员批准后，方能享受。

12.1.2　风险点2：【三期女员工】不按照规定发放"三期"工资

风险指数★★★☆☆

【风险提示】用人单位不按照规定发放"三期"工资是违法行为，根据相关法律法规，用人单位将面临以下风险。

（1）女员工可向劳动行政部门投诉，由劳动行政部门责令用人单位限期支付，逾期不支付的，用人单位按应付金额百分之五十以上百分之一百以下的标准加付赔偿金。

（2）女员工可以用人单位未及时足额支付劳动报酬为由与用人单位解除劳动合同，并要求用人单位支付解除劳动合同的经济补偿金。

【操作指引】用人单位应当严格遵循法律规定的标准，不得在女员工孕期、产期、哺乳期降低其工资标准。其中，女员工进行产前检查的时间视为出勤，按照正常工资发放；保胎假期间，建议按照病假发放工资；产前假，按照各地区政策执行；产假期间，参加了生育保险的，由生育保险基金按所在单位上年度职工月平均工资支付，没有参加生育保险的，由所在单位按产假前工资支付；哺乳期间按照法律规定全额发放工资，若女员工申请哺乳假，用人单位可以和员工进行协商发放；流产假，原则上可以申请生育津贴，与原工资差额部分由用人单位支付。

12.1.3 风险点3：【三期女员工】劳动合同到期，单方面终止劳动合同

风险指数★★★★☆

【风险提示】劳动合同期满，女员工仍在孕期、产期、哺乳期的，若此时用人单位仍与其终止劳动合同，将被认定为违法终止劳动合同，并需承担违法终止劳动合同的法律风险。

【操作指引】用人单位在与"三期"女员工终止到期劳动合同时，应严格依照相应的法律法规，将劳动合同顺延至相应的情形消失时再终止。

12.1.4 风险点4：【三期女员工】随意解除或终止劳动合同

风险指数★★★☆☆

【风险提示】用人单位随意解除或终止"三期"女员工劳动合同，很有可能构成违法解除或终止劳动合同。此时，女员工要求继续履行劳动合同的，用人单位应当继续履行；若女员工未要求继续履行劳动合同或劳动合同已经不能履行的，用人单位须向女员工支付赔偿金。

【操作指引】根据相关法律法规，女员工在孕期、产期、哺乳期的，用人单位不得进行无过失性辞退或者经济性裁员解除劳动合同；但女员工若存在过错的，用人单位可以依法解除劳动合同。在解除劳动合同时，用人单位应当注意证据的收集和保存，避免后期产生法律风险。

12.1.5 风险点5：【三期女员工】随意调岗降薪

风险指数★★★☆☆

【风险提示】用人单位在没有与"三期"女员工协商一致的情况下单方面对其进行调岗降薪属于违法行为，将面临以下风险。

（1）女员工可向劳动行政部门投诉，由劳动行政部门责令用人单位限期支付薪资的差额部分，逾期不支付的，用人单位按应付金额百分之五十以上百分之一百以下的

标准加付赔偿金。

（2）女员工可以未及时足额支付劳动报酬为由与用人单位解除劳动合同，并要求用人单位支付解除劳动合同的经济补偿金。

【操作指引】用人单位不得随意对"三期"女员工进行调岗降薪，确因工作须调岗降薪的，应注意以下问题。

（1）女员工在孕期不能适应原劳动的，用人单位可根据医疗机构的证明，予以减轻劳动量或者安排其他能够适应的劳动，或者原岗位对女员工属于禁忌工作岗位的，用人单位可针对女员工禁忌从事的劳动范围进行调整。但是，上述调岗均不能降低女员工的工资待遇。

（2）用人单位对"三期"女员工进行调岗降薪，应当与其协商，并签订书面协议，固定证据。

12.1.6　风险点6：【三期女员工】将产检假认定为事假

风险指数★★☆☆☆

【风险提示】用人单位将产检假认定为事假，涉嫌违反法律法规，可由劳动行政部门责令改正，给予警告。同时，给女员工造成损害的，还应当承担赔偿责任。

【操作指引】根据《女职工劳动保护特别规定》第六条第三款，怀孕的女职工，在劳动时间内进行产前检查的，所需时间应当算作劳动时间，按正常出勤对待，不能按病假、事假或者旷工处理。

12.1.7　风险点7：【三期女员工】安排加班或夜班劳动

风险指数★★★★☆

【风险提示】用人单位安排"三期"女员工加班或夜班劳动的，将由县级以上人民政府、人力资源社会保障行政部门责令限期改正，并按照受侵害女员工每人1000元以上5000元以下的标准计算，对用人单位处以罚款。

【操作指引】用人单位应当严格遵守法律的规定，不得安排"三期"女员工加班或夜班劳动。

12.1.8 风险点8：【退休返聘员工】招用未享受退休待遇的退休人员

风险指数★★★☆☆

【风险提示】在司法实践中，用人单位招用未享受退休待遇的退休人员存在被认定为劳动关系的风险。一旦被认定为劳动关系，用人单位将会面临诸多法律风险，如未签订书面劳动合同，导致支付二倍工资或视为双方已订立无固定期限劳动合同等。

【操作指引】用人单位在招用退休人员时，应先核实其是否达到法定退休年龄以及是否享受退休待遇，可要求其提供退休的相关证明材料，并签字确认，然后再签订劳务合同，明确双方的关系为劳务关系。

12.1.9 风险点9：【退休返聘员工】未缴纳工伤保险费

风险指数★★★★★

【风险提示】未给退休返聘人员缴纳工伤保险费，一旦该员工在用工期间因工作原因受到事故伤害或患职业病，用人单位将承担其全部工伤保险待遇。

【操作指引】用人单位应及时为退休返聘人员缴纳工伤保险费。对有些地区无法缴纳工伤保险费的，用人单位可以根据退休返聘人员的具体情况及自身需求，为退休返聘人员购买雇主责任险等商业保险。同时，在工作安排上，应避免退休返聘人员从事高强度、高压力等工作，降低发生事故和患病的风险。

12.2 合规管理

12.2.1 制度：女员工"三期"管理制度

女员工的"三期"是指孕期、产期和哺乳期。自2021年6月26日发布的《中共中央国务院关于优化生育政策促进人口长期均衡发展的决定》，制定和完善女员工的"三期"管理制度对用人单位管理女员工尤为重要。以下是女员工"三期"管理制度，用人单位可根据实际情况做修改使用，仅供参考。

制度名称	女员工"三期"管理制度	编　号	
		版　本	

第1章　总　则

第1条　为加强公司女员工孕期、产期、哺乳期管理，保护公司以及女员工双方合法权益，现根据公司实际情况及国家相关法律法规，特制定本制度。

第2条　本制度适用于公司全体女员工"三期"管理工作。

第2章　孕期管理

第3条　女员工应当在发现自己怀孕后的____小时内及时告知部门领导以及公司人力资源部，以便公司做好工作安排及生育保险申报的准备工作。

第4条　女员工在怀孕期间不得从事国家规定的第三级体力劳动强度的劳动和孕期禁忌从事的劳动。

第5条　对怀孕七个月以上的女员工，公司不得安排其延长工作时间和夜班劳动。

第6条　孕期女员工上班车程离公司2小时以内的，可推迟半小时上班，提前半小时下班；上班车程离公司半小时以内的，可推迟15分钟上班，提前15分钟下班，均算正常劳动时间。

第7条　女员工在怀孕期间如因身体原因不能胜任现有工作的，应提交医院的证明报人力资源部备案，并提前一周告知部门领导，共同协商安排工作变动。

第8条　女员工怀孕期间例行产检的，应提前请假，以医院出具的医疗证明为准，产检时间不扣工资，按正常出勤计算。

第9条　女员工怀孕期间若出现需要停止工作、保胎治疗的情况，须提供三甲及以上医院的相关证明，公司视同病假处理。

第3章　产期管理

第10条　女员工生育享受____天产假，其中产前可以休假____天；难产的，应增加产假____天；生育多胞胎的，每多生育1个婴儿，可增加产假____天。

第11条　女员工怀孕未满4个月流产的，享受____天产假；怀孕满4个月流产的，享受____天产假。

第12条　女员工在休产假前须提前____天向部门领导提交休假申请，申请须逐级签批至总经理处。

第13条　产假期间工资变更为生育津贴，生育津贴由生育保险支付，具体支付标准依据当地社会保险规定确认。生育津贴由公司先行垫付，按月发放。

第14条　女员工申报生育医疗费用报销需提交如下材料至人力资源部。

1. 医保手册。

2. 生育证。

3. 婴儿出生证。

4. 住院病案首页复印件（加盖医院公章）。

5. 诊断证明。

6. 住院费用明细发票。

第15条　女员工违法生育的，不享受产假期间的相关待遇。

	第4章 哺乳期管理	

第16条 女员工须提交婴儿出生证报人力资源部备案，方可享受哺乳期福利。若女员工未按要求提交的，将不享受哺乳期福利。

第17条 女员工在小孩出生至满一周岁期间，公司在每个工作日内给予其1小时哺乳时间；生育多胞胎的，每多哺乳1个婴儿每天可增加1小时哺乳时间。

第18条 对哺乳未满1周岁婴儿的女员工，公司不得延长劳动时间或者安排夜班劳动。

第19条 女员工在产假期满后，如果有困难且工作许可的情况下，经由部门领导审核，总经理批准后，最长可申请哺乳假____个月。哺乳假包括双休日、法定节假日在内。哺乳假工资按照基本工资80%发放。

第5章 附 则

第20条 本制度由人力资源部负责解释、补充和修订。

第21条 本制度交总经理办公会讨论通过后，经总经理批准后颁布执行。

编制日期		审核日期		批准日期	
修改标记		修改处数		修改日期	

12.2.2 细则：退休人员返聘管理细则

在实际工作中，退休人员返聘管理是一件相对复杂的工作，特别是退休人员的返聘甄别、建立劳务关系、日常管理、薪酬待遇及双方权利义务关系终结等事项，用人单位应当予以重视。因此，建立退休人员返聘管理细则，可以规范用人单位对退休人员的返聘管理，确保各项工作有据可循、有序开展，降低争议发生的概率。以下是退休人员返聘管理细则，用人单位可根据实际情况做修改使用，仅供参考。

细则名称	退休人员返聘管理细则	编 号	
		版 本	

第1条 目的

为完善公司退休返聘用人机制，加强公司劳动用工管理，现根据公司实际情况及相关法律规定，特制定本细则。

第2条 适用范围

本细则适用于公司所有退休人员的返聘管理工作。

第3条 相关说明

返聘是指因工作需要，经批准聘用已正式办理了相关退休手续的本公司及其他公司退休人员的行为。返聘的岗位应是当前工作急需，且暂时无合适替代人选的专业性较强的岗位。

第4条　退休返聘条件

返聘人员须至少满足下列5个条件。

1．具有与本单位生产经营相关的专业技能或专业技术职称。

2．返聘人员本人自愿，并向单位提交申请。

3．返聘人员身体健康，能胜任工作。

4．已正式办理了国家规定的退休手续，原则上男性不超过65周岁，女性不超过60周岁。

5．聘用部门经报请总经理讨论同意后，可适当放宽返聘条件。

第5条　返聘手续办理

1．拟返聘退休人员的部门填写"退休人员返聘申请表"，明确聘期中的岗位要求和工作任务，报请人力资源部，经人力资源部经理审核后，再报请总经办讨论后批复。

2．总经理批复同意后，应在____个工作日内与返聘人员签订"退休人员返聘协议"。

3．返聘实行聘期制，按期聘用，到期自动终止。

提示：办理返聘手续时，建议要求退休人员提供退休证明复印件。

第6条　返聘人员的日常管理

1．返聘的退休人员原则上实行一年一聘，若确因工作需要必须续聘的，返聘期限累计一般最长不超过三年。

2．返聘人员由返聘部门按在职人员管理，须完成本部门在职同职级同类人员相应的工作量，并参加年度考核，考核结果将作为是否续聘的依据之一。

3．返聘人员岗位占用返聘部门的岗位职数。

4．返聘人员在职期间，用人部门应为其提供必要的劳动保护。若发生工伤事故须参照《工伤保险条例》处理。

第7条　返聘人员的考勤与工资待遇

1．返聘人员的考勤等日常管理由其所在部门负责，其工资实行月薪制，并根据返聘人员实际出勤情况计发。

2．返聘人员的返聘工资根据返聘的不同工作岗位分别确定。

3．返聘人员属于公司的外聘人员，故返聘期间，其返聘工资确定后，不随在职员工工资的调整而调整，同时返聘人员不享受其他任何福利待遇。

第8条　返聘人员的解聘处理

1．对违反单位有关规定的返聘人员，本单位有权解聘。

2．在返聘期间，若返聘人员本人自愿辞聘的，应提前一个月向返聘部门、人力资源部申请。经返聘部门和人力资源部的同意后，办理终止返聘手续，终止返聘工作，并从次月起停发相应的返聘待遇。

第9条　本细则由人力资源部负责编制、解释与修订

第10条　本细则自××××年××月××日起生效

编制日期		审核日期		批准日期	
修改标记		修改处数		修改日期	

12.2.3　模板：劳务协议

劳务协议是人力资源管理中比较常见的法律文书，也是人力资源管理中比较容易出现劳动争议的环节。很多用人单位和HR（Human Resources，人事），对劳动合同和劳务协议的区别并不是很清楚，往往直接用劳动合同代替劳务协议，或者在劳动合同的基础上修改，这不仅增加了劳务协议的管理风险，还使用人单位处于被动状态，一旦发生争议，很有可能被认定为存在劳动关系。以下是劳务协议模板，用人单位可根据实际情况做修改使用，仅供参考。

文书名称	劳务协议	编　　号	
		受控状态	

甲方（用人单位）：＿＿＿＿＿＿＿＿＿＿＿＿

统一社会信用代码：＿＿＿＿＿＿＿＿＿＿＿＿

法定代表人（主要负责人）或委托代理人：＿＿＿＿＿＿＿＿＿＿＿＿＿

注　册　地：＿＿＿＿＿＿＿＿＿＿＿

经　营　地：＿＿＿＿＿＿＿＿＿＿＿

联系电话：＿＿＿＿＿＿＿＿＿＿＿

乙方（劳动者）：＿＿＿＿＿＿＿＿＿＿＿

居民身份证号码：＿＿＿＿＿＿＿＿＿＿＿

（或其他有效证件名称：＿＿＿＿＿＿＿＿＿＿＿证件号：＿＿＿＿＿＿＿＿＿＿＿）

户籍地址：＿＿＿＿＿＿＿＿＿＿＿

经常居住地（通信地址）：＿＿＿＿＿＿＿＿＿＿＿

联系电话：＿＿＿＿＿＿＿＿＿＿＿

根据《中华人民共和国民法典》和其他法律、法规，甲、乙双方经平等、协商一致，自愿签订本劳务协议，共同遵守本协议所列条款。

一、协议期限

本协议期限为＿＿＿＿年，于＿＿＿＿年＿＿月＿＿日生效，＿＿＿＿年＿＿月＿＿日终止。其中试用期从＿＿＿＿年＿＿月＿＿日起至＿＿＿＿年＿＿月＿＿日止。劳务协议期满后，经双方协商可续签协议。

二、工作内容和工作地点

（一）根据甲方工作需要，乙方同意从事＿＿＿＿＿＿＿＿＿＿＿岗位工作。甲、乙双方可另行约定岗位具体职责及要求。

（二）乙方同意在甲方安排的工作地点_____从事工作。根据甲方的工作需要，经甲、乙双方协商同意，可以变更工作地点。

三、工作时间和休息休假

甲、乙双方预先商定上班时间和休息时间。乙方按甲方劳务项目工作，不享有任何加班补贴或是调休待遇。

四、劳务报酬及待遇

（一）甲、乙双方同意按以下第____种方式支付劳务费。

1．甲方按月支付乙方劳务费，金额为人民币____元。

2．甲方按乙方实际工作日计算，乙方每日劳务费标准为人民币____元。

（二）甲方保证每月以转账或现金形式支付劳务费给乙方，发放日为每月____日。

（三）乙方在每月正常出勤并提供正常劳务后，方可获得劳务报酬，乙方劳务报酬以服务单位支付凭证为准。

（四）本协议履行期间，若乙方发生意外，甲方对此不负有法定责任，乙方同意通过一定的方式得到补偿（甲方为乙方办理团体人身意外伤害保险，乙方在发生任何人身意外伤害事故时，甲方按所购团体人身意外伤害保险的理赔金额向乙方支付补偿），并保证除此之外不再向甲方主张任何其他权利。

五、甲、乙双方的权利和义务

（一）乙方若不具备劳动法律主体资格，甲方不为其办理社会保险统筹。但根据实际情况，甲方可为乙方提供其他商业保险。若乙方具备劳动法律主体资格的，甲方为其办理社会保险，乙方承担的个人部分由甲方负责代扣代缴。

（二）乙方应严格遵守与甲方签订的各项协议及制度，甲方有权对乙方违法乱纪和违反劳务协议相关规定的行为进行处罚，对于产生的经济损失或处罚金从乙方劳务报酬中进行扣除。

（三）乙方应接受甲方对乙方劳务成果的考核，考核不达标者，在支付劳务费时将扣减相应的劳务费。

（四）乙方在签订本协议前，应与甲方签订《保密承诺书》，保守甲方和服务单位的商业秘密。

（五）若乙方严重失职，营私舞弊，蓄意损坏商品，串通诈骗或泄露甲方和服务单位的商业秘密，对甲方、服务单位所在零售网点的利益造成重大损害的，甲方保留追究乙方经济和法律责任的权利。

（六）乙方应向甲方提供真实的身份证原件及本协议所需的个人信息，从事餐饮行业的还必须提供本人的健康证，如有虚假，甲方可随时解除此协议，并扣除乙方所有工资。

（七）乙方必须按国家规定自行、自觉缴纳劳务税，否则责任自负。

（八）乙方应保管好甲方所提供的劳动用具，如有遗失，照原价赔偿。

（九）乙方如有工作失职，违反公司规章制度，所提供劳务达不到要求等，甲方有权解除此劳务协议。

（十）由乙方自身身体因素所造成的病亡及自然生老病死等，甲方不负赔偿责任，但可视情况给予一定的抚恤金、救济金等安抚费用。

六、劳务协议的变更、解除、终止与续延

（一）劳务协议的变更。

1．在协议有效期内，任何一方情况发生变化，需要变更协议时，应以书面形式通知另一方，另一方应在15日内作出书面答复。

2．双方协商一致，方可变更协议相关内容，变更后的协议或协议附件由双方签字生效。

3．双方协商不一致，本协议即行解除。

（二）劳务协议的解除、终止与续延。

1．在试用期内，甲、乙双方均可随时通知对方解除本协议。

2．在协议期间，双方均可解除本协议，但应提前7日通知对方。未提前通知的，每延迟一日，须向对方支付一日的违约金，标准为乙方的日工资。

3．协议期满，双方均可终止本协议。若均未提出异议，本协议自动逐月续延。

七、违约责任

当事人一方违反劳务协议时，应承担的违约责任如下。

（一）甲方违反本劳务协议导致乙方损失的，应根据乙方受损的具体情况支付赔偿金。

（二）乙方在协议期内未经批准擅自离职的，应赔偿甲方的经济损失。

八、其他

（一）本协议由甲、乙双方签字生效，本协议未尽事宜，甲、乙双方可协商解决。

（二）本协议一式两份，甲、乙双方各执一份，具有同等法律效力。

甲方（盖章）：　　　　　　　　　　　　　　　乙方（签名或盖章）：

法定代表人签名：

签订日期：_____年____月____日　　　　　签订日期：_____年____月____日

编制人员		审核人员		审批人员	
编制时间		审核时间		审批时间	

12.3　内部控制

12.3.1　流程1："三期"女员工劳动合同到期处理流程

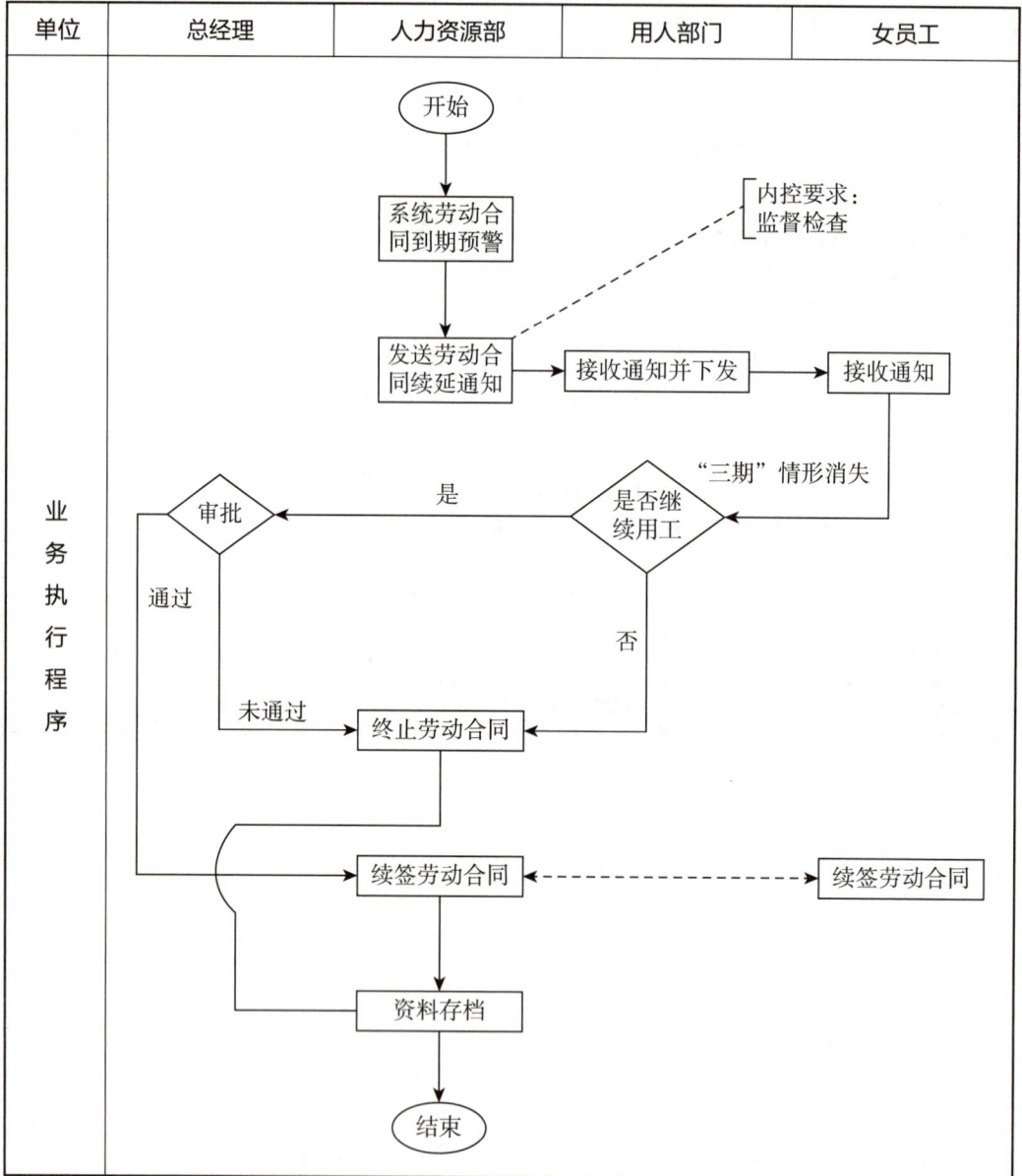

单位	总经理	人力资源部	用人部门	女员工

业务执行程序

- 开始
- 系统劳动合同到期预警
- 内控要求：监督检查
- 发送劳动合同续延通知
- 接收通知并下发
- 接收通知
- "三期"情形消失
- 是否继续用工
- 审批
  - 是 → 审批
  - 否 → 终止劳动合同
- 审批：通过 / 未通过
- 终止劳动合同
- 续签劳动合同（人力资源部）⟶ 续签劳动合同（女员工）
- 资料存档
- 结束

12.3.2　流程2：退休人员返聘管理流程

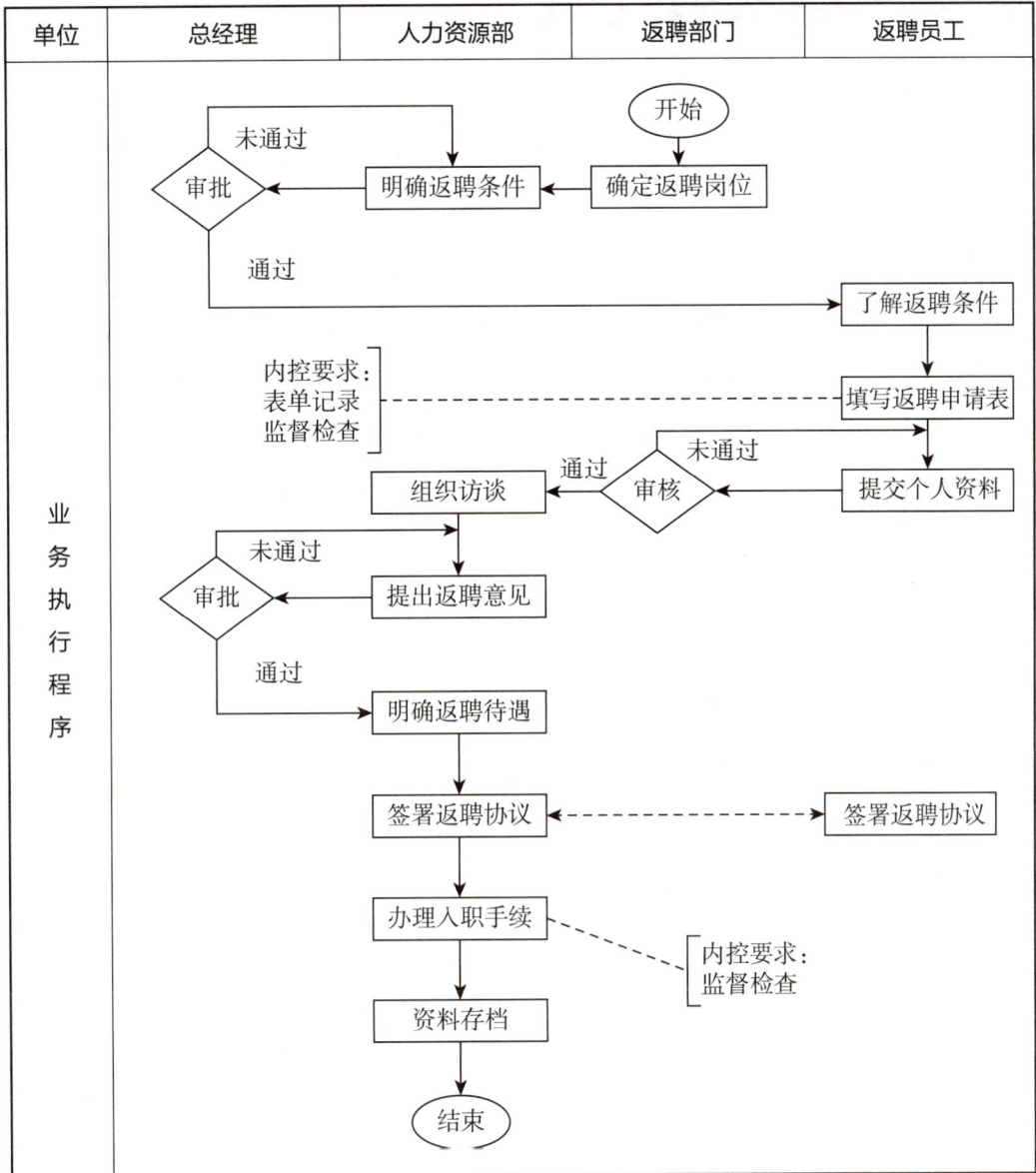

单位	总经理	人力资源部	返聘部门	返聘员工

业务执行程序

开始

确定返聘岗位 → 明确返聘条件 → 审批

未通过

审批 → 通过

了解返聘条件

内控要求：
表单记录
监督检查

填写返聘申请表

组织访谈 ← 审核 ← 提交个人资料

通过　未通过

审批 ← 提出返聘意见

未通过

审批 → 通过

明确返聘待遇

签署返聘协议 ←----- 签署返聘协议

办理入职手续

内控要求：
监督检查

资料存档

结束

12.4　法律保障

1.《女职工劳动保护特别规定》

第五条　用人单位不得因女职工怀孕、生育、哺乳降低其工资、予以辞退、与其解除劳动或者聘用合同。

第六条　女职工在孕期不能适应原劳动的，用人单位应当根据医疗机构的证明，予以减轻劳动量或者安排其他能够适应的劳动。

对怀孕7个月以上的女职工，用人单位不得延长劳动时间或者安排夜班劳动，并应当在劳动时间内安排一定的休息时间。

怀孕女职工在劳动时间内进行产前检查，所需时间计入劳动时间。

第九条　对哺乳未满1周岁婴儿的女职工，用人单位不得延长劳动时间或者安排夜班劳动。

用人单位应当在每天的劳动时间内为哺乳期女职工安排1小时哺乳时间；女职工生育多胞胎的，每多哺乳1个婴儿每天增加1小时哺乳时间。

第十条　女职工比较多的用人单位应当根据女职工的需要，建立女职工卫生室、孕妇休息室、哺乳室等设施，妥善解决女职工在生理卫生、哺乳方面的困难。

第十二条　县级以上人民政府人力资源社会保障行政部门、安全生产监督管理部门按照各自职责负责对用人单位遵守本规定的情况进行监督检查。

工会、妇女组织依法对用人单位遵守本规定的情况进行监督。

第十五条　用人单位违反本规定，侵害女职工合法权益，造成女职工损害的，依法给予赔偿；用人单位及其直接负责的主管人员和其他直接责任人员构成犯罪的，依法追究刑事责任。

2.《中华人民共和国劳动合同法》

第四十二条第三项、第四项　劳动者有下列情形之一的，用人单位不得依照本法第四十条、第四十一条的规定解除劳动合同：

（三）患病或者非因工负伤，在规定的医疗期内的；

（四）女职工在孕期、产期、哺乳期的；

第四十五条　劳动合同期满，有本法第四十二条规定情形之一的，劳动合同应当续延至相应的情形消失时终止。但是，本法第四十二条第二项规定丧失或者部分丧失劳动能力劳动者的劳动合同的终止，按照国家有关工伤保险的规定执行。

3.《中华人民共和国劳动法》

第六十一条 不得安排女职工在怀孕期间从事国家规定的第三级体力劳动强度的劳动和孕期禁忌从事的活动。对怀孕七个月以上的女职工，不得安排其延长工作时间和夜班劳动。

第六十四条 不得安排未成年工从事矿山井下、有毒有害、国家规定的第四级体力劳动强度的劳动和其他禁忌从事的劳动。

第六十五条 用人单位应当对未成年工定期进行健康检查。

4.《劳动部关于女职工生育待遇若干问题的通知》

一、女职工怀孕不满四个月流产时，应当根据医务部门的意见，给予十五天至三十天的产假；怀孕满四个月以上流产时，给予四十二天产假。产假期间，工资照发。

三、女职工产假期满，因身体原因仍不能工作的，经过医务部门证明后，其超过产假期间的待遇，按照职工患病的有关规定处理。

5.《企业职工患病或非因工负伤医疗期规定》

第二条 医疗期是指企业职工因患病或非因工负伤停止工作治病休息不得解除劳动合同的时限。

第三条 企业职工因患病或非因工负伤，需要停止工作医疗时，根据本人实际参加工作年限和在本单位工作年限，给予三个月到二十四个月的医疗期：

（一）实际工作年限十年以下的，在本单位工作年限五年以下的为三个月；五年以上的为六个月。

（二）实际工作年限十年以上的，在本单位工作年限五年以下的为六个月；五年以上十年以下的为九个月；十年以上十五年以下的为十二个月；十五年以上二十年以下的为十八个月；二十年以上的为二十四个月。

第四条 医疗期三个月的按六个月内累计病休时间计算；六个月的按十二个月内累计病休时间计算；九个月的按十五个月内累计病休时间计算；十二个月的按十八个月内累计病休时间计算；十八个月的按二十四个月内累计病休时间计算；二十四个月的按三十个月内累计病休时间计算。

第五条 企业职工在医疗期内，其病假工资、疾病救济费和医疗待遇按照有关规定执行。

第六条　企业职工非因工致残和经医生或医疗机构认定患有难以治疗的疾病，在医疗期内医疗终结，不能从事原工作，也不能从事用人单位另行安排的工作的，应当由劳动鉴定委员会参照工伤与职业病致残程度鉴定标准进行劳动能力的鉴定。被鉴定为一至四级的，应当退出劳动岗位，终止劳动关系，办理退休、退职手续，享受退休、退职待遇；被鉴定为五至十级的，医疗期内不得解除劳动合同。

12.5　问题清零

12.5.1　问题1：生育津贴和产假工资可以同时享受吗？

生育津贴和产假工资不能同时享受。生育津贴是对职场女性因生育而离开工作岗位期间，给予的生活费用。根据《女职工劳动保护特别规定》第八条第一款，女职工产假期间，停发工资，改发生育津贴，参加了生育保险的，由生育保险基金按所在单位上年度职工月平均工资支付；没有参加生育保险的，由所在单位按女职工产假前工资支付。

12.5.2　问题2：女员工违法生育是否还可以享受产假及产假待遇？

在当前司法实践中，对于违法生育的女员工，可以依法享受产假，但不能享受生育险的报销及津贴待遇。

12.5.3　问题3：员工入职隐瞒婚育信息，单位是否可以欺诈为由解除劳动合同？

根据《中华人民共和国劳动合同法》第八条、《中华人民共和国劳动法》第十三条以及《中华人民共和国就业促进法》第二十七条，用人单位虽有权了解员工与劳动合同直接相关的基本情况，如学历、工作经验，但婚育信息属于员工个人隐私，员工无须如实说明，更构不成法律意义上的欺诈行为。因此，用人单位不能以员工入职隐瞒婚育信息为由解除劳动合同，否则用人单位有可能被认定为就业歧视。

12.5.4　问题4：女员工产假逾期算旷工吗？

《女职工劳动保护特别规定》第七条第一款规定："女职工生育享受98天产假，其中产前可以休假15天；难产的，应增加产假15天；生育多胞胎的，每多生育1个婴儿，增加产假15天。"

因为预产期只是一种预测，在现实中很难保证产期的准确性，有的可能提前生育，有的可能推迟生育。因此，在司法实践中，若女员工提前生育，可将不足的天数和产后假合并使用；若女员工推迟生育，可将超出的天数按病假处理。

12.5.5　问题5：怀孕女员工产前检查所需时间是否计入劳动时间？

《女职工劳动保护特别规定》第六条第三款规定："怀孕女职工在劳动时间内进行产前检查，所需时间计入劳动时间。"因此，怀孕的女员工在劳动时间内进行产前检查，算作劳动时间，用人单位不能按病假、事假、旷工等处理，也不能扣发工资。

12.5.6　问题6：退休返聘人员是否还可以享受带薪年休假？

根据目前法律法规，用人单位聘用的退休人员不享受带薪年休假，但双方另有约定的，从其约定。

13

第13章

劳动争议管理

13.1　风险识别

13.1.1　风险点1：逾期举证

风险指数★★★☆☆

【风险提示】《最高人民法院关于民事诉讼证据的若干规定》第三十四条规定："人民法院应当组织当事人对鉴定材料进行质证。未经质证的材料，不得作为鉴定的根据。经人民法院准许，鉴定人可以调取证据、勘验物证和现场、询问当事人或证人。"由此可见，如果用人单位逾期提交证据材料，将面临法院不组织质证，提供的证据不具有法律效力而视为放弃举证权利，以及案件败诉的风险。

【操作指引】若是在仲裁委员会发的文件中未看到举证期限，用人单位应及时与仲裁人员联系，确定举证期限，以保证在举证期限内提交相关的证据材料。若是在举证期限内提供证据确有困难的，可以向人民法院申请延长期限。

13.1.2　风险点2：未及时或者拒不履行生效法律文书

风险指数★★★★☆

【风险提示】用人单位未及时或者拒不履行生效法律文书，可能面临被列入失信被执行人黑名单、被限制高消费的风险。《中华人民共和国刑法》第三百一十三条第一款规定："对人民法院的判决、裁定有能力执行而拒不执行，情节严重的，处三年以下有期徒刑、拘役或者罚金；情节特别严重的，处三年以上七年以下有期徒刑，并处罚金。"

【操作指引】用人单位应在规定的时间内履行生效法律文书确定的义务，避免承担更多的法律责任。

13.2 合规管理

13.2.1 制度：劳动争议处理管理制度

　　劳动争议处理是劳动关系管理的重要内容之一。要想建立和维护良好、稳定的工作环境，降低劳动争议发生的风险，用人单位就应建立劳动争议处理管理制度，规范劳动争议管理工作，灵活运用争议处理技巧，消除劳动争议所产生的负面影响。以下是劳动争议处理管理制度，用人单位可根据实际情况做修改使用，仅供参考。

制度名称	劳动争议处理管理制度	编　号	
		版　本	

第1章　总　则

第1条　为了有效规范劳动争议处理工作，维护公司和员工的合法权益，为公司提供和谐、稳定的工作环境和生产秩序，根据有关法律法规和公司相关制度规定，特制定本制度。

第2条　本制度适用于公司所有劳动争议的处理工作管理。

第3条　劳动争议是指公司与员工因劳动权利和义务发生分歧而引发的争议和纠纷，主要包括以下五种情况。

1．因确认劳动关系而引发的争议。

2．因订立、履行、变更、解除和终止劳动合同而引发的争议。

3．因除名、辞退和离职等人事调整而引发的争议。

4．因工作时间、休息休假、社保福利、员工培训和劳动保护而引发的争议。

5．因劳动报酬、工伤医疗费用、经济补偿和赔偿金而引发的争议。

第4条　劳动争议处理须按流程进行，各部门也要做好职责分工。

1．作为劳动争议的归口管理部门，人力资源部应深入调查发生劳动争议的原因，全面收集劳动争议证据，拟定劳动争议处理措施，妥善解决各种劳动争议。

2．公司各部门负责人应优化部门员工管理工作，有效解释、消除和控制劳动争议，积极配合人力资源部开展争议处理工作。

第2章　原则、方式和技巧

第5条　公司人力资源部及劳动争议所在部门应本着以下原则，妥善处理劳动争议。

1．合法原则。劳动争议的处理不得违反国家的相关政策和法律规定。公司相关人员须按照法定程序和要求，依法处理各种劳动争议。

2．客观公正原则。劳动争议处理过程中，公司相关人员应客观、公平地对待争议双方，针对争议的类型、内容和原因，公正、合理地进行协调处理。

3.注重调解原则。发生劳动争议后，公司相关人员应优先选择协商、调解方式进行处理，尽量避免和减少争议处理中产生的劳动关系恶化、内部损耗增加、员工积极性下降等不良现象。

4.及时处理原则。发生劳动争议后，公司相关人员应立即予以控制和处理，快速、有效地解决争议问题。

第6条　劳动争议处理方式。发生劳动争议后，人力资源部和争议发生部门应及时查明争议原因，全面收集争议证据，并立即拟定和采取处理措施。一般而言，劳动争议处理的方式和应用顺序如下。

1.协商处理。劳动争议发生后，人力资源部和争议所在部门负责人应首先采用协商处理方式，即代表公司与员工在平等、合法、兼顾双方利益的基础上进行协商谈判，妥善解决争议问题。若员工拒绝协商或协商不成功，人力资源部可根据劳动合同规定，申请进行调解处理。

2.调解处理。人力资源部组织成立劳动争议调解委员会（以下简称"调解委员会"），接受调解申请，认真听取争议双方的意见和要求，深入开展调查、分析，收集相关证据，并最终讨论确定争议调解方案。调解委员会依据调解方案对争议双方进行劝说、调解，并组织签订调解协议书。

3.仲裁处理。争议调解不成功的，当事人可依据劳动合同向约定的劳动争议仲裁委员会（以下简称"仲裁委员会"）提出仲裁申请。人力资源部应代表公司参加争议仲裁，认真收集和整理相关证据，提出合理仲裁诉求，积极配合仲裁委员会做好争议仲裁处理工作。

4.诉讼处理。争议双方对仲裁结果不服的，可在收到仲裁裁定书后15日内向人民法院提起诉讼。此时，人力资源部应认真收集、整理和提交相关资料，代表公司进行诉讼或应诉，有效维护公司的合法权益。

第7条　争议处理技巧。人力资源部和争议所在部门负责人在处理劳动争议时，可灵活应用以下处理技巧。

1.向员工耐心讲解公司相关制度规定和国家有关法律法规，纠正其不合理的争议要求。

2.维护公司合法权益，同时兼顾员工利益，多采取对双方有利的措施，进而降低争议处理难度。

3.准确把握劳动争议的焦点问题，并有针对性地进行解释、劝说和协商谈判。

4.全面收集和整理相关材料，为争议仲裁和诉讼提供有利证据，确保仲裁和诉讼的成功。

第3章　附　则

第8条　本制度的制定和修订工作由人力资源部负责，修订时间为每年的＿＿月＿＿日到＿＿月＿＿日。

第9条　本制度的最终解释权归人力资源部所有。

第10条　本制度经相关领导审批通过后，自颁布之日起正式实施。

编制日期		审核日期		批准日期	
修改标记		修改处数		修改日期	

13.2.2　模板：劳动人事争议仲裁申请书

劳动人事争议仲裁申请书是劳动人事争议仲裁申请人申请仲裁时应当提交的书面材料之一，主要用于明确申请人的仲裁请求，阐述事实和理由等。以下是劳动人事争议仲裁申请书模板，用人单位可根据实际情况做修改使用，仅供参考。

文书名称		劳动人事争议仲裁申请书			编　　号	
					受控状态	
申请人	姓　　名	（提示：姓名须与身份证相符）	性　别		出生日期	
	经常居住地住址					
	户口所在地住址					
	户口性质	城镇　农村	现工作单位			
	是否签订合同		职　　业			
	联系电话		身份证件类型及号码			
被申请人	单位名称（营业执照名称）	（提示：须填全称，不得写简称）				
	单位性质					
	境外合资方名称					
	中方主管机关					
	法定代表人	姓　　名				
		性　　别				
		职　　务				
	住所地（营业执照注册地）					
	劳动合同履行地或用工单位所在地					
	联系电话					

仲裁请求（提示：请求要明确，涉及金额要有具体的计算标准和过程，若是计算过程烦琐，也可以作为附件提交）：

事实和理由（提示：简明扼要写清楚入职时间，争议时间和内容，离职时间等）：

此敬
××劳动人事争议仲裁委员会

申请人（签名或盖章）：

_____年____月____日

（提示：日期为交当天的日期）

附：物证____份

（提示：物证一般如劳动合同书、解除通知书、工资流水、考勤记录等）

编制人员		审核人员		审批人员	
编制时间		审核时间		审批时间	

使用说明有如下几点。

（1）本申请书须用黑色或蓝色钢笔、签字笔填写或打印，一式五份，其中四份交劳动人事争议仲裁委员会，一份由申请人自存。

（2）填写内容务必真实、有效。

（3）若申请内容填写不下时，可在申请书中间加页。

（4）填写的申请书须字迹清楚，文字简练、规范。

（5）交此申请书时，须同时提交本人身份证件复印件一张（A4纸）。

13.3 内部控制

13.3.1 流程1：劳动争议处理流程

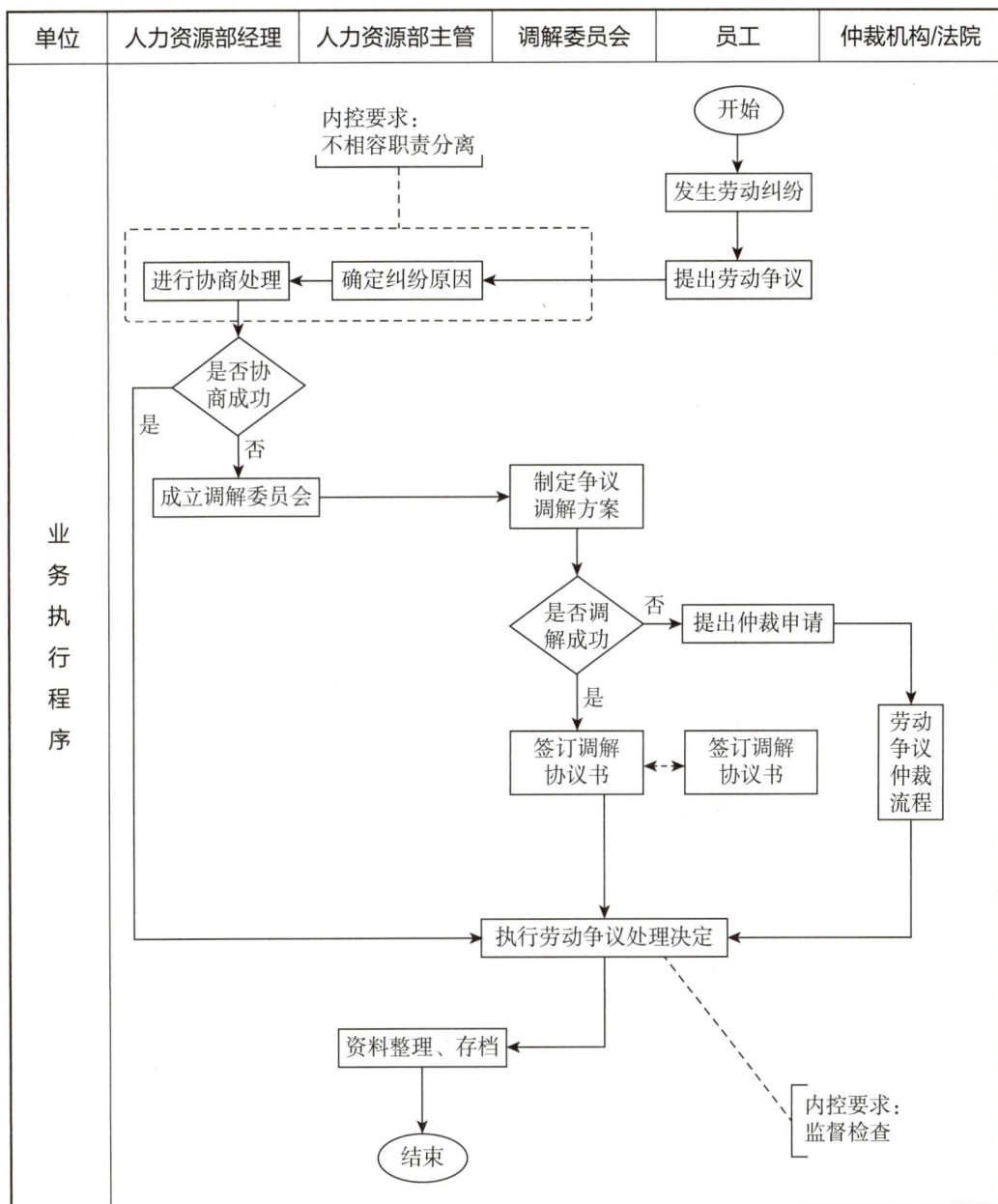

单位	人力资源部经理	人力资源部主管	调解委员会	员工	仲裁机构/法院

业务执行程序

内控要求：
不相容职责分离

开始

发生劳动纠纷

提出劳动争议

确定纠纷原因

进行协商处理

是否协商成功

是

否

成立调解委员会

制定争议调解方案

是否调解成功

否 → 提出仲裁申请

是

签订调解协议书

签订调解协议书

劳动争议仲裁流程

执行劳动争议处理决定

资料整理、存档

结束

内控要求：
监督检查

12.3.2 流程2：劳动争议仲裁流程

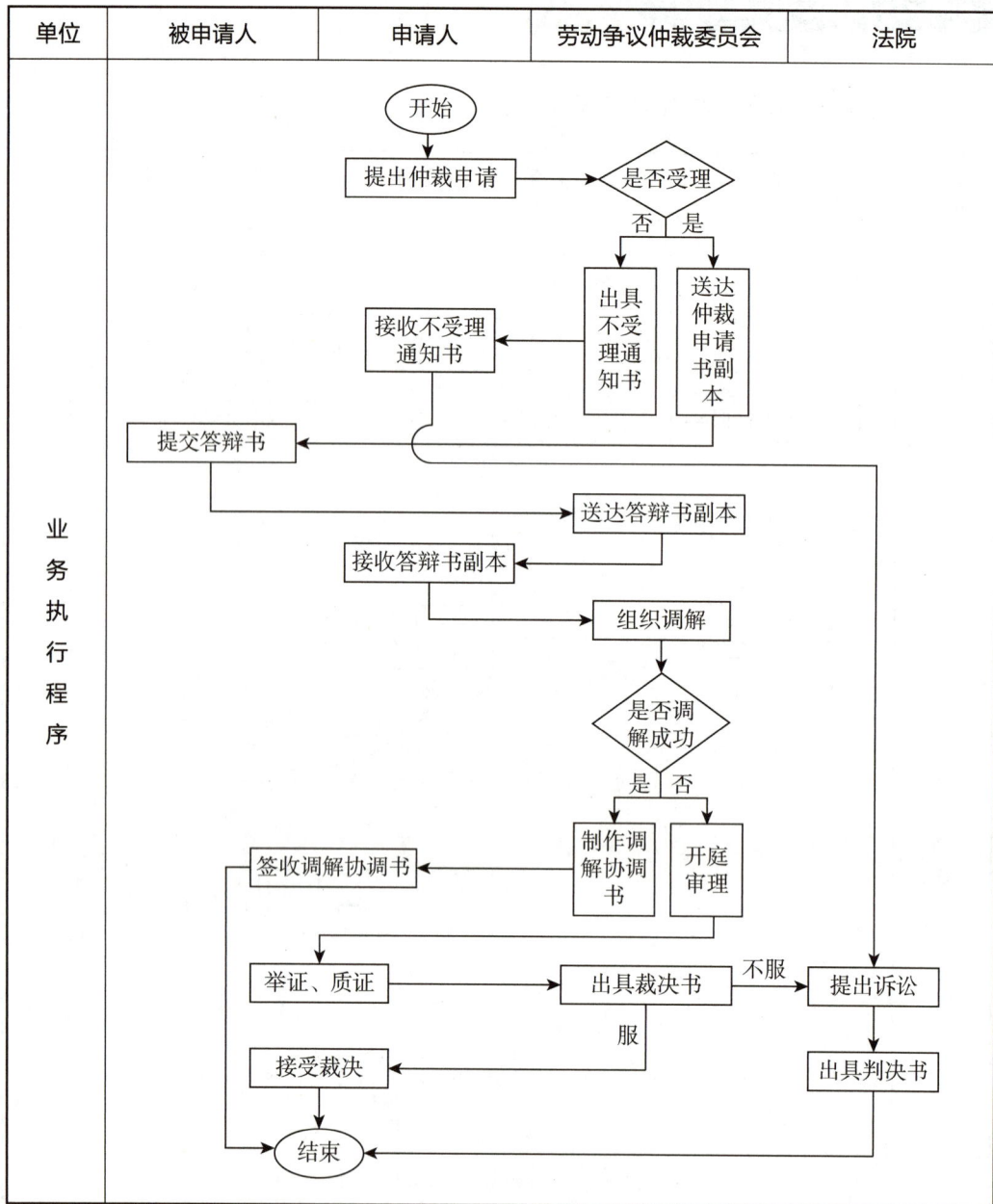

单位	被申请人	申请人	劳动争议仲裁委员会	法院

业务执行程序

```
                              开始

              提出仲裁申请      是否受理
                               否  是

                           出具      送达
                 接收不受理    不受    仲裁
                 通知书       理通    申请
                            知书      书副
                                     本

      提交答辩书

                              送达答辩书副本

                    接收答辩书副本

                              组织调解

                               是否调
                               解成功
                                是  否

                           制作调   开庭
            签收调解协调书    解协调   审理
                            书

            举证、质证        出具裁决书   不服   提出诉讼
                            服

            接受裁决                      出具判决书

                    结束
```

13.4　法律保障

《中华人民共和国劳动争议调解仲裁法》

第二条　中华人民共和国境内的用人单位与劳动者发生的下列劳动争议，适用本法：

（一）因确认劳动关系发生的争议；

（二）因订立、履行、变更、解除和终止劳动合同发生的争议；

（三）因除名、辞退和辞职、离职发生的争议；

（四）因工作时间、休息休假、社会保险、福利、培训以及劳动保护发生的争议；

（五）因劳动报酬、工伤医疗费、经济补偿或者赔偿金等发生的争议；

（六）法律、法规规定的其他劳动争议。

第四条　发生劳动争议，劳动者可以与用人单位协商，也可以请工会或者第三方共同与用人单位协商，达成和解协议。

第五条　发生劳动争议，当事人不愿协商、协商不成或者达成和解协议后不履行的，可以向调解组织申请调解；不愿调解、调解不成或者达成调解协议后不履行的，可以向劳动争议仲裁委员会申请仲裁；对仲裁裁决不服的，除本法另有规定的外，可以向人民法院提起诉讼。

第六条　发生劳动争议，当事人对自己提出的主张，有责任提供证据。与争议事项有关的证据属于用人单位掌握管理的，用人单位应当提供；用人单位不提供的，应当承担不利后果。

第七条　发生劳动争议的劳动者一方在十人以上，并有共同请求的，可以推举代表参加调解、仲裁或者诉讼活动。

第九条　用人单位违反国家规定，拖欠或者未足额支付劳动报酬，或者拖欠工伤医疗费、经济补偿或者赔偿金的，劳动者可以向劳动行政部门投诉，劳动行政部门应当依法处理。

第十条　发生劳动争议，当事人可以到下列调解组织申请调解：

（一）企业劳动争议调解委员会；

（二）依法设立的基层人民调解组织；

（三）在乡镇、街道设立的具有劳动争议调解职能的组织。

企业劳动争议调解委员会由职工代表和企业代表组成。职工代表由工会成员担任或者由全体职工推举产生，企业代表由企业负责人指定。企业劳动争议调解委员会主任由工会成员或者双方推举的人员担任。

第十六条　因支付拖欠劳动报酬、工伤医疗费、经济补偿或者赔偿金事项达成调解协议，用人单位在协议约定期限内不履行的，劳动者可以持调解协议书依法向人民法院申请支付令。人民法院应当依法发出支付令。

第二十一条　劳动争议仲裁委员会负责管辖本区域内发生的劳动争议。

劳动争议由劳动合同履行地或者用人单位所在地的劳动争议仲裁委员会管辖。双方当事人分别向劳动合同履行地和用人单位所在地的劳动争议仲裁委员会申请仲裁的，由劳动合同履行地的劳动争议仲裁委员会管辖。

第二十二条　发生劳动争议的劳动者和用人单位为劳动争议仲裁案件的双方当事人。

劳务派遣单位或者用工单位与劳动者发生劳动争议的，劳务派遣单位和用工单位为共同当事人。

第二十七条　劳动争议申请仲裁的时效期间为一年。仲裁时效期间从当事人知道或者应当知道其权利被侵害之日起计算。

前款规定的仲裁时效，因当事人一方向对方当事人主张权利，或者向有关部门请求权利救济，或者对方当事人同意履行义务而中断。从中断时起，仲裁时效期间重新计算。

因不可抗力或者有其他正当理由，当事人不能在本条第一款规定的仲裁时效期间申请仲裁的，仲裁时效中止。从中止时效的原因消除之日起，仲裁时效期间继续计算。

劳动关系存续期间因拖欠劳动报酬发生争议的，劳动者申请仲裁不受本条第一款规定的仲裁时效期间的限制；但是，劳动关系终止的，应当自劳动关系终止之日起一年内提出。

第四十七条　下列劳动争议，除本法另有规定的外，仲裁裁决为终局裁决，裁决书自作出之日起发生法律效力：

（一）追索劳动报酬、工伤医疗费、经济补偿或者赔偿金，不超过当地月最低工资标准十二个月金额的争议；

（二）因执行国家的劳动标准在工作时间、休息休假、社会保险等方面发生的争议。

第四十八条　劳动者对本法第四十七条规定的仲裁裁决不服的，可以自收到仲裁裁决书之日起十五日内向人民法院提起诉讼。

第四十九条　用人单位有证据证明本法第四十七条规定的仲裁裁决有下列情形之一，可以自收到仲裁裁决书之日起三十日内向劳动争议仲裁委员会所在地的中级人民法院申请撤销裁决：

（一）适用法律、法规确有错误的；

（二）劳动争议仲裁委员会无管辖权的；

（三）违反法定程序的；

（四）裁决所根据的证据是伪造的；

（五）对方当事人隐瞒了足以影响公正裁决的证据的；

（六）仲裁员在仲裁该案时有索贿受贿、徇私舞弊、枉法裁决行为的。

人民法院经组成合议庭审查核实裁决有前款规定情形之一的，应当裁定撤销。

仲裁裁决被人民法院裁定撤销的，当事人可以自收到裁定书之日起十五日内就该劳动争议事项向人民法院提起诉讼。

第五十条　当事人对本法第四十七条规定以外的其他劳动争议案件的仲裁裁决不服的，可以自收到仲裁裁决书之日起十五日内向人民法院提起诉讼；期满不起诉的，裁决书发生法律效力。

13.5　问题清零

13.5.1　问题1：用人单位可以申请劳动仲裁吗？

用人单位可以申请劳动仲裁。《中华人民共和国劳动争议调解仲裁法》第二十二条第一款规定："发生劳动争议的劳动者和用人单位为劳动争议仲裁案件的双方当事人。"由此可知，在双方发生劳动争议时，若用人单位受到了损失或侵害的也可以依法提起劳动仲裁。

13.5.2　问题2：协商调解是劳动争议处理的必经程序吗？

协商调解不是劳动争议处理的必经程序。根据《中华人民共和国劳动争议调解仲裁法》第四条、第五条，劳动争议发生后，用人单位及劳动者双方当事人可以就争议事项进行协商，找出解决争议的方法。当事人不愿协商、协商不成或者达成和解协议后不履行的，可以向调解组织申请调解。

同时根据《中华人民共和国劳动争议调解仲裁法》第五条，发生劳动争议，当事人不愿调解、调解不成或者达成调解协议后不履行的，可以向劳动争议仲裁委员会申请仲裁。由此可知，协商调解并不是劳动争议处理的必经程序。

13.5.3　问题3：调解协议书具有法律效力吗？

根据劳动有关法律、法规、规章，用人单位和劳动者之间发生劳动争议，当事人申请调解的，调解组织根据当事人的协商结果制作的调解协议书仅具有合同约束力，并不具备法律强制执行效力，一方不履行调解协议，另一方不能申请人民法院强制执行。只有劳动争议仲裁委员会在仲裁过程中及人民法院在诉讼过程中，根据当事人的协商结果制作的调解书才具有法律效力，一方不履行的，另一方才可申请人民法院强制执行。

《中华人民共和国劳动争议调解仲裁法》第十五条规定："达成调解协议后，一方当事人在协议约定期限内不履行调解协议的，另一方当事人可以依法申请仲裁。"因此，法律并没有赋予调解协议书强制执行效力。

但是《中华人民共和国劳动争议调解仲裁法》第十六条又规定："因支付拖欠劳动报酬、工伤医疗费、经济补偿或者赔偿金事项达成调解协议，用人单位在协议约定期限内不履行的，劳动者可以持调解协议书依法向人民法院申请支付令。人民法院应当依法发出支付令。"这使得因支付拖欠劳动报酬、工伤医疗费、经济补偿或者赔偿金事项达成的调解协议书，具有依法向人民法院申请支付令的权利。根据《中华人民共和国民事诉讼法》第二百二十三条第三款，债务人在收到支付令之日起十五日内不提出异议又不履行支付令的，债权人可以向人民法院申请执行。

13.5.4　问题4：谁承担劳动争议举证责任？

劳动争议举证责任是劳动争议当事人对其提出的主张负有收集或提供证据的义务，并承担运用该证据证明其主张的案件事实成立的责任。在劳动争议仲裁过程中，劳动争议当事人一般按照"谁主张谁举证"的原则承担举证责任，但是对于一些特殊的案件，其举证责任由用人单位承担。

对于劳动争议举证责任的承担者及其举证要求，《中华人民共和国劳动争议调解仲裁法》和《劳动人事争议仲裁办案规则》分别作出了明确规定，具体说明如图13-1所示。

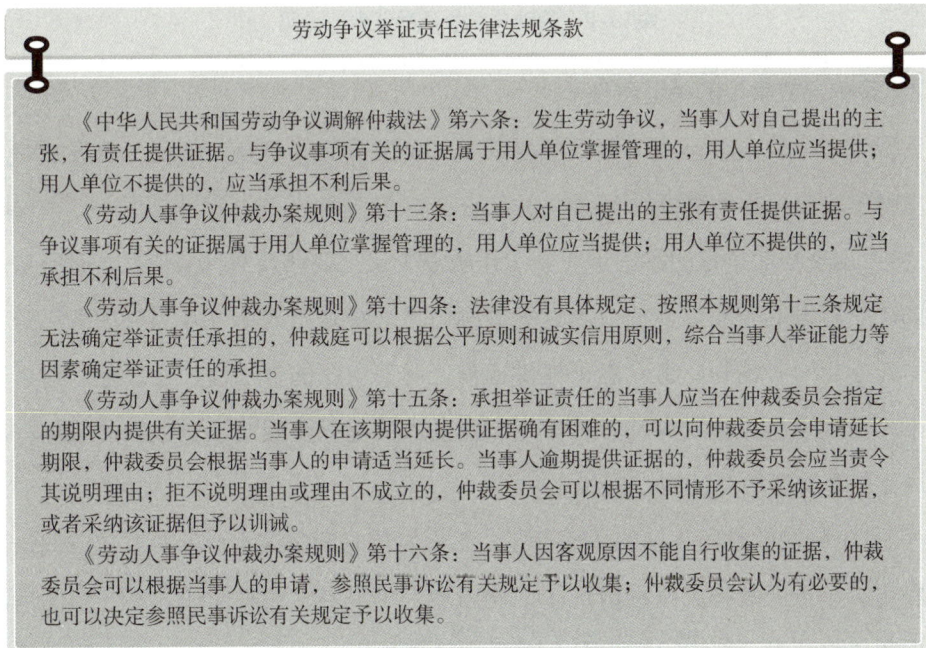

劳动争议举证责任法律法规条款

　　《中华人民共和国劳动争议调解仲裁法》第六条：发生劳动争议，当事人对自己提出的主张，有责任提供证据。与争议事项有关的证据属于用人单位掌握管理的，用人单位应当提供；用人单位不提供的，应当承担不利后果。

　　《劳动人事争议仲裁办案规则》第十三条：当事人对自己提出的主张有责任提供证据。与争议事项有关的证据属于用人单位掌握管理的，用人单位应当提供；用人单位不提供的，应当承担不利后果。

　　《劳动人事争议仲裁办案规则》第十四条：法律没有具体规定、按照本规则第十三条规定无法确定举证责任承担的，仲裁庭可以根据公平原则和诚实信用原则，综合当事人举证能力等因素确定举证责任的承担。

　　《劳动人事争议仲裁办案规则》第十五条：承担举证责任的当事人应当在仲裁委员会指定的期限内提供有关证据。当事人在该期限内提供证据确有困难的，可以向仲裁委员会申请延长期限，仲裁委员会根据当事人的申请适当延长。当事人逾期提供证据的，仲裁委员会应当责令其说明理由；拒不说明理由或理由不成立的，仲裁委员会可以根据不同情形不予采纳该证据，或者采纳该证据但予以训诫。

　　《劳动人事争议仲裁办案规则》第十六条：当事人因客观原因不能自行收集的证据，仲裁委员会可以根据当事人的申请，参照民事诉讼有关规定予以收集；仲裁委员会认为有必要的，也可以决定参照民事诉讼有关规定予以收集。

图13-1　劳动争议举证责任法律法规条款

劳动关系争议、薪酬发放争议、员工违纪违规争议的举证责任的具体划分如下。

1. 劳动关系争议的举证责任

劳动关系争议主要涉及劳动关系的建立争议与劳动关系的解除争议，其举证责任说明如图13-2所示。

劳动关系建立争议的举证责任

☆实行"谁主张谁举证"的举证原则，即主张劳动关系成立的一方对劳动关系成立负举证责任，如主张方可通过提供劳动合同、工资发放/领取凭证、社保缴纳凭证等证明劳动关系的建立

☆当员工已证明其为用人单位提供劳动，即证明与用人单位已建立劳动关系，如用人单位对员工的主张不予认同，主张劳动关系不成立的，必须提交反驳证据

☆员工与用人单位未签订劳动合同，主张方主张建立劳动合同时，可提供工资支付/领取凭证、社保缴纳凭证、用人单位向员工发放的工作证等身份证明证件、员工填写的登记表、考勤记录等作为证据，根据《关于确立劳动关系有关事项的通知》，其中工资支付凭证或记录、社保缴纳记录、员工填写的"登记表""报名表"等招用记录、考勤记录由用人单位提供

劳动关系解除争议的举证责任

☆对于员工主张解除劳动关系的，员工须提供证据证明其辞职原因属实，但与争议事项有关的证据属于用人单位掌握管理的，用人单位应当提供

☆对于用人单位主张解除或终止劳动关系的，用人单位须提供证据证明其解除或终止劳动关系行为的合法性

图13-2 劳动关系争议举证责任说明

2. 薪酬发放争议的举证责任

薪酬发放争议主要涉及工资数额争议、工资发放时间争议、加班工资发放争议、福利支付争议等，具体说明如下。

（1）工资数额争议的举证责任。工作数额争议主要涉及两种情形，一种是劳动者主张的工资标准高于实际发放或约定的数额，另一种是用人单位减少劳动者工资发放数额。对于第一种情形，劳动者须提供证据证明其主张的合法性、合理性；对于第二种情形，用人单位须提供劳动者近年来工资发放情况以及减发工资数额的依据与减发依据成立的事实证明等证据。

（2）工资发放时间争议的举证责任。工资发放时间争议主要涉及发放时间认定不统一和用人单位无故拖欠两种情况。争议当事人对工资发放时间认定不一致的情况，主张方须提供证据证明自己的主张。对于用人单位无故拖欠工资的情况，用人单位须提供证据证明其未延发工资，如合法的薪酬管理制度、工资发放记录等，或提供证据证明延发工资原因合法属实，并与劳动者协商一致，如用人单位近期经营情况报表，与员工签订的延发工资的协议等。

（3）加班工资发放争议的举证责任。加班工资发放争议主要涉及两大类型，即双方对是否存在加班事实主张不同、双方对加班时间主张不同，其举证责任说明如表

13-1所示。

表13-1　加班工资发放争议的举证责任说明

争议类型	举证责任说明
双方对是否存在加班事实主张不同	劳动者主张存在加班，用人单位否认存在加班，此时劳动者对加班事实负有举证责任。但当劳动者有证据证明用人单位掌握相关证据时，可由用人单位提供相关考勤记录、工资表等相关证据。若用人单位主张其采用不定时工作制或综合计算工时工作制，因此不认定加班事实存在的，用人单位须提供证据对其所采取的工时制的合法性及相应工作时间安排的合法性进行证明
双方对加班时间主张不同	加班事实一旦成立，用人单位承担加班时间举证责任。若用人单位难以对具体时间进行举证的，一般采信劳动者主张的时间

（4）福利支付争议的举证责任。福利支付争议主要根据福利性质分为法定福利争议和补充福利争议两种情形，其举证责任说明如表13-2所示。

表13-2　福利支付争议的举证责任说明

争议类型	举证责任说明
法定福利争议	◎对于工伤待遇、"三期"待遇等争议，劳动者须提供相关证据证明情况属实，如工伤认定结果、伤残认定结果、工伤治疗时间、工伤治疗费用、"三期"起止时间、"三期"内花费费用凭证等。若用人单位否认工伤或主张劳动者违反"三期"规定，其须举证证明 ◎对于涉及高温补贴等工作条件补偿的争议，用人单位负有举证责任，以证明劳动者工作的实际情况是否满足相关补偿发放标准 ◎对于年休假的争议，劳动者一方对于入职前的工作年限要承担相应的举证责任。在对待劳动者要求的未休年休假争议时，用人单位应负举证责任，举证证明劳动者年休假的情况及已休情况
补充福利争议	◎一般由劳动者负举证责任，证明存在相关福利的事实 ◎用人单位的相关制度或劳动合同明确不支付相关福利的，用人单位承担举证责任，证明不支付相关福利的原因

3. 员工违纪违规争议的举证责任

当用人单位主张员工存在严重违纪违规行为时，用人单位负有举证责任，即用人单位须提供合法、合理的单位相关规章制度、规章制度公示记录、员工违规违纪事实认定记录等证据，证明员工存在严重违纪违规行为的事实。

13.5.5　问题5：劳动争议仲裁时效如何计算？

劳动争议仲裁时效指劳动争议权利人在法定期间内不行使权利的事实持续至法定期间届满，便丧失胜裁权的制度，即劳动争议权利人须在法定的期限内向劳动争议仲裁机构提出仲裁申请，以获得劳动争议仲裁机构对其合法权益的保护；当相关权利人超过法定期限提出仲裁申请，劳动争议仲裁机构对其合法权益不予保护。《中华人民共和国劳动争议调解仲裁法》第二十七条第一款指出："劳动争议申请仲裁的时效期间为一年。"即劳动争议当事人须在一年这一法定时限内向劳动争议仲裁机构提出仲裁申请，否则，其仲裁权丧失。

用人单位采用仲裁手段维护合法权益及应对仲裁案件时，需注意劳动争议仲裁时效的限制，具体来说需明确以下内容。

1．仲裁时效期间起始时间

《中华人民共和国劳动争议调解仲裁法》第二十七条第一款规定："仲裁时效期间从当事人知道或者应当知道其权利被侵害之日起计算。"此条款表明劳动争议仲裁时效期限的起始时间可概括为两类，即当事人知道其权利被侵害之日和当事人应当知道其权利被侵害之日。

但是需要指出的是，对于劳动关系存续期间因拖欠劳动报酬发生争议，员工提出仲裁申请的，不受《中华人民共和国劳动争议调解仲裁法》第二十七条管理仲裁时效期间起始时间的限制，即此情形下的仲裁时效期间起始时间不以"当事人知道或者应当知道其权利被侵害之日"为准，而是在劳动关系终止后，以劳动关系终止之日算起。

2．仲裁时效中断

仲裁时效中断是指在劳动争议仲裁时效进行过程中，因相关法定事由出现使得已经履行的仲裁时效无效，而在时效中断事由消除后，又重新计算仲裁时效的情形。对于仲裁时效中断事由的认定及仲裁时效中断后的处理，《中华人民共和国劳动争议调解仲裁法》第二十七条第二款作出以下规定，即"前款规定的仲裁时效，因当事人一方向对方当事人主张权利，或者向有关部门请求权利救济，或者对方当事人同意履行义务而中断。从中断时起，仲裁时效期间重新计算。"

3. 仲裁时效中止

仲裁时效中止是指在劳动争议仲裁时效进行过程中，因法定事由的出现导致仲裁时效计算停止，并在时效中止事由消除后，继续计算仲裁时效的情形。对于仲裁时效中止法定事由的认定及仲裁时效中止后的相关处理，《中华人民共和国劳动争议调解仲裁法》第二十七条第三款进行了明确规定，即"因不可抗力或者有其他正当理由，当事人不能在本条第一款规定的仲裁时效期间申请仲裁的，仲裁时效中止。从中止时效的原因消除之日起，仲裁时效期间继续计算。"具体仲裁时效中止事由说明如表13-3所示。

表13-3 仲裁时效中止事由说明

事由类别	事由说明
不可抗力	◎《中华人民共和国民法典》第一百八十条将不可抗力规定为"不能预见、不能避免且不能克服的客观情况"，如发生地震、洪涝等
其他正当理由	◎有无民事行为能力或者限制民事行为能力劳动者的法定代理人未确定等其他正当理由，该事由依据《劳动人事争议仲裁办案规则》第二十八条规定 ◎劳动争议当事人向企业劳动争议调解委员会提出调解申请，该事由依据《关于贯彻执行〈中华人民共和国劳动法〉若干问题的意见》第89条 ◎劳动争议仲裁委员会的办事机构对未予受理的仲裁申请逐件向仲裁委员会报告并说明情况，仲裁委员会受理审查期间，该事由依据《关于贯彻执行〈中华人民共和国劳动法〉若干问题的意见》第90条 ◎法定代理人死亡、丧失代理权 ◎劳动争议当事人因患重大疾病而影响权利行使等

13.5.6 问题6：仲裁庭审理劳动争议案件的时限是多久？

《中华人民共和国劳动争议调解仲裁法》第四十三条第一款规定："仲裁庭裁决劳动争议案件，应当自劳动争议仲裁委员会受理仲裁申请之日起四十五日内结束。案情复杂需要延期的，经劳动争议仲裁委员会主任批准，可以延期并书面通知当事人，但是延长期限不得超过十五日。逾期未作出仲裁裁决的，当事人可以就该劳动争议事项向人民法院提起诉讼。"

13.5.7　问题7：如何确定劳动争议仲裁管辖地？

《中华人民共和国劳动争议调解仲裁法》第二十一条规定："劳动争议仲裁委员会负责管辖本区域内发生的劳动争议。劳动争议由劳动合同履行地或者用人单位所在地的劳动争议仲裁委员会管辖。双方当事人分别向劳动合同履行地和用人单位所在地的劳动争议仲裁委员会申请仲裁的，由劳动合同履行地的劳动争议仲裁委员会管辖。"可见，劳动争议仲裁管辖地须具备相应的管辖权，分别在劳动合同履行地和用人单位所在地，但争议双方分别向不同劳动争议仲裁委员会提出仲裁申请时，优先考虑由劳动合同履行地的劳动争议仲裁委员会管辖。

13.5.8　问题8：哪些劳动争议案件的仲裁裁决为终局裁决？

《中华人民共和国劳动争议调解仲裁法》第四十七条规定："下列劳动争议，除本法另有规定的外，仲裁裁决为终局裁决，裁决书自作出之日起发生法律效力：（一）追索劳动报酬、工伤医疗费、经济补偿或者赔偿金，不超过当地月最低工资标准十二个月金额的争议；（二）因执行国家的劳动标准在工作时间、休息休假、社会保险等方面发生的争议。"

13.5.9　问题9：劳动争议当事人因客观原因不能自行收集的证据，仲裁委员会如何处理？

《劳动人事争议仲裁办案规则》第十六条规定："当事人因客观原因不能自行收集的证据，仲裁委员会可以根据当事人的申请，参照民事诉讼有关规定予以收集；仲裁委员会认为有必要的，也可以决定参照民事诉讼有关规定予以收集。"

13.5.10　问题10：受疫情影响，当事人不能在劳动人事仲裁时效内申请仲裁的应如何处理？

根据《人力资源社会保障部办公厅关于妥善处理新型冠状病毒感染的肺炎疫情防

控期间劳动关系问题的通知》第三点可知，因受疫情影响造成当事人不能在法定仲裁时效期间申请劳动人事争议仲裁的，仲裁时效中止。从中止时效的原因消除之日起，仲裁时效期间继续计算。因受疫情影响导致劳动人事争议仲裁机构难以按法定时限审理案件的，可相应顺延审理期限。